21世纪经济管理专业应用型本科系列教材

新编经济法概论

潘 力 王丽萍 ◎ 主 编
王成志 潘 玥 许春雨 ◎ 副主编

清华大学出版社
北 京

内 容 简 介

本书在总结经济法教学改革经验的基础上，吸收了近几年来我国经济法理论和法律实践的最新研究成果，依据最新颁布和修订的经济法律、法规，以经济法律、法规的实际应用为主线，根据普通高校转型发展人才培养目标的需要，充分考虑以培养应用型人才为主的高校学生特点编写而成，做到突出实践环节，操作性强。全书共计十一章，系统全面而又深入浅出地介绍了目前和今后一定时期社会经济领域涉及较多的相关经济法律、法规等内容。

本书可用作本、专科院校相关专业的经济法课教材，也可用于企业经济管理人员的岗位培训辅助用书。

图书在版编目(CIP)数据

新编经济法概论 / 潘力，王丽萍主编. --北京：清华大学出版社，2016（2019.7 重印）
（21 世纪经济管理专业应用型本科系列教材）
ISBN 978-7-302-43247-0

Ⅰ. ①新… Ⅱ. ①潘… ②王… Ⅲ. ①经济法－中国－高等学校－教材 Ⅳ. ①D922.29

中国版本图书馆 CIP 数据核字(2016)第 041526 号

责任编辑：左玉冰
封面设计：汉风唐韵
责任校对：宋玉莲
责任印制：宋　林

出版发行：清华大学出版社
网　　址：http://www.tup.com.cn，http://www.wqbook.com
地　　址：北京清华大学学研大厦 A 座　　**邮　　编**：100084
社 总 机：010-62770175　　**邮　　购**：010-62786544
投稿与读者服务：010-62776969，c-service@tup.tsinghua.edu.cn
质量反馈：010-62772015，zhiliang@tup.tsinghua.edu.cn
课件下载：http://www.tup.com.cn，010-62770175 转 4506
印 装 者：北京鑫海金澳胶印有限公司
经　　销：全国新华书店
开　　本：185mm×260mm　　**印　　张**：15.25　　**字　　数**：351 千字
版　　次：2016 年 4 月第 1 版　　**印　　次**：2019 年 7 月第 2 次印刷
定　　价：35.00 元

产品编号：067402-01

21世纪经济管理专业应用型本科系列教材

编　委　会

总　序

教材建设是高校的基本任务之一，是学科建设的主要组成部分。教材作为体现教学内容和教学方法的知识载体，无疑是承载教学改革思路并传导至教学对象的主导媒介。

本系列教材编委会成员 1998 年开始对高等职业教育经济管理类专业教材体系进行系统研究。2000 年 7 月与清华大学出版社合作，开始了本系列教材的编写工作。2002 年 3 月本系列教材第一版由清华大学出版社正式出版。2008 年，由清华大学出版社对修订后的系列教材进行了再版发行，并配了相应的教学课件。2014 年 8 月，受清华大学出版社委托，教材编委会在吉林省吉林市召开了教材修订编写会议，决定对原有教材进行重新修订和编写。

本次教材修订主要以满足应用型本科教育经济管理类专业的教学需求为目的，同时兼顾高等职业教育、实际工作技能培训的需求。教材编写以先进性、实用性、针对性为主导原则，突出培育应用型人才的需求特色。教材体系简明精练，理论选择深浅适度、范围明确，不求面面俱到；内容削枝强干，强化应用性、实践性、可操作性，削减抽象的纯概念性阐述和繁复的模型推演。在此基础上，教材具有如下特色：

(1) 以建立新型课程体系为立足点，以教育教学改革新趋势为理论基础，明确应用型本科教育经管类系列教材编写的总体思路。

教材编委会基于经济全球化大背景，以近年来我国应用型本科教育教学改革主要成果所提出的理论与数据为依据，对本系列教材的编写宗旨进行前瞻性研究。本系列教材以建立新型课程体系为立足点，坚持“三用”(理论管用、知识够用、内容实用)和“三性”(创新性、普适性、典型性)的基本原则，重点融合国内外应用型本科教育改革新思想，以更宽阔的视野，融入国内外经济体系，从而赋予本系列教材新的内涵与定位：坚持理论与实践相结合，加强教学改革，提高教学质量，适应社会需求，努力打造国内应用型本科教育经管类优秀教材体系。

(2) 从应用型本科教育经管类人才总体培养目标出发，设计教材模块结构，构建完整、系统的应用型本科教育经管类教材体系。根据应用型本科教育经管类人才能力和素质培养的需要，建立基本素质模块教材、行业基础模块教材和职业定向模块教材的框架结构，分别编写公共专业基础类教材、专业必修类教材、选修类教材以及职业定向类教材等。使用者可根据学生职业定向，灵活选择组合各类教材，构建基于职业定向的完整、系统的高等职业教育经管类教材体系。这一模式突出了各专业人才培养特点，满足了社会对各专业人才的需求，能够有效提高毕业生就业率。

(3) 适应应用型本科教育经管类课程教学改革，服务“案例牵引、项目驱动”的教学方法，形成适合工学结合、“零距离”培养的教材风格和内涵。教材的编写突破了多年来教材的编写框架，抛弃了传统的以内容为纲目的编写体例，转向以案例为牵引，以工作任务或项目为纲目的编写体例，力求把专业理论教学与技能训练一体化，直观地把课堂教学引导到理论与实际密切结合的轨道上来。

本系列教材的编写过程中，清华大学出版社的编辑人员和相关人员给予了很大支持，教材编委会全体同仁及教材全体编写人员在此表示衷心感谢。

前 言

经济法是教育部“高等教育面向21世纪教学内容和课程体系改革计划”中经济类和管理类的核心课程之一，同时也是普通高校和高职高专院校经济类和管理类专业开设的一门专业基础课程。

随着我国社会主义市场经济的大力发展和经济法律体系的逐步完善，经济法在规范经济行为、打击经济犯罪活动、维护正常经济秩序、保证国民经济的健康发展、促进企业改善经营管理、提高经济效益、促进国际贸易发展、保护投资者和债权人等社会公众的利益方面发挥着越来越重要的作用，并得到了前所未有的重视。

本书结合经济类专业特点和教学实际，对经济法课程进行整合，以对我国经济法律的实际应用为主线，适当兼顾国内外经济、商事法律理论展开论述。在编写过程中，我们在尊重学科体系科学性的基础上，根据普通高校培养人才目标的需要，充分考虑以培养应用型人才为主的普通高校学生特点，并吸收了经济法理论和实践的新成果。本书具有以下几个特点：

(1) 文字精练，通俗易懂，深浅适度，并且每章都有实训题，可方便学生学习。

(2) 精简理论，突出实务。本书本着“精简理论、突出实务与案例分析”的原则编写；在教材结构上，基本上是根据经济法的内在逻辑规律和初学者的认识规律来安排的。

(3) 丰富的经济法案例。经济法学是一门实践性很强的学科，为了缩小理论与实践的差距，加深对课程内容的理解，我们在实务部分安排了一些典型的案例，进一步丰富了教材的内容。

(4) 以最新颁布或修订的经济法等法律、法规和准则为依据，并吸收了国内外最新法律实践和法学理论的最新成果，内容新颖、规范。

本书由吉林农业科技学院潘力教授和王丽萍副教授担任主编，吉林农业科技学院王志成、潘玥和许春雨老师担任副主编。全书共11章，具体分工如下：第一至三章由潘力编写；第四、五、九、十一章由王丽萍编写；第六章由王志成编写；第七章由潘玥编写；第八、十章由许春雨编写；全书由潘力、王丽萍负责修改、总纂并定稿。在编写过程中，我们得到了各位编审人员及河北北方学院刘进宝教授的大力支持，并参考了有关教材、著作，在此一并致谢。

由于编者水平有限，加之编写时间仓促，书中难免存在错误和不当之处，恳请读者批评指正，以利今后改进和提高。

编　者

2016 年 3 月

目　录

第一章

经济法基础知识

第一节　经济法概述

一、经济法的概念

经济法是我国社会主义法律体系中的重要组成部分，它是一门独立的部门法。经济法是国家对社会经济活动实行宏观调控与管理的重要工具，是国家机关、企事业单位、各种社会经济组织以及公民个人在社会经济活动中的行为准则。

经济法从概念上来说，是指国家制定并用以调整国家经济管理机关、企事业单位、其他社会组织及其内部，还有它们与个体生产经营者或公民个人之间在社会经济调控与管理活动以及在市场经济运行活动过程中所发生的一定范围的经济关系的法律规范的总称。

经济法的概念从理论上概括，具体包括以下三个方面的含义：

(1) 经济法本身是一种法律规范，它是国家对社会经济活动进行调控和管理的法律。因此，它对社会的经济活动和行为人的作为与不作为都具有普遍的法律约束力。

(2) 经济法是用以调整社会经济关系的法律规范。这种经济关系是为实现一定的经济目的而发生的社会关系，主要包含因经济的调控和管理活动而发生的纵向经济关系、经济运行中开展协作活动而发生的横向经济关系和社会经济组织内部在管理与协作过程中所发生的经济关系，还有涉外活动中所发生的各种经济关系。

(3) 经济法是调整社会经济活动中一定范围的经济关系的法律规范。这种一定范围的经济关系，主要体现的是上述三个方面的经济关系，这些经济关系共同构成了经济法所调整的社会关系的特殊性要求。

二、经济法的调整对象

经济法的调整对象主要是社会经济活动中的一定范围的经济关系，即在社会经济调控与管理活动以及在市场经济运行活动中所发生的各种经济关系。这些经济关系，主要归纳为以下四个方面。

(一) 经济法调整国家在进行宏观调控和管理活动中所发生的经济关系

所谓宏观调控与管理活动，是国家或政府有意识、有目标地运用各种手段对社会供给总量和需求总量及其构成等主要经济活动所实施的调节和控制的活动。它包括计划、组织、指挥、调节、监督等项活动，在这些活动中所发生的经济关系体现的是一种纵向的管理关系。作为调整国家宏观调控和管理活动中的经济关系的经济法，一是要规范宏观调控主体；二是要规范和管理宏观调控行为。在市场经济条件下，经济法把调控主体及其行为作为自己的调整对象是完全必要的。这对于各级政府、各种经济管理机关依据法律规定取得主体资格，确立健全强有力的宏观调控体系，以其调控行为(包括对竞争管理行为、计划管理行为、价格管理行为、财政金融管理行为、国有资产投资管理行为等方面的行为)所产生的经济关系作为经济法的调整对象，对市场经济的发展施加一定的影响力，以保证市场经济正常有序地运行。

(二) 经济法调整社会经济活动中的各种行为主体在市场经济运行中所发生的经济关系

国家经济管理机关、企事业单位和其他社会组织以及个体生产经营者和公民个人相互之间，在市场经济运行中，必然会发生广泛的、多形态的横向联系和协作经济关系。经济法主要调整各社会组织、团体及个人相互之间彼此以独立主体的身份平等进行交往的经济联系和经济协作关系；调整各企业、社会组织以及个体生产经营者和公民个人在参与市场经济竞争活动中所发生的各种经济关系。

(三) 经济法调整社会经济组织内部在开展经济活动中所发生的经济关系

社会经济组织内部的经济关系是一种特殊的经济关系，这种经济关系既有纵向的管理特点，又有横向联系和协作的要求，同时又是一种纵横交叉、相互结合的经济关系。这种经济关系主要包括：企业或其他经济组织内部围绕着生产、经营、科研等方面的工作所形成的纵向管理和横向协作过程中发生的各种经济关系；在农村的乡、镇、村及其他经济组织，围绕着联产承包责任制以及农村专业承包户相互之间建立起来的各种经济关系，都是经济法调整的对象。

(四) 经济法调整涉外经济活动中所发生的经济关系

涉外经济关系是指国家经济管理机关和社会经济组织在对外经济活动中，发生的具有涉外因素的经济关系。具体地说，涉外经济关系包括涉外经济管理机关与企业组织之间的调控与管理关系以及外贸组织、企事业单位与外商之间的市场运行和相互协作的关系，还有在我国的涉外组织内部所发生的各种涉外经济关系等。

上述经济管理关系、经济联系和经济协作关系，经济组织内部的经济关系以及涉外经济关系，既相互联系又有所区别，共同构成了我国经济法的完整、统一的调整对象。

三、经济法的特征

经济法作为法律体系中的一个独立的部门法，从本质上来说，与其他部门法一样，都具有鲜明的阶级性、国家的强制性和具体的规范性等特点。除此之外，经济法又不同于其他部门法，还具备以下几个法律特征。

(一) 经济法具有体系结构上的综合性特征

经济法是一个总的名称，它是由计划管理、工业、农业、商业、交通运输、财政金融、自然资源和环境保护、基本建设、经济协作、涉外经济等各方面的一系列单行经济法律、法规所共同组成的综合体系。经济法的这种综合性特点，是由它所调整的经济关系所具有的广泛性和统一性所决定的。

(二) 经济法具有讲求效益的经济性特征

一切经济主体参加经济活动，都是为了实现一定的经济目的。因此，它们在经济活动中必须讲求经济效益，减少浪费，提高效率，力争用最小的劳动消耗取得最大的经济利益。而经济法的作用就在于，国家通过运用法律的形式，以“国家之手”来干预和调整社会经济活动，保证一切合法经营者的经济目的能够得到实现，它是对有关经济方面的内容所作出的法律规定。

(三) 经济法具有奖励与惩罚两种措施同时并用的特征

一般来说，法律只是规定对某些行为的限制与惩罚。但是，作为某些具体的经济法律、法规的相关条款来看，却是采取了奖励与惩罚两种措施同时并用的处理方式。如对那些参与经济法律关系的主体在履行义务并卓有成效时，就会根据有关规定受到不同形式的奖励；违反法律规定时，就要受到不同形式的制裁，这也是经济法不同于其他部门法的一个重要特征。

(四) 经济法具有明显的专业技术性特征

社会的经济活动与科学技术的发展是紧密相连的，作为经济法来说，既要反映经济规律的客观要求，同时又要符合科学技术发展的现状。无论立法者在经济法的制定上，还是经济法律关系的主体和执法者在组织实施经济法的过程中，都需要了解和掌握一定的科学技术知识，这样才能适应经济法制建设的需要，保证经济法律法规的有效实施。

四、经济法的基本原则

(一) 经济法基本原则的含义

经济法的基本原则，是指在经济立法、经济执法、经济司法、经济守法中处于指导地位，具有根本性、全局性意义的法律原则。

理解经济法基本原则的含义，应当把握以下两点：首先，立法为经济法所特有。法律原则中宪法原则体现法律的本质属性和根本要求，是国家全部法律都应遵循的基本准则。经济法的原则是宪法原则在经济领域的具体化，但它并不是宪法原则的简单重复。宪法之下，各个法律部门都有自己特有的原则，如运用市场机制与国家宏观调控相结合原则，就是经济法所独有的。其次，它在经济法领域具有指导性和全局性。在经济法领域的诸多法律原则中，只有那些体现国家大政方针，关系国民经济全局性和长远发展问题，并且对于经济法的立法、司法、守法等各个环节具有普遍指导意义的原则，才属于基本原则。经济法基本原则统领其他具体原则，也是经济法体系中各单行法律和各项规范的精神和灵魂。

(二) 经济法基本原则的确立依据

尽管我国没有制定经济基本法，并且学者们就经济法基本原则在学理上的概括也不尽一致，但无论从哪个角度概括经济法的基本原则，其基本的依据都是一致的，并且是充分的。

1. 客观经济规律是经济法基本原则的形成基础

经济规律是指经济现象和经济过程中内在的、本质的和必然的联系。经济规律具有客观性，不以人的意志为转移，并以其固有的方式作用于人类社会的经济生活。经济活动符合客观经济规律，则会有效地推动经济发展和社会进步；反之，经济活动违背客观经济规律，不仅不会取得成效，而且要受到它的惩罚。人类长期社会实践的探索，尤其是马克思主义理论体系的建立，为我们认识客观经济规律，并将其运用于经济活动实践创造了条件。经济法的基本原则必须是客观经济规律的集中运用，如生产关系必须适应生产力发展的性质和状况，上层建筑必须适应经济基础发展的要求，国民经济发展综合平衡及价值规律、按劳分配规律等，都应当是我国经济法律形成的基础。经济规律具有系统性，任何社会条件下，都存在很多经济规律，它们一方面相互联系，共同作用于社会经济生活；另一方面其中总是有基本经济规律起着主导作用，基本经济规律体现某一社会形态经济生活中最本质的特征，也决定经济发展的根本方向。经济法的基本原则能够突出地反映这些基本经济规律的本质要求，综合运用规律，同时，人类社会经济生活并不是被动地在规律驱使下展开的，而是积极地把握规律、运用规律的过程。经济法在运用经济规律时，既要充分发挥其积极的一面，又要能够有效地限制其消极影响。如竞争的基本规律是优胜劣汰，但这同时会损害社会公平，它要求经济法在建立有效竞争机制的同时，通过完善社会保障体系，兼顾公平。

2. 宪法是经济法基本原则的根本依据

宪法作为国家的根本大法，是其他一切法律的依据。我国宪法规定了国家的基本经济制度，在经济法的基本原则乃至各项具体规范中必须体现和贯彻。宪法关于国家基本经济制度的规定主要是：

社会主义制度是中华人民共和国的根本制度；社会主义经济制度的基础是生产资料的社会主义公有制，即全民所有制和劳动群众集体所有制；社会主义公有制消灭人剥削人的制度，实行各尽所能、按劳分配的原则；国家在社会主义初级阶段，坚持公有制为主体、多种所有制经济共同发展的基本经济制度，坚持按劳分配为主体，多种分配方式并存的分配制度；国有经济，即社会主义全民所有制经济，是国民经济中的主导力量，国家保障国有经济的巩固和发展；农村集体经济组织实行家庭承包经营为基础、统分结合的双层经营体制，国家保护城乡集体经济组织的合法权利和利益，鼓励、指导和帮助集体经济的发展；国家保障自然资源的合理利用，禁止任何组织或者个人用任何手段侵占或者破坏自然资源；任何组织或个人不得侵占、买卖或者以其他形式非法转让土地，土地的使用权可以依照法律的规定转让；一切使用土地的组织和个人必须合理地利用土地；在法律规定范围内的个体经济、私营经济等非公有制经济，是社会主义市场经济的重要组成部分，国家保护个体经济、私营经济的合法权利和利益，国家对个体经济、私营经济实行引导、监督和管理；社会主义的公有财产神圣不可侵犯，国家保护社会主义的共同财产，禁止任何组织或者个人用任何手段侵占或者破坏国家和集体的财产；国家保护公民的合法的收入、储蓄、房屋和其他合法财产的所有权；国家通过提高劳动者的积极性和技术水平，推广先进的科学技术，完善经济管理体制和企业经营管理制度，实行各种形式的社会主义责任制，改进劳动组织，以不断提高劳动生产率和经济效益，发展社会生产力；国家合理安排积累和消费，兼顾国家、集体和个人的利益，在发展生产的基础上，逐步改善人民的物质生活和文化生活；国家实行社会主义市场经济体制；国家加强经济立法，完善宏观调控；国家依法禁止任何组织或者个人扰乱社会经济秩序；国有企业在法律规定的范围内有权自主经营；集体经济组织在遵守有关法律的前提下，有独立进行经济活动的自主权；允许外国的企业和其他经济组织或者个人依照中华人民共和国法律的规定在中国投资，同中国的企业或者其他经济组织进行多种形式的经济合作，它们的合法权利和利益受中华人民共和国法律保护；国家保护和改善生活环境和生态环境，防治污染和其他公害；公民有劳动的权利和义务；公民有依照法律纳税的义务。

宪法的上述内容，对我国的基本经济制度、所有制结构、经济体制、宏观管理与调控作了全面的原则性规定，为经济法基本原则的确定提供了基本依据。

3. 法律、行政法规的规定是经济法基本原则的直接依据

这些规定有的在法律、行政法规的立法宗旨、立法任务和立法精神中体现经济法的基本原则，有的则由法律条文直接作出规范。前者如《反不正当竞争法》，立法宗旨就是维护公平竞争；后者如《矿产资源法》直接规定“矿产资源属于国家所有”，体现了坚持社会主义基本经济制度原则。

五、中国经济法基本原则的内容

依据经济法基本原则的上述内在规律性，经济法基本原则的内容可以概括为以下几个方面。

（一）坚持社会主义基本经济制度原则

社会主义基本经济制度，是我国经济立法的基础和前提，经济法必须以各种法律形式和调整手段，保障、贯彻和发展社会主义基本经济制度。社会基本经济制度包括生产资料所有制和分配制度，我国正处于社会主义初级阶段，在生产资料所有制上实行社会主义公有制为主体，多种所有制经济共同发展的制度；在分配上实行以按劳分配为主体，多种分配方式并存的制度。其中，公有制为主体、多种所有制共同发展的制度，是社会主义经济制度的基础和基本特征，它适应我国经济发展的客观要求，是解放生产力、发展生产力、巩固社会主义生产关系的根本经济制度保证。

坚持公有制为主体、多种所有制经济共同发展制度，一是要坚持、保障公有制经济的主体地位。国有经济控制国民经济命脉，对经济发展起主导作用。这种主导作用主要体现在其控制力上，对关系国民经济命脉的重要行业和关键领域，国有经济必须占支配地位；在其他领域则应通过资产重组等形式提高国有资产的经营效益和整体质量，而不能仅仅着眼于其数量比重的大小。集体经济是公有经济的另一种重要形式，特别是在农村经济发展中居于主体地位，应当通过深化农村经济体制改革，壮大集体经济实力，发展多种形式的合作经济，引导农民走共同富裕的道路。经济法还要为城市集体经济的改革与发展提供制度保证。二是保障社会主义公有财产不受侵犯。其中包括保护国有资产和国有自然资源不受侵犯；保护城乡集体财产不受侵犯；保证国有经营性资产保值增值。

三是保护个体经济、私营经济的合法权利和利益，对其实行引导、监督和管理。四是保护公民个人的合法财产不受侵犯。五是保护外国投资者在我国的权利和利益，规范其生产经营行为。

坚持按劳分配为主体，多种分配方式并存的制度，一是要调整分配关系，真正体现多劳多得，少劳少得；二是要把按劳分配和按生产要素分配结合起来，既鼓励一部分人通过诚实劳动和合法经营率先致富，也鼓励和保护资本、技术等生产要素参与收入分配；三是杜绝非法收入，整顿不合理收入，调节过高收入，救济过低收入。

（二）市场机制与国家干预相结合原则

1993 年 3 月 29 日第八届全国人民代表大会第一次会议通过的《宪法》修正案做出了："国家实行社会主义市场经济"的规定，把它确定为一项宪法原则，确立了我国经济体制改革的目标。坚持市场机制与国家干预相结合的经济法原则，是实行社会主义市场经济的基本要求。由计划经济向市场经济转变，集中表现为资源配置方式由计划配置转向在国家宏观调控下的市场机制为主。市场机制的建立和完善，有利于充分优化资源配置，调动市场主体的生产经营积极性，促进科学技术进步和管理水平的提高，是经济体制改革的核心环节。它要求：依法确认市场主体资格，赋予企业和其他经济组织自主经营和独立参与市场竞争的权利；发展包括资本、劳动力、技术等生产要素市场在内的市场体系，完善价格形成机制；健全市场规则，加强市场管理，消除垄断、不正当竞争、地区封锁等市场障碍，建立统一、公平、开放、充分竞争的市场秩序。

市场机制必须与国家干预相结合，原因在于市场机制这只"看不见的手"存在天然的缺陷，诸如不完全竞争的存在、竞争条件的先天不公平、外部经济效果以及竞争引起的收入差距拉大等，需要政府宏观调控和微观规制去矫正。只有将市场机制与国家干预有机结合起来，才能激发经济发展的巨大活力，并保证其平衡、稳健、协调、可持续。市场机制下国家干预社会经济活动的要求，一是政府由直接管理经济转向宏观调控。经济法要确认和保障政府宏观调控的权限，保证政府对国民经济发展的方向、进程、结构、质量等的有效控制。二是规范宏观调控的手段，由传统的行政命令、行政指挥手段为主，转向依靠基础建设、计划引导、政策调节、市场服务为主。三是完善微观经济体制，有效管理市场交易行为。

（三）保护社会公平原则

保护社会公平，是法律的根本价值目标之一，经济公平则是社会公平的决定性因素。公平包括形式公平和实质公平两方面。形式公平指的是机会均等和法律地位平等，追求的是公平竞争。实质公平则是指结果公平。由于每个人的社会地位、经济实力、先天禀赋及个人能力存在差异，使得很多情况下仅靠形式公平难以实现实质公平，传统民商法以个人权利为本位，强调形式公平，但其结果在微观领域会因竞争条件的不平等而导致个人之间物质财富、工作条件、生存空间的差距，造成形式与实质的背离；在宏观领域则无法解决垄断、分配不公、宏观经济总量失衡的问题。经济法在维护形式公平的同时，更注重社会实质公平的实现，通过订立一些形式上看似不公平的义务性条款，维护实质的公平，如通过税收调控分配关系，通过社会保障救助社会弱者，通过劳动关系中的强制性规定保护劳动者的合法权益,通过反垄断等保持市场充分竞争等。

(四) 权利(力)、义务与责任相统一原则

权利(力)、义务与责任相统一原则,是指包括国家在内的经济法主体,在经济法律关系中权利(力)、义务、责任集于一身,相互统一的原则。这里的权利(力),是指依法享有的经济权利(国家机关的经济职权);义务,则是与权利(力)相对应的经济义务(职责);责任,是违反经济义务(职责)所应承担的法律后果。权利(力)、义务与责任相统一原则是社会公平原则的延伸,是明确经济法主体权利(力)、义务和责任的依据。坚持这一原则的要求是:国家机关行使调控和管理权力必须与其担负的经济管理职责相统一,公共经济管理职能决定了其职权范围,任何国家机关及其工作人员都不能超越职权牟取私利;国家作为国有财产的代表,与其他任何财产所有者在生产经营领域享有同样的权利,承担同样的义务;任何市场主体在充分享有生产经营权利的同时,都应当履行相应的经济义务;任何违反经济义务的行为,都必须承担相应的消极的法律后果;在企业内部的权利划分上,明晰财产所有权、法人产权和企业经营权;围绕所有者财产权利的实现划分企业职能部门的职责,建立内部的制衡关系;在劳动合同关系中,劳动者的报酬与其工作业绩相统一。

经济法上述四项基本原则是相互密切联系的有机整体;坚持社会主义基本经济制度原则是前提和基础,市场机制和国家干预原则是宏观运行模式,保护社会公平原则是价值目标,权利、义务与责任相统一原则是微观活力源泉。

六、经济法的产生与发展

(一) 经济法的产生

经济法从产生、发展到现在,曾经历过一个漫长的历史发展和演变过程。

1. 早期奴隶社会的"诸法合一"状态

在公元前的21世纪奴隶社会时期,古代乌尔第三王朝时期所制定的《乌尔纳姆法典》中,就有了奴隶制国家直接组织和管理经济活动的法律条款,并且是以"诸法合一"的形式出现。

公元前18世纪的古代巴比伦王国时期,国王汉谟拉比主持制定和颁布的《汉谟拉比法典》,其中对有关经济方面的内容所作出的规定又有了进一步的发展。在整个282条的法典中,既有对财产权、契约、债务及侵犯财产行为的处罚所作出的规定,同时也有对土地、房屋所有权的确认,果园的经营,商业的往来和借贷,劳动力的雇佣,畜力、船舶、车辆的使用和租赁,以及对手工业工匠的权利和义务等方面所作出的具体规定。《汉谟拉比法典》一直被看作古代奴隶制社会时期的一部较完备的法典。

2. 中期封建社会的民法状态

在公元5世纪至6世纪的西欧封建社会,由东罗马帝国的查士丁尼大帝下令整理、编纂的《罗马法大全》(又称《国法大全》或《民法大全》),对当时商品生产和交换活动中的所有权、债权、契约等方面的问题都作出了详细的规定,它被看作古代封建社会时期用以

调整社会经济关系的最完备的法律代表作。

中世纪的封建社会，欧洲各国先后形成了一系列与封建经济关系相联系的法律制度，如《日耳曼法》、《教会法》、《罗马法》等法典中的“庄园制度”、“领地制度”等。

3. 近代资本主义社会时期的经济法的萌芽状态

在19世纪末至20世纪初，资本主义社会正面临着由自由竞争经济向垄断阶段发展的过程，这个时期的商品生产和货币交换已经逐步成为资本主义社会经济发展的核心内容，社会经济关系更加趋向于复杂化。同时，由于自由经济和竞争活动的加剧，以及资本的高度集中与垄断组织的相继出现，使资本主义社会的固有矛盾空前激化，许多资本主义国家越来越意识到，社会生产中的无限制的自由竞争，生产与销售活动的无政府状态以及经济社会中的高度垄断的趋势，这些问题的存在直接影响到资本主义经济的发展。从另一方面来看，由于社会生产力的高度发展，经济关系趋向复杂多样，也迫切需要有一种能够与之相适应的法律部门来对社会经济活动进行调整，而以往的综合法典形式，已经不能适应社会经济发展的客观需要了。在这种情况下，为了维护资产阶级的利益，巩固其国家政权的统治，各主要资本主义国家相继采取了由国家来直接干预社会经济活动的做法，即开始制定由国家进行干预和管理经济活动的法律。

1890年，美国率先颁布了世界上第一部被认为是经济法的反垄断法，即《谢尔曼法》，这部法律被看作是资本主义国家直接用法律的形式干预社会经济活动的开始，这也是近现代社会所产生的经济法的早期萌芽形式。

（二）经济法在我国的产生与发展过程

经济法在我国也曾经历了一个漫长而曲折的发展过程。

1. 新中国成立前我国经济法的发展过程

在我国历史上，很早以前就已经出现调整经济关系的法律条款。从夏、商、周时期开始，发展到后来的唐、宋、元、明朝以及清朝的初期，在各个历史时期的法律条款中，都有关于经济方面的法律规定。这些调整经济关系的法律条款，大多是以土地制度和赋税徭役制度为中心所作出的规定。同时对农业和手工业的生产、组织和管理，对商业、航运、劳动安排以及用工制度，牲畜和仓库的管理等，都有一些详细的法律规定。

1840年鸦片战争之后，随着资本主义经济的入侵，中西方商贸活动增加，为了适应商品交换关系的发展需要，清朝政府仿照国外的形式，也曾颁布了《商人通则》、《公司律》、《破产律》、《商标注册暂行办法》等少量的单项经济法规。

国民党统治时期，为了维护封建官僚买办资产阶级的利益，在继承、修改旧法律的基础上，又照搬照抄国外的一些法律，以“中央政府”的名义，先后制定和颁布了诸如《公司法》、《工厂法》、《专利法》、《电业法》、《土地法》等120多个有关经济方面的法律、法规，但大多数都没有得到有效的实施。

在民主革命时期，我们的党和人民政府比较重视解放区和革命根据地的经济立法工作，并把这些法律作为管理经济、发展生产、组织商品流通和支援革命战争的重要手段。从1928年我党制定的第一部土地法即《井冈山土地法》开始，到1949年4月25日的《中国人民解放军布告》为止，先后制定和颁布了《中华苏维埃共和国土地法》、《工商投资暂行条例》、《矿山开采出租办法》等，共制定和颁布了近200部经济法规。

2. 新中国成立后我国经济法制建设发展状况

新中国成立后，为了恢复国民经济，建立和巩固社会主义的所有制，推动社会主义经济建设的发展，国家以及各部、委共颁布近1 000多部各种法律、法规，而其中直接用来调整经济关系的经济法律、法规就有800多件，占法律总数的80%。

特别是从1978年党的十一届三中全会以来，随着我国经济体制改革的发展和社会主义市场经济体制的确立，经济法作为一种促进社会经济发展、保障改革开放、维护社会经济秩序的重要工具，逐渐受到人们的广泛重视，并且应用范围愈来愈大。为适应我国经济发展的需要，国家先后制定和颁布了各种经济法律、法规。近年来，由全国人民代表大会及其常委会和国务院所制定的经济法律、法规800多部；由各省、自治区、直辖市的人大及其常委会和地方人民政府制定的地方性经济法规、规章有近万部。

第二节　经济法律关系

一、经济法律关系的概念和构成要素

（一）法律关系的概念

法律关系是指社会关系经法律规范调整所形成的当事人之间的权利义务关系。法律关系具有如下特征：

（1）法律反映的是国家意志，法律关系因而属于意志关系，而不属于物质关系。

（2）法律关系是经法律规范调整所形成的关系，它以法律规范的存在为前提。

（3）法律关系以当事人之间的权利义务为内容，明确界定权利义务，是法律调整社会关系的根本目的。

（4）法律关系内容的实施以国家强制力为保证。

不同法律规范调整不同的社会关系，因而形成不同的法律关系。民法调整平等主体间的财产和人身关系，形成民事法律关系；行政法律规范调整行政管理关系，形成行政法律关系；刑法调整犯罪的认定与惩罚关系，形成刑事法律关系。可见，任何法律关系都是由这个法律部门调整相应的社会关系所形成的一种权利义务关系。

（二）经济法律关系的概念和构成要素

经济法律关系是经济法律规范所确认和保护的在国家参与、管理和协调经济运行中形成的权利义务关系。

经济法律关系与其他法律关系的区别，主要表现在它所依据的法律规范、该法律规范所调整的对象和所形成法律关系的内容上。经济法律关系的形成依据是经济法；经济法以国家在参与、管理和协调经济运行中形成的社会关系为调整对象；所形成的法律关系以经济权利和经济义务为内容。

经济法律关系同其他法律关系一样，由主体、内容和客体3个要素构成。

二、经济法律关系的主体

(一) 经济法律关系主体的概念

经济法律关系主体又称经济法主体，是指参加经济法律关系，享有一定经济权利和承担一定经济义务的当事人。在经济法律关系中享有权利的一方为权利主体，承担义务的一方为义务主体。通常，双方当事人在经济法律关系中都既享有权利，同时也承担义务。

判断当事人是否构成经济法律关系的主体，应当以下面几点作为主要依据：

(1) 主体必须以自己的名义参加经济法律关系。凡是主体的代理人、代表人及组成部门，都不具有主体地位。

(2) 主体必须是经济法律关系中权利义务的承担者。

(3) 主体必须能够独立或相对独立地承担财产责任。独立承担财产责任是指完全以自己拥有所有权或处分权的财产作为责任财产。相对独立地承担财产责任是指个人独资企业、合伙企业等，尽管可以作为市场主体，但要由其投资人承担无限责任或无限连带责任。不能承担财产责任的组织和个人，不能成为经济法律关系的主体。

(二) 经济法律关系的主体资格

任何组织和个人参与经济法律关系，必须依法取得主体资格，即具备参与经济法律关系的权利能力和行为能力。经济法律关系主体资格的取得，必须具备法律规定的条件并经过相应的程序。例如：国家行政机关依据宪法和法律经国家权力机关批准成立；企业经工商行政管理部门核准登记成立，部分企业在注册登记之前还要经政府有关部门审批等。经济法律关系主体必须在法律规定或经依法认可的范围内从事经济行为，超出范围则不具有经济法律关系主体资格。

(三) 经济法律关系主体的种类

依据其在经济法律关系中的地位、职能的不同，经济法律关系主体可作如下分类。

1. 经济管理主体

经济管理主体是指依法成立的，承担对国民经济发展实施决策、组织、管理和协调职能的组织或机构，包括国家及其职能机构，如国家权力机关、国家行政机关、国家审判机关、国家检察机关等。国家机关在法律规定的范围内，行使各自的经济管理职权，并承担相应的义务。国家机关的职能，既是国家职能的组成部分，其结果又由国家承担，由此可见，国家是经济管理的根本性主体。

2. 经济活动主体

经济活动主体是指依法参加商品生产、分配、交换、消费活动的组织和公民个人。这类主体包括：

(1) 企业、事业单位和社会团体。企业是集合劳动力、资本、技术、管理等要素，以营利为目的的自主经营的商品经济组织，包括各类法人企业和非法人企业。事业单位如学校、公益性医院等，社会团体如工会、妇联等，也是经济法律关系的主体。

(2) 企业的内部组织和有关人员。在企业内部经济管理关系中，企业的组织机构(如股东大会、董事会)及有关人员(如股东、董事、经理、职工)享有主体资格。

(3) 农村承包经营户、个体工商户、公民个人。农村承包经营户是指作为农村集体经济组织成员的农户,依法同集体订立农地等承包经营合同,从事农业生产经营的经济形式;个体工商户是指城乡居民以营利为目的,主要靠自身劳动(包括少量雇工),从事工商业生产经营的个体经济。他们和公民个人除了可以参加民事法律关系外,还在经济管理和经济活动中同国家机关及企业、事业单位和社会团体发生经济关系,成为经济法律关系的主体。

此外,国家在一定条件下也可以作为经济活动的主体。如国家出让国有土地使用权、发行国债等。

三、经济法律关系的内容

经济法律关系的内容是指经济法主体所享有的经济权利和承担的经济义务。它是形成经济法律关系的核心,没有经济权利和义务,经济法律关系就不可能存在。经济权利和经济义务相互对立,又相辅相成,一方的权利,就是他方的义务,而权利的取得,则要以履行相应的义务为前提。

(一) 经济权利(力)

经济权利(力)是指经济法主体依法享有的自己为或不为一定行为和要求他人为或不为一定行为的资格。不同的经济法主体享有不同的经济权利。依据经济权利性质的不同,它主要有以下几种。

1. 经济职权

经济职权是指国家机关所享有的管理、协调经济运行的权力。经济职权是国家经济职能在法律上的体现,其产生基于国家授权,为国家机关所专有,并具有命令与服从的隶属性质。正确行使经济职权,是市场经济条件下国家干预经济生活的主要形式。因此,对于国家机关而言,它是职权与职责的统一。

经济职权依其行使主体及具体内容的不同,可以分为经济立法权、经济行政权(包括经济决策、经济命令、经济指挥、资源配置、经济调节、经济监督等项权能)和经济司法权等。

2. 经济权利

经济权利是经济法主体自己依法为或不为一定行为以及要求他人为或不为一定行为的资格。随着社会主义市场经济体制的建立,国家管理经济逐步由直接行政干预为主转变依法间接调控为主,经济法主体的经济权利范围也不断扩大并受到更为有效的保护。主要有以下几种:

(1) 国有资产管理权。这是指国家授予有关机关对国有资产进行管理的权利。这种权利是国家行使其财产所有权的具体形式,是国家行政权与国家财产所有权分离、国家所有权与企业经营权分离的体现。国有资产管理权的表现形式主要有:资产登记权、投资权、经营方式选择权、收益权、资产稽核权、资产处分权等。

(2) 国有企业经营权。它是指国有企业对国家授予其经营管理的财产享有的占有、使用收益和依法处分的权利。该项权利是由国家财产所有权派生的权利,权利范围依据国家授权确定。

(3) 企业经营自主权。它是指除国有企业以外的其他各种类型企业对自己的财产所享受的占有、使用、收益和处分的权利以及在核定的范围内从事生产经营活动的权利。与国有企业经营权不同,它是投资人财产所有权和企业生产经营活动权的综合,不同类型的企业在具体内容上有所区别,但其目的都是给予企业独立或相对独立的市场主体资格,这对市场竞争机制的形成具有重要意义。

(4) 农业承包经营权。它是农村集体经济组织成员享有的通过与集体订立合同,承包集体的土地等生产资料从事农业生产经营的权利。

3. 请求权

请求权是指经济法主体享有的在其合法权益受到侵犯时要求侵权人停止侵权行为或要求有关国家机关保护其合法权益的权利。请求权主要包括要求赔偿权、请求行政复议权、请求仲裁权、经济诉讼权等。

(二) 经济义务

1. 经济职责

经济职责是指国家机关行使经济职权时必须为或不为一定行为的法律要求。作为的职责是主动行使经济管理职能,制定和完善经济发展制度和计划,对国民经济运行进行宏观管理和调控,监督市场主体的生产经营行为等;不作为的职责是指以不作为某种行为的方式履行职责,即不滥用国家机关的经济职权。经济职责是国家机关的职务责任,其职责范围与该机关的经济职权相一致。

2. 经济义务的含义

经济义务是指除国家机关以外的经济法主体在经济法律关系中必须为或不为一定行为的约束。其中作为的义务主要是:第一,贯彻执行国家的方针、政策、法律和法规。这是所有经济法主体都必须履行的基本义务。第二,服从合法的经济调控。第三,依法缴纳税金和其他费用。第四,全面履行协议和合同。不作为的义务主要是:不侵犯其他经济法主体的合法权益。

经济法主体不履行经济义务,都要承担相应的法律责任。

四、经济法律关系的客体

经济法律关系的客体是指经济法主体享有的经济权利和承担的经济义务所共同指向的对象。客体是主体权利和义务借以实现的载体,权利和义务的性质、具体内容等通过客体得以表现。因此,客体要素在经济法律关系中必不可少。经济法律关系的客体主要有以下几类。

(一) 财物

作为经济法律关系客体的财物,是指可以为经济法主体控制、支配的,有一定经济价值和实物形态的物品,以及充当一般等价物的货币和货币衍生物的有价证券。依据法学和经济学理论,财物类客体可分为生产资料和生活资料,固定资产和流动资金;流通物、限制流通物和禁止流通物;种类物和特定物;有形物和无形物;货币和有价证券等。

(二) 经济行为

作为经济法律关系客体的经济行为,是指经济法主体为实现一定经济目的所进行的行为。它包括经济管理行为、完成工作行为、提供劳务行为。

(三) 智力成果

智力成果是指经济法主体运用知识和智力所作出的具有经济价值的创造性成果,如专利、专有技术、计算机软件、注册商标、生产经营标记等。

五、经济法律关系的保护

经济法律关系的保护即对经济法主体的经济职权和经济权利的保护。其目的是运用国家强制力,使经济法律关系在受到损害时得以救济,损害行为受到追究。

(一) 经济法律关系的保护措施

我国的经济法律关系保护措施主要有以下几种。

1. 行政执法保护

经济法律关系的行政执法保护是指国家行政机关通过行政执法活动对经济法主体权利的保护。行政执法的措施包括强制履行、行政处罚、行政复议等。

2. 诉讼保护

经济法律关系的诉讼保护是指在人民法院主持下,通过诉讼活动解决经济纠纷,制裁经济犯罪,从而使经济法主体的权利得以保护,包括民事诉讼、行政诉讼、刑事诉讼三种。民事诉讼是人民法院依据民事诉讼法和经济实体法的规定,对平等主体当事人之间的经济纠纷进行审理裁判的活动;行政诉讼是人民法院依据行政诉讼法和行政法、经济法的规定,对公民、法人及其他组织不服行政经济行为而起诉的案件的审理裁判活动;刑事诉讼是审理刑事犯罪案件,制裁犯罪的诉讼活动。民事诉讼、行政诉讼和刑事诉讼以人民法院的公正审判为手段,并以国家强制力为后盾,是维护经济法主体权益的有效措施。

3. 仲裁保护

仲裁是指依法设立的仲裁机构对当事人通过合意自愿交由其审理的争议,作出对当事人有约束力的裁决的活动。仲裁是保护经济法律关系、解决经济纠纷的重要形式。

4. 检察保护

经济法律关系的检察保护是指国家检察机关通过经济检察和对重大经济纠纷案件、经济行政条件提起抗诉或参与诉讼活动,保护经济法主体合法权益的活动。其中的经济检察是检察机关对涉嫌贪污、贿赂、偷税、抗税等经济犯罪条件直接侦查起诉的活动。

(二) 经济法律责任

保护经济法律关系的基本手段,是追究违法行为人的经济法律责任。所谓经济法律责任,是指经济法主体因实施了违反经济法律法规的行为而应承担的消极的法律后果。根据我国法律的规定,违反经济法的法律责任种类有以下几种。

1. 行政责任

行政责任是指国家行政机关依照行政程序对违反经济法律法规的社会组织和公民

个人所做的处罚。行政处罚的方法包括罚款、责令停业、加收滞纳金、没收非法所得、吊销营业执照等。

2. 民事责任

民事责任是指社会组织和公民个人因侵犯他人民事权利或违约所应承担的法律后果，其基本形式是赔偿损失，责任的性质具有补偿性。

3. 刑事责任

刑事责任是指人民法院依据刑法和经济法的规定，对经济犯罪行为人所给予的制裁。经济犯罪行为严重危害经济法律关系，因而对其行为人的制裁措施也是最为严厉的。

第三节　与经济法相关的重要民事法律制度

一、民事主体制度

民事法律关系主体的类型包括自然人、法人、其他社会组织（非法人社会组织）、国家（如发行国债时）。

（一）自然人

自然人是指基于自然规律而出生的人。

（1）自然人的民事权利能力，是指自然人享有民事权利和承担民事义务的作为民事主体的地位或资格。民事权利能力是一种资格，自然人和法人要成为民事主体，就必须具有民事权利能力这种资格。

自然人的民事权利能力，一般始于出生，终于死亡。但在特殊情况下，人没有出生，就有某种权利。例如，我国《继承法》规定，分割遗产要保留胎儿的份额，胎儿出生后是活体的，给他保留的财产由其监护人代管；胎儿出生后是死体的，给他保留的份额分配给其他继承人。在特殊情况下，人死亡之后还会有相应的权利。比如，我国《著作权法》规定，著作权的保护期限是作者的生前及死后 50 年，作者死后，作品的出版要经其继承人同意并向其继承人支付稿酬。

法人的民事权利能力始于成立，终于终止。法人自成立时起就有了享有权利的资格，在终止后就丧失了这种资格，与自然人不同，不存在生前和死后享有权利的问题。

（2）自然人民事行为能力是指民事主体以自己的行为独立地享有民事权利、承担民事义务的条件以及这种条件所达到的程度和状况。自然人和法人虽然都可以成为民事法律关系的主体进而享有权利，但能否以自己的行为独立地实现民事权利、履行民事义务却是另一回事。

（3）根据我国目前《民法通则》第 11～13 条的规定，自然人的民事行为能力分为以下三种状态：

① 完全民事行为能力（年满 18 周岁精神健全者；对已满 16 岁未满 18 岁的未成年人，如果以其自己的劳动收入作为主要生活来源，视为完全民事行为能力人）。完全民事行为能力人所实施的行为是有效的行为，他要对该行为负责，无须他人为其承担责任。

② 限制民事行为能力(已满10周岁、未满18周岁者和不能完全辨认自己行为性质的精神病人)。限制民事行为能力人所实施的与其行为能力状况相适应的行为有效,超过其行为能力状况的行为可能被认定为无效行为或效力待定的行为(其监护人追认的有效,否则无效)。

③ 无民事行为能力(不满10周岁者和完全不能辨认自己行为性质的精神病人)。无民事行为能力人所实施的任何行为均不发生法律效力,除非是纯获利的行为,例如接受赠与。

法人不存在年龄、智力、精神状况的问题,故法人的民事行为能力与民事权利能力相一致,均始于成立,终于终止。

(二) 法人

1. 法人的概念

法人是法律拟制的主体,在资本主义社会初期,为了筹集大机器生产所需的巨额资金,多个资本家出资设立公司。"公司"的"公"就是公众,指众人、多人;"司"就是众人投资、众人操作、众人管理的企业。最初的公司,如果资产不足以偿还公司债务,则由各出资人用自己的其他财产为公司还债,直至清偿所有债务为止,不以公司财产为限,这就是"无限责任公司"。在无限责任制度下,投资人的投资风险就很大,经营不善便倾家荡产。为筹集资金,合理控制投资风险,法律创制全新的民事主体,即把公司当成独立于投资人的一个另外的"人",如果公司的资产不足以偿还公司的债务,以公司的资产为限清偿债务,与投资人的其他个人财产无关。这就是"有限责任公司"。后来,法律又将一些其他社会组织也认可为能够独立承担责任的组织,就出现了事业单位法人、机关法人、社会团体法人等。

现代公司法为了防止股东滥用公司有限责任和法人人格侵害债权人利益,又允许在特定条件下"刺破公司面纱",否定公司法人人格,要求股东与公司承担连带责任。

2. 法人的类型

包括机关法人、企业法人、事业单位法人、社会团体法人。

3. 法人成立的条件

根据《民法通则》第37条的规定,法人应具备如下条件:①依法成立;②有必要的财产或经费;③有自己的名称、组织机构和场所;④能够独立承担民事责任。

(三) 其他社会组织

作为民事主体的其他社会组织是指不具有法人资格的单位,有合伙企业、个人独资企业和其他不能独立承担民事责任的单位,比如分公司等分支机构。所谓不能独立承担民事责任是指:当发生以该组织的资产不足以偿还其债务的情况时,由出资设立该组织的人或单位承担补充甚至连带责任,而不能仅以该组织的资产为限。

其他社会组织虽然不具有独立承担民事责任的能力,但也可以依法从事相应的活动,比如合伙企业、个人独资企业、分公司等,也有权在营业执照明确的范围内从事经营。

(四) 国家

国家通常是国家主权的代表,是社会管理者。但当国家介入民事法律关系时,也可以成为民事主体，比如在发行国债的场合，国家就是民事债务人，而不再仅仅是国家和社会事务管理者；再比如，国家投资设立企业的场合，就是投资所设企业的投资人，与其他投资人同等享有投资者的权利与义务。

二、民事代理制度

（一）代理的概念

代理是指代理人以被代理人的名义，在代理授权范围内与第三人进行的，确定被代理人与第三人之间法律关系的行为。

（二）代理的种类

《民法通则》第 64 条第 1 款规定："代理包括委托代理、法定代理和指定代理。"

(1) 委托代理是指代理人根据被代理人的委托而进行的代理。委托代理人所享有的代理权是被代理人授予的，所以委托代理又称授权代理。授权行为是一种单方民事行为，仅凭被代理人一方授权的意思表示，代理人就取得代理权，故委托代理又为意定代理。

(2) 法定代理是根据法律直接规定而发生的代理关系。法定代理主要是为无民事行为能力和限制民事行为能力人设立代理人的方式。《民法通则》第 14 条规定："无民事行为能力人、限制民事行为能力人的监护人是他的法定监护人。"

(3) 指定代理是代理人根据人民法院或指定机关的指定而进行的代理。在指定代理中，代理人所享有的代理权是由人民法院或者指定机关指定的，与被代理人的意志无关。

（三）我国法律关于代理行为的相关规定

1. 滥用代理权

滥用代理权是代理人行使代理权时，违背代理权的设定宗旨和代理行为的基本准则，有损被代理人利益的行为。构成滥用代理权应具备以下 3 个要件：①代理人有代理权；②代理人行使代理权的行为违背了诚实信用原则，违背了代理权的设定宗旨和基本原则；③代理人的代理行为有损被代理人的利益。主要有以下三种类型。

(1) 自己代理。自己代理是代理人以被代理人的名义与自己进行民事行为。

(2) 双方代理。双方代理也称同时代理，指一人同时担任双方的代理人为民事行为。

(3) 代理人和第三人恶意串通，进行损害被代理人利益的行为。

2. 无权代理

无权代理是行为人既没有代理权，也没有令相对人相信其有代理权的事实或者理由，而以被代理人的名义所为的代理。被代理人不予追认的，对于被代理人不发生法律效力，而是由行为人承担责任。

无权代理的类型有：①行为人自始没有代理权；②行为人超越代理权；③代理权终止后的代理。

3. 表见代理

表见代理是指行为人没有代理权，但是相对人有理由相信其有代理权，法律规定被代理人应负授权责任的无权代理。其构成要件包括：①行为人无代理权；②有使相对人相信行为人具有代理权的事实和理由；③相对人为善意；④行为人与相对人之间的民事行为具备民事行为的有效要件。

4. 代理权的消灭

代理权的消灭又称代理权的终止，指代理人与被代理人之间的代理关系消灭，代理人不再具有以被代理人名义进行民事活动的资格。《民法通则》第69、70条规定了委托代理权消灭的原因：①代理期间届满或者代理事务完成；②被代理人取消委托或者代理人辞去委托；③代理人死亡；④被代理人死亡；⑤代理人丧失民事行为能力；⑥作为被代理人或者代理人的法人终止。法定代理权、指定代理权的消灭原因：①被代理人取得或者恢复民事行为能力；②被代理人死亡或者代理人死亡，或者代理人丧失民事行为能力；③指定代理的人民法院或者指定机关取消指定；④ 其他原因。例如监护人不履行职责或者侵害被监护人合法权益，人民法院可根据有关机关或者有关人员的申请，取消监护人资格，代理权也随着消灭。

5. 转委托

转委托是指代理人为了被代理人的利益需要，将其享有的代理权的全部或一部分转委托给他人行使的行为。其中，接受转委托的人叫做复代理人或再代理人。相应地，代理人选任复代理人，并向其转授代理权的权利称为复任权。从各方当事人之间权利义务关系的总体讲，称做复代理关系。转委托时，应事先取得被代理人同意或事后及时告知取得其同意，否则由代理人负责，但在紧急情况下，为保护被代理人的利益而转委托的，不在此限。因委托代理人转托不明而给第三人造成损失的，先由被代理人承担责任；然后再向委托代理人追偿，复代理人有过错的，应与委托代理人承担连带责任。

本章小结

经济法是法的重要组成部分，是社会经济集中和垄断的产物，是国家干预社会经济生活的具体表现。有鉴于此，经济法是调整国家干预、管理、协调、平衡的，涉及社会公共利益的经济关系的法律规范的总和。

经济法作为调整社会经济关系的重要法律，萌芽于商品经济，兴起和发展于市场经济。其发展过程大致经历了诸法合一、民商法和现代经济立法等阶段。1890年，美国颁布的《谢尔曼法》，被看作是近现代社会所产生的经济法的早期萌芽形式。我国在1978年后，随着政府工作重心的转移，经济法才开始得到迅速发展。

经济法是一个重要的独立的法律部门，调整的是经济管理、经济联系、经济协作、经济组织内部以及涉外经济关系等。经济法与其他部门法一样，都具有鲜明的阶级性、国家的强制性和具体的规范性等特点。除此之外，还具有体系结构上的综合性、讲求效益的经济性、奖励与惩罚两种措施同时并用和明显的专业技术性等特征。

经济法律关系同其他法律关系一样，由主体、内容和客体3个要素构成。为确保我国的经济法律关系的实施，主要采用行政执法 、诉讼、仲裁和检察加以保护。经济法律关系主体一旦违反经济法律规范，都应承担相应的民事责任、行政责任，甚至刑事责任。

与经济法相关的重要的民事主体制度和民事代理制度是学习经济法必备的民法知

识，也是打开经济法大门的钥匙。

基本概念

经济法　法律关系　经济法律关系　民事诉讼　行政诉讼　刑事诉讼　经济法律责任　代理　表见代理

思考与训练

1. 经济法的调整对象有哪些？
2. 经济法的特征是什么？
3. 我国经济法的基本原则及其确立的依据是什么？
4. 法律关系的特征有哪些？
5. 经济法律关系的构成要素有哪些？
6. 如何保护经济法律关系？
7. 经济法律的责任有哪些？
8. 代理权的消灭原因有哪些？
9. 简述无权代理的类型。
10. 简述表见代理的构成要件。

案例分析

(1) 甲公司委托其职员张某购买一台电脑。张某到百货公司购买时，正好该公司进行有奖销售，规定购买商品满 500 元可得到奖券一张。张某代购电脑，得到 10 张奖券，他自己把这几张奖券收了起来，后来百货公司抽奖，这几张奖券中的一张中了头奖，可得到现金 2 000 元。问：该奖金应该归谁所有？

(2) 刘红委托甲信托公司代为出售一批服装，但甲为了私利，就和丙合谋，以低价将该服装卖给丙，并从丙处得到回扣 1 万元。问：刘红的损失应当由谁来承担？

(3) 刘某委托其好友陈某到镇江代为其出售一车苹果，谁知车到镇江后，陈某患急性阑尾炎入院治疗。陈某与刘某联系未果，为防止苹果腐烂，遂转托其在镇江的好友李某代卖该苹果。由于李某经验欠缺，便以较低的价格出卖，后刘某以卖价过低为由反对陈某转托李某代卖苹果。问：关于陈某转托之事，当如何处理？

第二章 内资企业法律制度

企业是指依法设立的以营利为目的、从事商品生产经营服务活动的、实行独立核算的经济组织。企业是市场经营活动的主要参加者之一，一般具有以下特征：

(1) 组织性：企业是一种社会经济组织，有自己的机构及工作程序要求。企业作为社会经济组织，是一定人员和一定物的结合，必须从事生产经营活动。

(2) 营利性：企业是以营利为目的的社会经济组织。企业作为经济组织，要从事生产、流通、服务等经济活动。除少数公共企业以社会效益为目的外，大多数企业从事生产经营活动的目的是为了赚取利润。

(3) 独立核算性：企业是实现独立核算的社会经济组织。实行独立核算，即要在银行单独开设账户；独立建立账簿，编制财务会计报表；独立计算盈亏。

(4) 法律许可性：企业是依法设立的社会经济组织。企业必须依法成立，得到国家法律的认可和保护。未经法律许可的企业，不得从事生产经营活动。

我国现行企业法律制度是指关于企业设立、企业组织、企业运行和对企业实施管理的各种法律规范的总称。本章主要介绍《全民所有制工业企业法》、《合伙企业法》和《个人独资企业法》。

第一节 全民所有制工业企业法

一、全民所有制工业企业法概述

全民所有制工业企业即国有工业企业，是指以生产资料全民所有制为基础的，从事工业生产经营活动的企业。

全民所有制工业企业法是调整国家在协调经济运行中发生的关于全民所有制工业企业的经济关系的法律规范的总称。

《全民所有制工业企业法》不仅是全民所有制工业企业的基本法，同时规定适用于全民所有制交通运输、邮电、地质、勘探、建筑安装、商业、外贸、物资、农林、水利事业。这说明该法是一部全民所有制企业都适用的法律。

二、全民所有制工业企业的性质和任务

(一) 全民所有制工业企业的性质

全民所有制工业企业法规定：全民所有制工业企业（以下简称企业）是依法自主经

营、自负盈亏、独立核算的社会主义商品生产的经营单位。

企业的财产属于全民所有，国家依照所有权和经营权分离的原则授予企业经营管理。企业对国家授予其经营管理的财产享有占有、使用和依法处分的权利。企业依法取得法人资格，以国家授予其经营管理的财产承担民事责任。企业根据政府主管部门的决定，可以采取承包、租赁等经营责任制形式。

(二) 全民所有制工业企业的根本任务

据国家计划和市场需求，发展商品生产，创造财富，增加积累，满足社会日益增长的物质和文化生活需要。企业必须坚持在建设社会主义物质文明的同时，建设社会主义精神文明，建设有理想、有道德、有文化、有纪律的职工队伍。企业必须遵守法律、法规，坚持社会主义方向。企业必须有效地利用国家授予其经营管理的财产，实现资产增值；依法缴纳税金、费用、利润。

三、全民所有制工业企业的设立、变更和终止

设立企业，必须依照法律和国务院规定，报请政府或者政府主管部门审核批准。经工商行政管理部门核准登记、发给营业执照，取得法人资格。企业应当在核准登记的经营范围内从事生产经营活动。

(一) 设立全民所有制工业企业必须具备的条件

(1) 产品为社会所需要；

(2) 有能源、原材料、交通运输的必备条件；

(3) 有自己的名称和生产经营场所；

(4) 有符合国家规定的资金；

(5) 有自己的组织机构；

(6) 有明确的经营范围；

(7) 法律、法规规定的其他条件。

企业的设立除了要具备以上条件外，还必须经过申请、审批和登记3个法定程序，才能取得法人资格。首先，由准备设立者提出申请；然后，依照法律和国务院规定，报请政府或者政府主管部门审核批准；最后，经工商行政管理部门核准登记，发给营业执照，取得法人资格。

(二) 全民所有制工业企业变更

1. 企业变更形式

(1) 企业的合并。合并是指两个以上的企业依照法律法规的规定程序，变为一个企业的行为。其形式有吸收合并和新设合并两种。吸收合并指接纳一个或一个以上的企业加入本企业，加入方解散并取消原法人资格，接纳方存续。新设合并是指企业与一个或一个以上的企业合并成为一个新企业。原合并各方解散，取消原法人资格。

(2) 企业的分立。分立是指一个企业依法分为两个以上的企业。分立也有两种情况：一是企业以一部分财产和业务另设一个新的企业，原企业存续；二是企业全部财产和业务分别归入两个以上的新设企业，原企业解散。企业分立时，企业应由分立各方签订

分立协议,明确划分分立各方的财产和债权、债务等。

(3) 全民所有制工业企业其他重要事项的变更。根据《企业法人登记管理条例》第17条的规定,其他重要事项,是指企业法人改变名称、住所、经营场所、法定代表人、经济性质、经营范围、经营方式、注册资金、经营期限,以及增设或者撤销分支机构。

2. 企业变更的程序

(1) 报经有关部门批准。企业办理变更登记前须报经政府主管部门或原审批机关批准。其中企业合并或分立的,须就财产、债权债务等事项由合并或分立各方达成协议。

(2) 办理变更登记手续。企业要求变更的,应在有关部门批准后30日内,向工商行政管理机关申请变更登记。办理变更登记时,应提交由其法定代表人签署的变更登记申请书、批准文件等有关文件、资料。因合并和分立致使原企业终止的,还应申请办理注销登记。

(3) 公告。企业办理变更登记事项后,应及时将变更情况予以公告。

(三) 全民所有制工业企业的终止

企业的终止是指企业被取消法人资格,不再作为经济实体和法律主体进行经济活动或法律活动。

(1) 企业的终止原因。①违反法律、法规被责令撤销;②政府主管部门依照法律、法规的规定决定解散;③依法被宣告破产;④其他原因。

(2) 企业终止的程序。①作出企业终止的正式决定或裁定。全民所有制工业企业终止时,必须依法作出正式的决定或裁定,这种决定或由企业作出,或由人民政府、企业主管部门、工商行政管理部门作出。企业破产裁定由人民法院作出。②成立清算组。对企业财产进行清算。全民所有制工业企业终止时,必须成立清算组,对企业财产进行清算。区分不同的终止原因,清算组的组成也不同,企业被政府主管部门决定解散的,由政府主管部门指定成立的清算组进行清算。企业被撤销、被宣告破产的,由政府主管部门或人民法院依法组织有关部门和有关人员组成清算组,进行清算。清算的主要内容包括两个方面:一是查清企业的财产,核实债权、债务,并登记造册;二是收回债权,清偿债务,依法处理剩余财产。③办理注销登记。企业终止时,应持法定代表人的有关文件,到工商行政管理部门办理注销登记。经核准后,收缴《企业法人营业执照》及其副本,收缴公章,并将注销登记情况告知其开户银行。同时,企业终止时还应当向国有资产管理部门办理产权注销登记。④公告。企业办理完注销登记及相关事项后,应及时将终止情况予以公告。

四、全民所有制工业企业的权利和义务

企业的权利是指法律赋予企业能够为或不为一定行为,以及要求他人为或不为一定行为的资格。

(一) 全民所有制工业企业权利的主要内容

关于全民所有制工业企业权利的内容,具体体现在《企业法》和其他系列有关法律、法规的规定中。根据规定,全民所有制工业企业权利包括以下几方面。

1. 产、供、销方面的权利

产、供、销方面的权利主要包括以下几种：①生产经营决策权；②物资选购权；③产品销售权；④进出口权；⑤产品、劳务定价权；⑥联营、兼并权。

2. 人、财、物方面的权利

人、财、物方面的权利主要包括以下几种：①人事劳动管理权；②投资决策权；③留用资金支配权；④债券发行权；⑤资产处置权；⑥拒绝摊派权。

(二) 全民所有制工业企业的义务

1. 全民所有制工业企业对国家的义务

(1) 遵守法律、法规，坚持社会主义方向的义务。

(2) 承担指令性任务的企业有完成指令性计划的义务。

(3) 降低产品成本、提高劳动生产率的义务。

(4) 遵守财经法律，依法缴纳税金、费用、利润的义务。

(5) 维持生产秩序、保护国家财产的义务。

2. 全民所有制工业企业对社会的义务

(1) 保证产品质量和服务质量的义务。

(2) 履行依法订立的合同和协议的义务。

(3) 防止对环境污染和破坏的义务。

3. 全民所有制工业企业对职工的义务

(1) 搞好职工教育、提高职工队伍素质的义务。

(2) 支持职工开展科学技术活动和劳动竞赛的义务。

(3) 实行安全生产的义务。

五、全民所有制工业企业的组织机构

(一) 全民所有制工业企业的厂长(经理)负责制

1. 厂长负责制

厂长(经理)负责制是指全民所有制工业企业的生产经营管理工作由厂长(经理)统一领导和全面负责的一种企业内部领导制度。

厂长的产生，除国务院另有规定外，由政府主管部门根据企业的情况决定采取下列两种方式：①政府主管部门委任或者招聘；②企业职工代表大会选举。政府主管部门委任或者招聘的厂长，由政府主管部门免职或者解聘，并须征求职工代表的意见；企业职工代表大会选举的厂长，由职工代表大会罢免，并须报政府主管部门批准。

厂长是企业的法定代表人。企业建立以厂长为首的生产经营管理系统。厂长在企业中处于中心地位，对企业的物质文明建设和精神文明建设负有全面责任。

2. 厂长的职权

厂长领导企业的生产经营管理工作，行使下列职权：

(1) 依照法律和国务院规定，决定或者报请审查批准企业的各项计划。

(2) 决定企业行政机构的设置。

(3) 提请政府主管部门任免或者聘任、解聘副厂级行政领导干部。法律和国务院另有规定的除外。

(4) 任免或者聘任、解聘企业中层行政领导干部,法律另有规定的除外。

(5) 提出工资调整方案、奖金分配方案和重要的规章制度,提请职工代表大会审查同意。提出福利基金使用方案和其他有关职工生活福利的重大事项的建议,提请职工代表大会审议决定。

(6) 依法奖惩职工,提请政府主管部门奖惩副厂级行政领导干部。

3. 厂长的职责

(1) 厂长应当根据国家宏观计划指导和市场需求,结合任期责任目标,提出企业的年度经营目标和发展方向,经管理委员会或者其他协助厂长决策的机构讨论和职工代表大会审议后组织实施。

(2) 厂长应当组织企业各方面的力量,保证完成国家指令性计划,履行依法订立的合同和协议。

(3) 厂长应当注重市场信息,不断开发新产品,降低成本和费用,增强企业的应变、竞争能力。

(4) 厂长应当通过严格的质量管理,保证产品质量达到国家规定的标准或合同的要求。

(5) 厂长应当采取切实措施,推进企业的技术进步和现代化管理,提高经济效益,增强企业自我改造和自我发展能力。

(6) 厂长应当不断改善企业的劳动条件,高度重视安全生产,认真搞好环境保护。厂长应当在发展生产、提高经济效益的基础上,逐步改善职工的物质文化生活条件。厂长应当组织职工群众切实做好企业的治安保卫工作。

(7) 厂长应当采取切实措施,进行智力投资和人才开发,加强对职工的思想、文化、业务教育,组织职工进行技术革新,支持合理化建议。

(8) 厂长应当支持职工代表大会、工会、共青团和其他群体组织的工作,执行职工代表大会依法作出的决定。

(二) 职工和职工代表大会

职工有参加企业民主管理的权利,有对企业的生产和工作提出意见与建议的权利;有依法享受劳动保护、劳动保险、休息、休假的权利;有向国家机关反映真实情况,对企业领导干部提出批评和控告的权利。女职工有依照国家规定享受特殊劳动保护和劳动保险的权利。职工应当以国家主人翁的态度从事劳动,遵守劳动纪律和规章制度,完成生产和工作任务。职工代表大会是企业实行民主管理的基本形式,是职工行使民主管理权利的机构。职工代表大会的工作机构是企业的工会委员会。企业工会委员会负责职工代表大会的日常工作。

1. 职工代表大会的组织制度

职工代表大会至少每半年召开一次,每次会议必须有 2/3 以上的职工代表出席。遇有重大事项,经厂长、工会或 1/3 以上职工代表提议,可以召开临时会议。

职工代表大会进行选举和作出决议,必须经全体职工代表过半数通过;职工代表大会在其职权范围内决定的事项，非经职工代表大会同意不得修改。

2. 职工代表大会行使的职权

(1) 听取和审议厂长关于企业的经营方针、长远规划、年度计划、基本建设方案、重大技术改造方案、职工培训计划、留用资金分配和使用方案、承包和租赁经营责任制方案的报告，提出意见和建议。

(2) 审查同意或者否决企业的工资调整方案、奖金分配方案、劳动保护措施、奖惩办法以及其他重要的规章制度。

(3) 审议决定职工福利基金使用方案、职工住宅分配方案和其他有关职工生活福利的重大事项。

(4) 评议、监督企业各级行政领导干部，提出奖惩和任免的建议。

(5) 根据政府主管部门的决定选举厂长，报政府主管部门批准。

车间通过职工大会，职工代表或者其他形式实行民主管理。工人直接参加班组的民主管理。职工代表大会应当支持厂长依法行使职权，教育职工履行本法规定的义务。

(三) 企业和政府的关系

政府或者政府主管部门依照国务院规定统一对企业下达指令性计划，保证企业完成指令性计划所需的计划供应物资，审查批准企业提出的基本建设、重大技术改造等计划；任免、奖惩厂长，根据厂长的建议，任免、奖惩副厂级行政领导干部，考核、培训厂级行政领导干部。政府有关部门按照国家调节市场、市场引导企业的目标，为企业提供服务，并根据各自的职责，依照法律、法规的规定，对企业实行管理和监督。政府管理和监督的内容有：

(1) 制定、调整产业政策，指导企业制定发展规划；

(2) 为企业的经营决策提供咨询、信息；

(3) 协调企业与其他单位之间的关系；

(4) 维护企业正常的生产秩序，保护企业经营的国家财产不受侵犯；

(5) 逐步完善与企业有关的公共设施。

企业所在地的县级以上地方政府应当提供企业所需的由地方计划管理的物资，协调企业与当地其他单位之间的关系，努力办好与企业有关的公共福利事业。

任何机关和单位不得侵犯企业依法享有的经营自主权；不得向企业摊派人力、物力、财力；不得要求企业设置机构或者规定机构的编制人数。

(四) 法律责任

本法适用于全民所有制交通运输、邮电、地质勘探、建筑安装、商业、外贸、物资、农林、水利企业。违反本法规定，依据相关条款依法执行，必要的将追究其刑事责任。

第二节　个人独资企业法

个人独资企业法有广义和狭义之分。广义的个人独资企业法是指国家关于个人独资企业的各种法律规范的总称。狭义的个人独资企业法是指 1999 年 8 月 30 日第九届全国人大常委会第十一次会议通过的《中华人民共和国个人独资企业法》(以下简称《个人独资企业法》)。该法分6章,共48条,自2000年1月1日起施行。该法主要规范个人独资企业的设立、个人独资企业的投资人及事务管理、个人独资企业的解散和清算、法律责任等。

一、个人独资企业的概念和特征

(一) 个人独资企业的概念

个人独资企业又称个人业主制企业,是指依照《个人独资企业法》在中国境内设立,由一个自然人投资,财产为投资人个人所有,投资人以其个人财产对企业债务承担无限责任的经营实体。这个定义包括以下几方面的含义:①个人独资企业的设立依据是《个人独资企业法》;②个人独资企业的设立领域是在中国境内;③个人独资企业的设立主体为一个自然人;④个人独资企业的产权关系为投资人个人所有,即个人财产和企业财产合二为一;⑤个人独资企业的责任形式为无限责任;⑥个人独资企业的地位为经营实体,即不具备法人资格但具有组织体的特征。

(二) 个人独资企业的特征

1. 个人独资企业是由一个自然人投资的企业

根据《个人独资企业法》的规定,设立个人独资企业只能是一个自然人。但法律、行政法规禁止从事营利性活动的人,不得作为投资人申请设立个人独资企业。根据我国有关法律、行政法规规定,国家公务员、党政机关领导干部、警官、法官、检察官、商业银行工作人员及港、澳、台同胞和法人等,不得作为投资人申请设立个人独资企业。

2. 个人独资企业的投资人对企业的债务承担无限责任

投资人对企业的债务承担无限责任,即当企业的资产不足以清偿到期债务时,投资人应以自己个人的全部财产用于清偿企业债务。

3. 个人独资企业的内部机构设置简单,经营管理方式灵活

个人独资企业的投资人既是企业的所有者,又是企业的经营管理者,因此,其内部机构的设置较为简单,决策程序也较为灵活。

4. 个人独资企业是非法人企业

个人独资企业由一个自然人出资,投资人对企业的债务承担无限责任,企业的责任即是投资人个人的责任,企业的财产即是投资人的财产。因此,个人独资企业不具有法人资格,也无独立承担民事责任的能力。个人独资企业虽然不具有法人资格,但却是独立的民事主体,可以以自己的名义从事民事活动。

二、个人独资企业的设立

(一) 个人独资企业的设立条件

根据我国《个人独资企业法》的规定,设立个人独资企业应当具备下列条件。

1. 主体条件:投资人为一个自然人,且只能是中国公民

个人独资企业的投资人只能是自然人不能是法人,且数量仅限为一个。自然人以外

的团体或社会组织虽然也常有单独投资经营的情形，但不能被视为独资企业。投资人是否应同时具备民事权利能力和民事行为能力问题，我国《个人独资企业法》未作明确规定。

2. 名称条件：有合法的企业名称

名称是企业的标志，企业必须有相应的名称，并应符合法律、法规的要求。个人独资企业的名称应当符合国家关于企业名称登记管理的有关规定，企业名称应与其责任形式及从事的营业相符合，个人独资企业的名称中不得使用“有限”、“有限责任”或“公司”字样，个人独资企业的名称可以叫厂、店、部、中心、工作室等。

3. 资本条件：有投资人申报的出资

投资人申报的出资是指在设立个人独资企业时，投资人承诺投入企业资本的总和。《个人独资企业法》对投资人的出资数额未作限制。投资人可以用货币、实物、土地使用权、知识产权或其他财产权利出资。投资人申报的出资额应当与企业的生产经营规模相适应。投资人可以个人财产出资，也可以家庭共有财产作为个人出资。以家庭共有财产作为个人出资的，投资人应当在设立(变更)登记申请书上予以注明。

4. 物质条件：有固定的生产经营场所和必要的生产经营条件

生产经营场所包括企业的住所和与生产经营相适应的处所。依据是企业的主要办事机构所在地，是企业的法定地址。

5. 雇员条件：有必要的从业人员

在这里，从业人员包括从事业务活动的投资人和企业依法召用的职工。对个人独资企业从业人员的数量，《个人独资企业法》未作限定。只有投资人一人从事业务活动，也属于符合条件。

(二) 个人独资企业的设立程序

1. 提出申请

申请设立个人独资企业，应当由投资人或者其委托的代理人向个人独资企业所在地的登记机关提出设立申请。

2. 工商登记

登记机关应当在收到设立申请文件之日起 15 日内，对符合《个人独资企业法》规定条件的予以登记，发给营业执照；对不符合《个人独资企业法》规定条件的，不予登记，并发给企业登记驳回通知书。个人独资企业的营业执照签发日期，为个人独资企业成立日期，在领取个人独资企业营业执照前，投资人不得以个人独资企业名义从事经营活动。

3. 分支机构登记

个人独资企业设立分支机构，应当由投资人或者其委托的代理人向分支机构所在地的登记机关申请设立登记。分支机构从事法律、行政法规规定须报经有关部门审批的业务，还应当提交有关部门的批准文件。个人独资企业投资人委派分支机构负责人的，应当提交投资人委派分支机构负责人的委托书及其身份证明。委托代理人申请分支机构设立登记的，应当提交投资人的委托书和代理人的身份证明或者资格证明。

登记机关应当在收到按规定提交的全部文件之日起 15 日内，作出核准登记或者不予登记的决定。核准登记的，发给营业执照；不予登记的，发给登记驳回通知书。个人独资企业分支机构申请变更登记、注销登记,比照有关个人独资企业申请变更登记、注销登记的有关规定办理。个人独资企业应当在其分支机构经核准设立、变更或者注销登记后15日内,将登记情况报该分支机构隶属的个人独资企业的登记机关备案。

三、个人独资企业的投资人及事务管理

(一) 个人独资企业的投资人

个人独资企业投资人对本企业的财产依法享有所有权,其有关权利可以依法进行转让或继承。企业的财产不论是投资人的原始投入,还是经营所得,均归投资人所有。虽然个人独资企业投资人对企业的债务要承担无限责任,但是,投资人的财产和企业财产仍是有区别的:一是投资人申办个人独资企业,要申报出资,这一出资的财产与投资人的其他财产不同;二是企业应有一定稳定独立的资金,这是企业生产经营的需要;三是将两财产加以区别,有利于计算企业的生产经营成果。

个人独资企业投资人在申请企业设立登记时,明确以其家庭共有财产作为个人出资的,应当依法以家庭共有财产对企业债务承担责任。由于出资人与其家庭的特殊关系,出资人的财产往往与其家庭财产难以划清。夫妻财产是共有财产,夫妻一方取得的财产为夫妻双方的共同财产,既然财产是共有的,收益也是共同所有,对债务也应以共有财产清偿;从其他家庭成员之间的关系看,家庭成员允许出资人将家庭财产用于投资办企业本身就意味着许诺将这部分财产用于承担风险,而出资人取得的收益也是全家共同享用,这就意味着个人独资企业的收益是家庭共同财产的一部分。

(二) 个人独资企业的事务管理

个人独资企业投资人可以自行管理企业事务,也可以委托或者聘用其他具有民事行为能力的人负责企业的事务管理。投资人委托或者聘用他人管理个人独资企业事务,应当与受托人或者被聘用的人签订书面合同。合同应订明委托的具体内容、授予的权利范围、受托人或者被聘用的人应履行的义务、报酬和责任等。受托人或者被聘用的人员应当履行诚信、勤勉义务,以诚实信用的态度对待投资人,对待企业,尽其所能依法保障企业利益,按照与投资人签订的合同负责个人独资企业的事务管理。

投资人对受托人或者被聘用的人员职权的限制,不得对抗善意第三人。所谓第三人,是指除受托人或被聘用的人员以外与企业发生经济业务关系的人。所谓善意第三人,是指在有关经济业务事项交往中,没有与受托人或者被聘用的人员串通,故意损害投资人利益的第三人。个人独资企业的投资人与受托人或者被聘用的人员之间有关权利义务的限制只对受托人或者被聘用的人员有效,对第三人并无约束力,受托人或者被聘用的人员超出投资人的限制与善意第三人的有关业务交往应当有效。

我国《个人独资企业法》规定,投资人委托或者聘用的管理个人独资企业事务的人员不得从事下列行为:①利用职务上的便利,索取或者收受贿赂;②利用职务或者工作上的便利侵占企业财产;③挪用企业的资金归个人使用或者借贷给他人;④擅自将企业资金以个人名义或者以他人名义账户存储;⑤擅自以企业财产提供担保;⑥未经投资人同意,从事与本企业相竞争的业务;⑦未经投资人同意,同本企业订立合同或者进行交易;⑧未

经投资人同意,擅自将企业商标或者其他知识产权转让给他人使用;⑨泄露本企业的商业秘密;⑩法律、行政法规禁止的其他行为。

四、个人独资企业的权利

根据《个人独资企业法》的有关规定,个人独资企业享有以下权利。

1. 依法申请贷款

个人独资企业可以根据《商业银行法》和《合同法》以及中国人民银行发布的《贷款通则》等一系列法律法规的规定申请贷款,以供企业生产经营之用。

2. 依法取得土地使用权

个人独资企业可根据《土地管理法》、《土地管理法实施细则》和《城镇国有土地使用权出让和转让暂行条例》等规定取得土地使用权。

3. 拒绝摊派权

摊派是指在法律、法规的规定之外,以任何方式要求企业提供财力、物力、人力的行为。《个人独资企业法》规定,任何单位和个人不得违反法律、行政法规的规定,以任何方式强制个人独资企业提供财力、物力、人力;对于违法强制要求提供财力、物力、人力的行为,个人独资企业有权拒绝。

4. 法律、行政法规规定的其他权利

个人独资企业除享有上述权利外,还依法享有十分广泛的权利,例如,根据《专利法》,企业可以取得专利保护;根据《商标法》,企业可以取得商标保护;等等。

五、个人独资企业的解散和清算

(一) 个人独资企业的解散

个人独资企业的解散是指个人独资企业终止活动使其民事主体资格消灭的行为。根据我国《个人独资企业法》的规定,个人独资企业有下列情形之一时,应当解散:①投资人决定解散;②投资人死亡或者被宣告死亡,无继承人或者继承人决定放弃继承;③被依法吊销营业执照;④法律、行政法规规定的其他情形。

(二) 个人独资企业的清算

个人独资企业解散时,应当进行清算。《个人独资企业法》对个人独资企业清算作了如下规定。

1. 通知和公告债权人

个人独资企业解散,由投资人自行清算或者由债权人申请人民法院指定清算人进行清算。投资人自行清算的,应当在清算前15日内书面通知债权人;无法通知的,应当予以公告。债权人应当在接到通知之日起30日内,未接到通知的应当在公告之日起60日内,向投资人申报其债权。

2. 财产清偿顺序

个人独资企业解散的,财产在优先拨付清算费用后,剩余部分应当按照下列顺序清偿:①所欠职工工资和社会保险费用;②所欠税款;③其他债务。个人独资企业财产不足以清偿债务的，投资人应当以其个人的其他财产予以清偿。

3. 清算期间对投资人的要求

清算期间，个人独资企业不得开展与清算无关的经营活动。在按财产清偿顺序清偿债务前，投资人不得转移、隐藏财产。

4. 投资人的持续偿债责任

个人独资企业解散后，原投资人对个人独资企业存续期间的债务仍应承担偿还责任。但债权人在 5 年内未向债务人提出偿债请求的，该责任消灭。

5. 注销登记

个人独资企业清算结束后，投资人或者人民法院指定的清算人应当编制清算报告，并于清算结束之日起 15 日内向原登记机关申请注销登记。登记机关应当在收到按规定提交的全部文件之日起 15 日内，作出核准登记或者不予登记的决定。予以核准的，发给核准通知书；不予核准的，发给企业登记驳回通知书。经登记机关注销登记，个人独资企业终止。个人独资企业办理注销登记时，应当交回营业执照。

第三节　合伙企业法

合伙企业法有广义和狭义之分。狭义的合伙企业法是指由国家最高立法机关依法制定的，规范合伙企业合伙关系的专门法律，即《中华人民共和国合伙企业法》(下称《合伙企业法》)。该法由第八届全国人民代表大会常务委员会第二十四次会议于 1997 年 2 月 23 日通过，2006 年 8 月 27 日第十届全国人民代表大会常务委员会第二十三次会议进行修订，自 2007 年 6 月 1 日起实行。广义的合伙企业法是指国家立法机关或者其他有权机关依法制定的、调整合伙关系的各种法律规范的总称。

一、合伙企业法概述

(一) 合伙企业的概念

我国《合伙企业法》所指的合伙企业，是指两个或两个以上的人为了共同的目的，相互约定共同出资、共同经营、共享收益、共担风险的自愿联合。合伙是一种以合同关系为基础的企业组织形式。

我国《合伙企业法》规定："本法所称合伙企业，是指自然人、法人和其他组织依照本法在中国境内设立的普通合伙企业和有限合伙企业。"

(二) 合伙企业的特征

1. 合伙企业是一种共同经营体

合伙企业必须有两个以上的人共同投资，它不是单个的行为，而是多个人的联合。

2. 合伙企业存在的基础是合伙协议

合伙企业的设立以合伙协议为基础，合伙协议依法由全体合伙人协商一致，采取书面形式订立，合伙人按照合伙协议享有权利，履行义务。

3. 合伙企业的资本由各合伙人共同出资

合伙人可以用货币、实物、知识产权、土地使用权出资，经全体合伙人同意，普通合伙人还可以用劳务出资。另外,法律对合伙企业的出资数额没有限额要求。

4. 合伙企业中确立了有区别的责任制度

普通合伙企业中普通合伙人对合伙企业的债务承担无限连带责任;有限合伙企业中普通合伙人对合伙企业债务承担无限连带责任,有限合伙人以其认缴的出资额为限对合伙企业债务承担有限责任。

二、普通合伙企业

(一) 普通合伙企业的概念和特征

普通合伙企业是指由普通合伙人组成,合伙人对合伙企业债务依照《合伙企业法》规定承担无限连带责任的一种合伙企业。普通合伙企业具有以下特征。

1. 由普通合伙人组成

所谓普通合伙人,是指在合伙企业中对合伙企业的债务依法承担无限连带责任的自然人、法人和其他组织。《合伙企业法》规定,国有独资公司、国有企业、上市公司以及公益性的事业单位、社会团体不得成为普通合伙人。

2. 合伙人对合伙企业债务依法承担无限连带责任,法律另有规定的除外

所谓无限连带责任,包括两个方面:一是连带责任。即所有的合伙人对合伙企业的债务都有责任向债权人偿还,不管自己在合伙协议中所承担的比例如何。二是无限责任。即所有的合伙人不仅以自己投入合伙企业的资金和合伙企业的其他资金对债权人承担清偿责任,而且在不够清偿时还要以合伙人自己所有的财产对债权人承担清偿责任。

(二) 普通合伙企业的设立

1. 普通合伙企业的设立条件

根据《合伙企业法》的规定,设立普通合伙企业应当具备下列条件:

(1) 有两个以上的合伙人,并且都是承担无限责任者。

(2) 有书面合伙协议。合伙协议应当依法由全体合伙人协商一致,以书面形式订立。

(3) 合伙人认缴或者实际缴付的出资。合伙协议生效后,合伙人应当按照合伙协议的规定缴纳出资。合伙人可以用货币、实物、知识产权、土地使用权或者其他财产权利出资,也可以用劳务出资。

(4) 有合伙企业的名称和生产经营场所。普通合伙企业应当在其名称中标明"普通合伙"字样,其中特殊的普通合伙企业,应当在其名称中标明"特殊普通合伙"字样,合伙企业的名称必须和"合伙"联系起来,名称中必须有"合伙"二字。

2. 合伙企业的设立登记

根据《合伙企业法》和国务院发布的《合伙企业登记管理办法》的规定,合伙企业的设立登记,应按如下程序进行:

首先,申请人向企业登记机关提交相关文件,主要包括:①全体合伙人签署的合伙申请书;②全体合伙人的身份证明;③全体合伙人指定的代表或者共同委托的代理人的委托书;④合伙协议;⑤全体合伙人对各合伙人认缴或者实际缴付出资的确认书;⑥主要经营场所证明;⑦国务院工商行政管理部门规定的其他文件。

其次,企业登记机关核发营业执照。申请人提交的登记申请材料齐全、符合法定形式,企业登记机关能够当场登记的,应予以当场登记,发给合伙企业营业执照。除此之外,企业登记机关应当自收到申请登记文件之日起 20 日内,作出是否登记的决定。对符合《合伙企业法》规定条件的,予以登记,发给营业执照;对不符合规定条件的,不予登记,并应当给予书面答复,说明理由。

合伙企业的营业执照签发日期为合伙企业的成立日期。合伙企业领取营业执照前,合伙人不得以合伙企业的名义从事经营活动。合伙企业设立分支机构,应当向分支机构所在地企业登记机关申请登记,领取营业执照。

(三) 合伙企业财产

1. 合伙企业财产的构成

根据《合伙企业法》的规定,合伙人的出资、以合伙企业名义取得的收益和依法取得的其他财产,均为合伙企业的财产。从这一规定可以看出,合伙企业财产由以下三部分构成:

(1) 合伙人的出资。《合伙企业法》规定,合伙人认缴的财产形成合伙企业的原始财产。

(2) 以合伙企业名义取得的收益。主要包括合伙企业的公共积累资金、未分配的盈余、合伙企业债权、合伙企业取得的工业产权和非专利技术等财产权利。

(3) 依法取得的其他财产。即根据法律、行政法规的规定合法取得的其他财产,如合法接受赠与的财产等。

2. 合伙企业财产的性质

合伙企业的财产具有独立性和完整性两方面的特征。所谓独立性,是指合伙企业的财产独立于合伙人,一般来说,合伙人出资以后,便丧失了对其作为出资部分的财产的所有权或者持有权、占有权,合伙企业的财产权主体是合伙企业,而不是单独的每一个合伙人。所谓完整性,是指合伙企业的财产作为一个完整的统一体而存在,合伙人对合伙企业财产权益的表现形式,仅是依照合伙协议所确定的财产收益份额或者比例。

3. 合伙企业财产份额的转让

合伙企业财产份额的转让是指合伙企业的合伙人向他人转让其在合伙企业中全部或部分财产份额的行为。由于合伙人财产份额的转让将会影响到合伙企业以及合伙人的切身利益,因此,《合伙企业法》对合伙企业财产份额的转让作了以下限制性规定:

(1) 除合伙协议另有约定外,合伙人向合伙人以外的人转让其在合伙企业中的全部或者部分财产份额时,须经其他合伙人一致同意。

(2) 合伙人之间转让在合伙企业中的全部或者部分财产份额时,应当通知其他合伙人。

(3) 合伙人依法转让其财产份额时,在同等条件下,其他合伙人有优先购买的权利。

另外,合伙人以外的人依法受让合伙企业财产份额时,经修改合伙协议后即成为合伙企业的合伙人,合伙企业的各合伙人依照修改后的合伙协议享有权利和承担责任。

（四）合伙企业的事务执行

1. 合伙事务执行的形式

根据《合伙企业法》的规定，合伙人执行合伙企业事务，可以有两种形式：第一，全体合伙人共同执行合伙企业事务，这是合伙企业事务执行的基本形式。第二，委托一名或数名合伙人执行合伙企业事务。

2. 合伙人在执行合伙事务中的权利和义务

（1）合伙人在执行合伙事务中的权利。根据《合伙企业法》的规定，合伙人在执行合伙事务中的权利主要包括以下内容：

① 合伙人平等享有合伙事务执行权。合伙企业的重要特点之一就是合伙经营，各合伙人无论其出资多少，都有权平等享有执行合伙企业事务的权利。

② 执行合伙事务的合伙人对外代表合伙企业。合伙人在代表合伙企业执行事务时，不是以个人的名义进行一定的民事行为，而是以企业事务执行人的身份组织实施企业的生产经营活动。

③ 不执行合伙事务的合伙人的监督权。在委托执行合伙事务的情况下，不参加执行事务的合伙人享有对事务执行人的监督权。

④ 合伙人查阅账簿权。无论是全体合伙人共同执行合伙事务，还是委托一名或数名合伙人执行合伙事务，各合伙人均有权随时了解有关合伙事务和合伙财产的一切情况，包括有权查阅合伙企业账簿和其他有关文件。

⑤ 合伙人提出异议权和撤销委托执行事务权。合伙协议约定或者经全体合伙人决定，合伙人分别执行合伙企业事务时，合伙人可以对其他合伙人执行的事务提出异议。提出异议时，应暂停该项事务的执行。如果发生争议，可由全体合伙人共同决定。被委托执行合伙企业事务的合伙人不按照合伙协议或者全体合伙人的决定执行事务的，其他合伙人可以决定撤销该委托。

（2）合伙人在合伙事务执行中的义务。根据《合伙企业法》的规定，合伙人在合伙事务执行中的义务主要包括以下内容：

① 合伙事务执行人向不参加执行事务的合伙人报告企业经营状况和财务状况。《合伙企业法》特别规定了合伙事务执行人的报告义务，即由一名或者数名合伙人执行合伙企业事务的，应当依照约定向其他不参加执行事务的合伙人报告事务执行情况以及合伙企业的经营状况和财务状况。

② 合伙人不得自营或者同他人合作经营与本合伙企业相竞争的业务。各合伙人组建合伙企业是为了合伙经营、共享收益，如果某一合伙人自己又从事或者与他人合作从事与合伙企业相竞争的业务，势必影响合伙企业的效益，背离合伙的初衷；同时还可能形成不正当竞争，使合伙企业处于不利地位，损害其他合伙人的利益。所以，《合伙企业法》规定，合伙人不得自营或者同他人合作经营与本合伙企业相竞争的业务。

③ 合伙人不得同本合伙企业进行交易。合伙企业中每一合伙人都是合伙企业的投资者，如果自己与合伙企业交易，就包含了与自己交易，也包含了与别的合伙人交易，而这种交易极易造成损害他人利益。因此，《合伙企业法》规定，除合伙协议另有约定或者经全体合伙人同意外，合伙人不得同本合伙企业进行交易。

④ 合伙人不得从事损害本合伙企业利益的活动。合伙人在执行合伙事务过程中，不得为了自己的私利，损害其他合伙人利益，也不得与其他人恶意串通，损害合伙企业的利益。

3. 合伙事务执行的决议办法

《合伙企业法》规定，合伙人对合伙企业有关事项作出决议，按照合伙协议约定的表决办法办理。合伙协议未约定或者约定不明确的，实行合伙人一人一票并经全体合伙人过半数通过的表决办法。《合伙企业法》对合伙企业的表决办法另有规定的，从其规定。这一规定确定了合伙事务执行决议的三种法定办法：

(1) 由合伙协议对决议办法作出约定。这种约定有两个前提：一是不与法律相抵触，法律未作规定的可在合伙协议中约定；二是已经在合伙协议中作出的约定，应当由全体合伙人协商一致共同作出。

(2) 实行合伙人一人一票并经全体合伙人过半数通过的表决办法。这种办法也有一个前提，即合伙协议未约定或者约定不明确。

(3) 依照《合伙企业法》的规定作出决议。如《合伙企业法》规定，合伙人按照合伙协议的约定或者经全体合伙人决定，可以增加或者减少对合伙企业的出资；又如《合伙企业法》规定，处分合伙企业的不动产、改变合伙企业的名称等，除合伙协议另有约定外，应当经全体合伙人一致同意等。

4. 合伙企业的损益分配

合伙企业作为经营组织，既会取得利润，又会出现亏损，对其损益如何分配，是合伙企业至为重要的事项。

(1) 合伙损益。合伙损益包括两方面的内容：一是合伙利润，是指以合伙企业的名义所取得的经济利益。它反映了合伙企业在一定期间的经营成果。二是合伙亏损，是指以合伙企业的名义从事经营活动所形成的亏损。合伙亏损是全体合伙人所共同面临的风险，或者说是共同承担的经济责任。

(2) 合伙损益分配原则。合伙损益分配包含合伙企业的利润分配与亏损分担两个方面，对合伙损益分配原则，《合伙企业法》作了原则性规定：

① 合伙企业的利润分配、亏损分担，按照合伙协议的约定办理；合伙协议未约定或者约定不明确的，由合伙人协商决定；协商不成的，由合伙人按照实缴出资比例分配、分担；无法确定出资比例的，由合伙人平均分配、分担。

② 合伙协议不得约定将全部利润分配给部分合伙人或者由部分合伙人承担全部亏损。

5. 非合伙人参与经营管理

在合伙企业中，往往由于合伙人经营管理能力不足，需要在合伙人之外聘任非合伙人担任合伙企业的经营管理人员，参与合伙企业的经营管理工作。根据《合伙企业法》规定，除合伙协议另有约定外，经全体合伙人一致同意，可以聘任合伙人以外的人担任合伙企业的经营管理人员。

(五) 合伙企业与第三人的关系

合伙企业与第三人关系，实际是指有关合伙企业的对外关系，涉及合伙企业对外代表权的效力、合伙企业和合伙人的债务清偿等问题。

1. 合伙企业对外代表权的效力

(1) 合伙事务执行中的对外代表权。执行合伙企业事务的合伙人,在取得对外代表权后,即可以合伙企业的名义进行经营活动,在其授权的范围内作出法律行为。合伙人的这种代表行为,对全体合伙人发生法律效力,即其执行合伙事务所产生的收益归合伙企业,所产生的费用和亏损由合伙企业承担。

(2) 合伙企业对外代表权的限制。合伙人执行合伙事务的权利和对外代表合伙企业的权利,都会受到一定的内部限制。如果这种内部限制对第三人发生效力,必须以第三人知道这一情况为条件;否则,该内部限制不对该第三人发生抗辩力。《合伙企业法》规定,合伙企业对合伙人执行合伙事务以及对外代表合伙企业权利的限制,不得对抗善意第三人。

2. 合伙企业和合伙人的债务清偿

(1) 合伙企业的债务清偿与合伙人的关系。这可以分以下三方面说明:

① 合伙企业财产优先清偿。《合伙企业法》规定,合伙企业对其债务,应先以其全部财产进行清偿。也就是说,合伙企业的债务,应先由合伙企业的财产来承担,即在合伙企业存在自己的财产时,合伙企业的债权人应首先从合伙企业的全部财产中求偿,而不应当向合伙人个人直接请求债权。

② 合伙人的无限连带清偿责任。《合伙企业法》规定,合伙企业不能清偿到期债务的,合伙人承担无限连带责任。

③ 合伙人之间的债务分担和追偿。《合伙企业法》规定,合伙人由于承担无限连带责任,清偿数额超过规定的亏损分担比例的,有权向其他合伙人追偿。

(2) 合伙人的债务清偿与合伙企业的关系。在合伙企业存续期间,可能发生个别合伙人因不能偿还其私人债务而被追索的情况。由于合伙人在合伙企业内拥有财产利益,合伙人的债权人可能向合伙企业提出各种清偿请求。为了保护合伙企业和其他合伙人的合法权益,同时也保护债权人的合法权益,《合伙企业法》作了如下规定:

① 合伙人发生与合伙企业无关的债务,相关债权人不得以其债权抵消其对合伙企业债务,也不得代位行使合伙人在合伙企业中的权利。

② 合伙人的自有财产不足清偿其与合伙企业无关的债务的,该合伙人可以以其从合伙企业中分取的收益用于清偿;债权人也可以依法请求人民法院强制执行该合伙人在合伙企业中的财产份额用于清偿。

(六) 入伙与退伙

1. 入伙

入伙是指在合伙企业存续期间,合伙人以外的第三人加入合伙,从而取得合伙人资格。

(1) 入伙的条件和程序。《合伙企业法》规定,新合伙人入伙,除合伙协议另有约定外,应当经全体合伙人一致同意,并依法订立书面入伙协议。订立入伙协议时,原合伙人应当向新合伙人如实告知原合伙企业的经营状况和财务状况。

(2) 新合伙人的权利和责任。一般来讲,入伙的新合伙人与原合伙人享有同等权利,承担同等责任。但是,如果原合伙人愿意以更优越的条件吸引新合伙人入伙,或者新合伙人愿意以较为不利的条件入伙,也可以在入伙协议中另行约定。关于新合伙人对入伙前合伙企业的债务承担问题,《合伙企业法》规定,新合伙人对入伙前合伙企业的债务承担无限连带责任。

2. 退伙

退伙是指合伙人退出合伙企业,从而丧失合伙人资格。

(1) 退伙的原因。合伙人退伙,一般有两种原因:一是自愿退伙;二是法定退伙。

自愿退伙是指合伙人基于自愿的意思表示而退伙。自愿退伙的表现形式,可以分为协议退伙和通知退伙两种。

关于协议退伙,《合伙企业法》规定,合伙协议约定合伙期限的,在合伙企业存续期间,有下列情形之一的,合伙人可以退伙:①合伙协议约定的退伙事由出现;②经全体合伙人一致同意;③发生合伙人难以继续参加合伙的事由;④其他合伙人严重违反合伙协议约定的义务。合伙人违反上述规定退伙的,应当赔偿由此给合伙企业造成的损失。

关于通知退伙,《合伙企业法》规定,合伙协议未约定合伙期限的,合伙人在不给合伙企业事务执行造成不利影响的情况下,可以退伙,但应当提前30日通知其他合伙人。由此可见,法律对通知退伙有一定的限制,即附有以下三项条件:①必须是合伙协议未约定合伙企业的经营期限;②必须是合伙人的退伙不给合伙企业事务执行造成不利影响;③必须提前30日通知其他合伙人。这三项条件必须同时具备,缺一不可。合伙人违反上述规定退伙的,应当赔偿由此给合伙企业造成的损失。

法定退伙是指合伙人因出现法律规定的事由而退伙。法定退伙分为当然退伙和除名两类。

关于当然退伙,《合伙企业法》规定,合伙人有下列情形之一的,当然退伙:①作为合伙人的自然人死亡或者被依法宣告死亡;②个人丧失偿债能力;③作为合伙人的法人或者其他组织依法被吊销营业执照、责令关闭、撤销,或者被宣告破产;④法律规定或者合伙协议约定合伙人必须具有相关资格而丧失该资格;⑤合伙人在合伙企业中的全部财产份额被人民法院强制执行。

关于除名,《合伙企业法》规定,合伙人有下列情形之一的,经其他合伙人一致同意,可以决议将其除名:①未履行出资义务;②因故意或者重大过失给合伙企业造成损失;③执行合伙事务时有不正当行为;④发生合伙协议约定的事由。对合伙人的除名决议应当书面通知被除名人。被除名人接到除名通知之日,除名生效,被除名人退伙。被除名人对除名决议有异议的,可以自接到除名通知之日起30日内,向人民法院起诉。

(2) 退伙的效果。退伙的效果是指退伙时退伙人在合伙企业中的财产份额和民事责任的归属变动。退伙的效果分为两种情况:一是财产继承;二是退伙结算。

关于财产继承,《合伙企业法》规定,合伙人死亡或者被依法宣告死亡的,对该合伙人在合伙企业中的财产份额享有合法继承权的继承人,依照合伙协议的约定或者经全体合伙人同意,从继承开始之日起,即取得该合伙企业的合伙人资格。合法继承人不愿意成为该合伙企业的合伙人的,合伙企业应退还其依法继承的财产份额。合法继承人为未成年人的,经其他合伙人一致同意,可以在其未成年时由监护人代行其权利。

关于退伙结算。除合伙人死亡或者被依法宣告死亡的情形外，合伙企业法对退伙结算作了以下规定：

① 合伙人退伙的，其他合伙人应当与该退伙人按照退伙时的合伙企业的财产状况进行结算，退还退伙人的财产份额。退伙时有未了结的合伙企业事务的，待了结后进行结算。

② 退伙人在合伙企业中财产份额的退还办法，由合伙协议约定或者由全体合伙人决定，既可以退还货币，也可以退还实物。

③ 合伙人退伙时，合伙企业财产少于合伙企业债务的，如果合伙协议约定亏损分担比例的，退伙人应当按照约定的比例分担亏损；如果合伙协议未约定或者约定不明确的，由合伙人协商决定；协商不成的，由合伙人按照实缴出资比例分配、分担；无法确定出资比例的，由合伙人平均分配、分担。

合伙人退伙以后，并不能解除对于合伙企业既往债务的连带责任。《合伙企业法》规定，退伙人对其退伙前已发生的合伙企业债务，与其他合伙人承担连带责任。

（七）特殊的普通合伙企业

1. 特殊的普通合伙企业的概念

特殊的普通合伙企业是指以专业知识和专门技能为客户提供有偿服务的专业机构性质的合伙企业。特殊的普通合伙企业名称中应当标明“特殊普通合伙”字样。

2. 特殊的普通合伙企业的责任形式

特殊的普通合伙企业与普通合伙企业的不同在于承担责任的原则不同。在特殊普通合伙企业中，各合伙人仍对合伙债务承担无限连带责任，但这种责任仅局限于合伙人本人业务范围及过错，即对企业形成的债务属于本人职责范围或过错所导致的方可承担无限责任。这种制度将使有关专业服务机构的合伙人避免承担过度风险，有利于其发展壮大和异地发展业务。《合伙企业法》规定，特殊的普通合伙企业中，一个合伙人或者数个合伙人在执业活动中因故意或者重大过失造成合伙企业债务的，应当承担无限责任或者无限连带责任，其他合伙人以其在合伙企业中的财产份额为限承担有限责任。合伙人在执业活动中非因故意或者重大过失造成的合伙企业债务以及合伙企业的其他债务，由全体合伙人承担无限连带责任。

合伙人执业活动中因故意或者重大过失造成的合伙企业债务，以合伙企业财产对外承担责任后，该合伙人应当按照合伙协议的约定对合伙企业造成的损失承担赔偿责任。

3. 特殊的普通合伙企业的执业风险防范

特殊的普通合伙企业应当建立执业风险基金，办理职业保险。

执业风险基金主要是指为了化解经营风险，特殊的普通合伙企业从其经营收益中提取相应比例的资金留存或者根据相关规定上缴到指定机构所形成的资金。执业风险基金用于偿付合伙人执业活动造成的债务。执业风险基金应当单独立户管理。

职业保险是指承保各种专业技术人员因工作上的过失或疏忽大意所造成的合同一方或他人的人身伤害或财产损失的经济赔偿责任的保险。

三、有限合伙企业

(一) 有限合伙企业的概念和特征

有限合伙企业是指由有限合伙人和普通合伙人共同组成，普通合伙人对合伙企业债务承担无限连带责任，有限合伙人以其认缴的出资额为限对合伙企业债务承担责任的合伙组织。有限合伙企业具有以下特征：

(1) 有限合伙人与普通合伙人同在。有限合伙企业中至少有 1 名普通合伙人和 1 名有限合伙人共同组成，二者缺一不可。根据我国《合伙企业法》的规定，有限合伙企业仅剩有限合伙人的，应当解散；有限合伙企业仅剩普通合伙人的，应转为普通合伙企业。

(2) 双重责任形式并存。对有限合伙企业的债务，有限合伙人仅以其出资为限承担责任，普通合伙人则对合伙债务承担无限责任，同时普通合伙人之间承担连带责任。有限合伙企业集有限与无限责任于一身，合伙人之间体现了人合与资合两种合作的优势。

(3) 有限合伙人不参与合伙事务的处理。《合伙企业法》规定，有限合伙企业事务的管理权应由普通合伙人行使，有限合伙人只有对合伙事务的检查监督权。当有限合伙人参与合伙事务的经营管理时，就应对合伙债务承担无限责任。

(二) 有限合伙企业设立的特殊规定

1. 有限合伙企业人数

《合伙企业法》规定，有限合伙企业由 2 个以上 50 个以下合伙人设立，但是法律另有规定的除外。有限合伙企业至少应当有一个普通合伙人。按照规定，自然人、法人和其他组织可以依照法律规定设立有限合伙企业，但国有独资公司、国有企业、上市公司以及公益性的事业单位、社会团体不得成为有限合伙企业的普通合伙人。

2. 有限合伙企业名称

《合伙企业法》规定，有限合伙企业名称中应当标明“有限合伙”字样。按照企业名称登记管理的有关规定，企业名称中应当含有企业的组织形式。为便于社会公众以及交易相对人对有限合伙企业的了解，有限合伙企业名称中应当标明“有限合伙”字样，而不能标明“普通合伙”、“特殊普通合伙”、“有限公司”、“有限责任公司”等字样。

3. 有限合伙企业协议

有限合伙企业协议是有限合伙企业生产经营的重要法律文件。有限合伙企业协议除符合普通合伙企业合伙协议的规定外，还应当载明下列事项：①普通合伙人和有限合伙人的姓名或者名称、住所；②执行事务合伙人应具备的条件和选择程序；③执行事务合伙人权限与违约处理办法；④执行事务合伙人的除名条件和更换程序；⑤有限合伙人入伙、退伙的条件、程序以及相关责任；⑥有限合伙人和普通合伙人相互转变程序。

4. 有限合伙人出资形式

《合伙企业法》规定，有限合伙人可以用货币、实物、知识产权、土地使用权或者其他财产权利作价出资。有限合伙人不得以劳务出资。劳务出资的实质是用未来劳动创造的收入来投资，其难以通过市场变现，法律上执行困难。如果普通合伙人用劳务出资，有限合伙人也用劳务出资，将来该有限合伙企业将难以承担债务责任，这将不利于保护债权人的利益。

5. 有限合伙人出资义务

《合伙企业法》规定，有限合伙人应当按照合伙协议的约定按期足额缴纳出资；未按期足额缴纳的，应当承担补缴义务，并对其他合伙人承担违约责任。

6. 有限合伙企业登记事项

《合伙企业法》规定，有限合伙企业登记事项中应当载明有限合伙人的姓名或者名称及认缴的出资数额。

（三）有限合伙企业事务执行的特殊规定

1. 有限合伙企业事务执行人

《合伙企业法》规定，有限合伙企业由普通合伙人执行合伙事务。执行事务合伙人可以要求在合伙协议中确定执行事务的报酬及报酬提取方式。如合伙协议约定数个普通合伙人执行合伙事务，这些普通合伙人均为合伙事务执行人；如合伙协议无约定，全体普通合伙人是合伙事务的共同执行人。合伙事务执行人除享有一般合伙人的权利外，还有接受其他合伙人的监督和检查、谨慎执行合伙事务的义务，若因自己的过错造成合伙财产损失的，应向合伙企业或其他合伙人负赔偿责任。

2. 禁止有限合伙人执行合伙事务

《合伙企业法》规定，有限合伙人不执行合伙事务，不得对外代表有限合伙企业。有限合伙人的下列行为，不视为执行合伙事务：①参与决定普通合伙人入伙、退伙；②对企业的经营管理提出建议；③参与选择承办有限合伙企业审计业务的会计师事务所；④获取经审计的有限合伙企业财务会计报告；⑤对涉及自身利益的情况，查阅有限合伙企业财务会计账簿等财务资料；⑥在有限合伙企业中的利益受到侵害时，向有责任的合伙人主张权利或者提起诉讼；⑦执行事务合伙人怠于行使权利时，督促其行使权利或者为了本企业的利益以自己的名义提起诉讼；⑧依法为本企业提供担保。

3. 有限合伙企业利润分配

《合伙企业法》规定，有限合伙企业不得将全部利润分配给部分合伙人；但是，合伙协议另有约定的除外。

4. 有限合伙人权利

（1）有限合伙人可以同本企业进行交易。《合伙企业法》规定，有限合伙人可以同本有限合伙企业进行交易；但是，合伙协议另有约定的除外。

（2）有限合伙人可以经营与本企业相竞争的业务。《合伙企业法》规定，有限合伙人可以自营或者同他人合作经营与本有限合伙企业相竞争的业务；但是，合伙协议另有约定的除外。

（四）有限合伙企业财产出质与转让的特殊规定

1. 有限合伙人财产份额出质

《合伙企业法》规定，有限合伙人可以将其在有限合伙企业中的财产份额出质；但是，合伙协议另有约定的除外。所谓有限合伙人将其在有限合伙企业中的财产份额出质，是指有限合伙人以其在合伙企业中的财产份额对外进行权利质押。有限合伙人在有限合伙企业中的财产份额，是有限合伙人的财产权益，在有限合伙企业存续期间，有限合伙人可以对该财产权利进行一定的处分。

2. 有限合伙人财产份额转让

《合伙企业法》规定，有限合伙人可以按照合伙协议的约定向合伙人以外的人转让其在有限合伙企业中的财产份额，但应当提前 30 日通知其他合伙人。有限合伙人对外转让其在有限合伙企业中的财产份额应当依法进行：一是要按照合伙协议的约定进行转让；二是应当提前 30 日通知其他合伙人。有限合伙人对外转让其在有限合伙企业的财产份额时，有限合伙企业的其他合伙人有优先购买权。

(五) 有限合伙人债务清偿的特殊规定

《合伙企业法》规定，有限合伙人的自有财产不足以清偿其与合伙企业无关的债务的，该合伙人可以以其从有限合伙企业中分得的收益用于清偿；债权人也可以依法请求人民法院强制执行该合伙人在有限合伙企业中的财产份额用于清偿。

人民法院强制执行有限合伙人的财产份额时，应当通知全体合伙人。在同等条件下，其他合伙人有优先购买权。因此，有限合伙人清偿其债务时，首先应当以自有财产进行清偿，只有在自有财产不足以清偿时，有限合伙人才可以使用其在有限合伙企业中分得的收益进行清偿，也只有在有限合伙人自有财产不足以清偿其与合伙企业无关的债务时，人民法院才可以应债权人请求强制执行该合伙人在有限合伙企业中的财产份额用于清偿。

(六) 有限合伙企业入伙与退伙的特殊规定

1. 入伙

《合伙企业法》规定，新入伙的有限合伙人对入伙前有限合伙企业的债务，以其认缴的出资额为限承担责任。

2. 退伙

(1) 有限合伙人当然退伙。《合伙企业法》规定，有限合伙人出现下列情形时当然退伙：①作为合伙人的自然人死亡或者被依法宣告死亡；②作为合伙人的法人或者其他组织依法被吊销营业执照、责令关闭、撤销，或者被宣告破产；③法律规定或者合伙协议约定合伙人必须具有相关资格而丧失该资格；④合伙人在合伙企业中的全部财产份额被人民法院强制执行。

(2) 有限合伙人丧失民事行为能力的处理。《合伙企业法》规定，作为有限合伙人的自然人在有限合伙企业存续期间丧失民事行为能力的，其他合伙人不得因此要求其退伙。

(3) 有限合伙人继承人的权利。《合伙企业法》规定，作为有限合伙人的自然人死亡、被依法宣告死亡或者作为有限合伙人的法人及其他组织终止时，其继承人或者权利承受人可以依法取得该有限合伙人在有限合伙企业中的资格。

(4) 有限合伙人退伙后责任承担。《合伙企业法》规定，有限合伙人退伙后，对基于其退伙前的原因发生的有限合伙企业债务，以其退伙时从有限合伙企业中取回的财产承担责任。

(七) 合伙人性质转变的特殊规定

《合伙企业法》规定,除合伙协议另有约定外,普通合伙人转变为有限合伙人,或者有限合伙人转变为普通合伙人,应当经全体合伙人一致同意。有限合伙人转变为普通合伙人的,对其作为有限合伙人期间有限合伙企业发生的债务承担无限连带责任。普通合伙人转变为有限合伙人的,对其作为普通合伙人期间合伙企业发生的债务承担无限连带责任。

四、合伙企业的解散与清算

(一) 合伙企业解散

合伙企业解散是指各合伙人解除合伙协议,合伙企业终止活动。根据《合伙企业法》规定,合伙企业有下列情形之一的,应当解散:①合伙期限届满,合伙人决定不再经营;②合伙协议约定的解散事由出现;③全体合伙人决定解散;④合伙人已不具备法定人数满 30 天;⑤合伙协议约定的合伙目的已经实现或者无法实现;⑥被依法吊销营业执照、责令关闭或者被撤销;⑦法律、行政法规规定的其他原因。

(二) 合伙企业清算

合伙企业解散的,应当进行清算。《合伙企业法》对合伙企业清算作了以下几方面的规定。

1. 确定清算人

合伙企业解散,应当由清算人进行清算。清算人由全体合伙人担任;经全体合伙人过半数同意,可以自合伙企业解散事由出现后 15 日内指定一个或者数个合伙人,或者委托第三人担任清算人。自合伙企业解散事由出现之日起 15 日内未确定清算人的,合伙人或者其他利害关系人可以申请人民法院指定清算人。

2. 清算人职责

清算人在清算期间执行下列事务:①清理合伙企业财产,分别编制资产负债表和财产清单;②处理与清算有关的合伙企业未了结事务;③清缴所欠税款;④清理债权、债务;⑤处理合伙企业清偿债务后的剩余财产;⑥代表合伙企业参加诉讼或者仲裁活动。

3. 通知和公告债权人

清算人自被确定之日起 10 日内将合伙企业解散事项通知债权人,并于 60 日内在报纸上公告。债权人应当自接到通知书之日起 30 日内,未接到通知书的自公告之日起 45 日内,向清算人申报债权。债权人申报债权,应当说明债权的有关事项,并提供证明材料,清算人应当对债权进行登记。清算期间,合伙企业存续,但不得开展与清算无关的经营活动。

4. 财产清偿顺序

合伙企业财产在支付清算费用和职工工资、社会保险费用、法定补偿金以及缴纳所欠税款、清偿债务后的剩余财产,依照《合伙企业法》关于利润分配和亏损分担的规定进行分配。合伙企业财产清偿问题主要包括以下三方面的内容:

(1) 合伙企业的财产首先用于支付合伙企业的清算费用。清算费用包括以下几项:

①管理合伙企业财产的费用,如仓储费、保管费、保险费等;②处分合伙企业财产的费用,如聘任工作人员的费用等;③清算过程中的其他费用,如通告债权人的费用、调查债权的费用、咨询费用、诉讼费用等。

(2) 合伙企业的财产支付合伙企业的清算费用后的清偿顺序如下:合伙企业职工工资、社会保险费用和法定补偿金;缴纳所欠税款;清偿债务。其中法定补偿金主要是指法律、行政法规和规章所规定的应当支付给职工的补偿金,如《中华人民共和国劳动法》规定的解除劳动合同的补偿金。

(3) 分配财产。合伙企业财产依法清偿后仍有剩余时,对剩余财产依照《合伙企业法》的规定进行分配。

违反《合伙企业法》规定,应当承担民事赔偿责任和缴纳罚款、罚金,其财产不足以同时支付的,先承担民事赔偿责任。

5. 注销登记

清算结束,清算人应当编制清算报告,经全体合伙人签名、盖章后,在15日内向企业登记机关报送清算报告,申请办理合伙企业注销登记;合伙企业注销后,原普通合伙人对合伙企业存续期间的债务仍应承担无限连带责任。

6. 合伙企业不能清偿到期债务的处理

合伙企业不能清偿到期债务的,债权人可以依法向人民法院提出破产清算申请,也可以要求普通合伙人清偿。合伙企业依法被宣告破产的,普通合伙人对合伙企业债务仍应承担无限连带责任。

本章小结

企业是指依法设立的以营利为目的、从事商品生产经营服务活动的、实行独立核算的经济组织。一般具有组织性、营利性、独立核算性和法律许可性等特征。我国现行企业法律制度是指关于企业设立、企业组织、企业运行和对企业实施管理的各种法律规范的总称。

全民所有制工业企业是其财产属于全民所有,依法自主经营、自负盈亏、独立核算,在建设社会主义物质文明的同时,也在建设社会主义精神文明的社会主义商品生产的经营单位。

个人独资企业是指依照《个人独资企业法》在中国境内设立的由一个自然人投资,财产为投资人个人所有,投资人以其个人财产对企业债务承担无限责任的经营实体。现行《个人独资企业法》从个人独资企业的设立、变更、权利与义务、企业的解散与清算等方面作了较为详细的规定。

合伙企业是指自然人、法人和其他组织依照《合伙企业法》在中国境内设立的由各合伙人订立合伙协议、共同出资、合伙经营、共享收益、共担风险,并对合伙企业债务承担无限连带责任的营利性组织。设立合伙企业必须符合法定条件,我国《合伙企业法》对合伙企业的设立、合伙事务执行及合伙人的相关权利、财产的构成和转让、合伙中的入伙和退伙、特殊的普通合伙企业和有限合伙企业、合伙企业的解散和清算等都作出了明确的法律规定。

基本概念

企业　全民所有制工业企业　合伙企业　《合伙企业法》　特殊的普通合伙企业　有限合伙企业　个人独资企业

思考与训练

1. 企业的特征是什么?
2. 全民所有制工业企业设立的条件有哪些?
3. 简述全民所有制工业企业的权利和义务。
4. 简述合伙企业的设立程序。
5. 简述入伙和退伙的法律规定。
6. 设立个人独资企业应具备哪些条件?
7. 简述个人独资企业的财产清偿顺序。

案例分析

(1) 家住山东的张知律师于2006年2月1日接到在北京读大学的儿子张小强的电话,让他赶紧到北京帮助解决债务纠纷。原来张小强在读大学二年级时就做起了计算机生意,并注册了个人企业,生意较好,但1月份一笔近20万元的生意,因上当受骗卖出的都是假冒伪劣产品,按合同约定张小强要赔偿全部损失,但张小强称自己的财产仅6万元,无偿还能力。于是对方要求其家长负连带责任,声称若不偿还就到法院起诉,张小强怕事态闹大,无奈请父母出面解决。问:假如你是张知律师,应如何解决?

(2) 甲是某公司的辞职人员,乙是个体户,丙是某街道派出所的民警。三人拟开办一个软件开发合伙企业,甲以劳务出资,乙以其两间私房作为出资,丙以其存款5万元作为出资,三人将该合伙企业命名为“宏达软件有限开发中心”,并依法定要求拟定书面合伙协议,但甲因到外地办事未归而未在协议上签名;筹备工作就绪后,三人向有关主管机关提交申办合伙企业所需的文件。问:该案例中有哪些不符合法律规定的事项?

(3) 甲、乙、丙三人各出资3万元成立一合伙企业,合伙协议规定了对利润分配和亏损分担的办法:甲分配或分担1/2,乙、丙各分配或分担1/4,争议由合伙人通过协商或调解解决,该企业负责人是甲,对外代表合伙企业,合伙企业经营汽车配件。问:

① 甲担任合伙企业负责人期间,可否与别人再建立一个经营配件的门市部的货卖给该企业?

② 若合伙协议中规定甲不得代表合伙企业签订标的额20万元以上的合同,但后来甲与某公司签订了一个25万元的合同,该合同是否有效?

第三章

公司法律制度

第一节　公司法概述

公司法的概念有广义与狭义之分。狭义的公司法是特指专门的公司法典，即《中华人民共和国公司法》(以下简称《公司法》)，它由第八届全国人大常委会第五次会议于1993年12月29日通过，自1994年7月1日起施行。此后，《公司法》于1999年、2004年进行了两次小规模的修订；2005年进行了大规模的修订。并于2013年12月28日进行小规模修订后，第十二届全国人大常委会第六次会议重新颁布，自2014年3月1日起施行。广义的公司法，除包括专门的公司法典外，还包括其他有关公司的法律、法规、行政规章、司法解释以及其他各法之中调整公司组织关系、规范公司组织行为的法律规范，如《公司登记管理条例》、《民法通则》等法中的相关规定。

一、公司的概念和特征

(一) 公司的概念

公司的概念在各国公司法理论上并不相同。例如，在一些英美法系的国家，不同的利益主体为了实现共同目的，从事共同事业就可以采用公司形式。在这些国家，公司分为上市公司和非营利公司。这些公司并不一定都属于企业，这与我国的法定公司性质是不相符的。

根据我国《公司法》规定，公司是指股东依法以投资方式设立，以营利为目的，以其认缴的出资额或认购的股份为限对公司承担责任，公司以其全部独立法人财产对公司债务承担责任的企业法人。公司与企业不能等同，公司是企业的一种具体形式，而企业是指一切从事商品生产、流通或服务活动，在法律上具有一定独立地位的营利性经济组织。

(二) 公司的特征

鉴于世界各国对于公司的概念存在差异，公司的基本特征也不尽相同。一般而言，我国公司主要有如下四个特征。

1. 公司是依法定条件和程序设立的企业法人

公司必须依法定条件、法定程序设立。这一方面要求公司的章程、资本、组织机构、活动原则等必须合法；另一方面要求公司设立要经过法定程序进行工商登记。通常，公司依公司法设立，但有时还必须符合其他法律的规定，如商业银行法、保险法、证券法等行业管理法律，有时公司还可能是依据特别法或行政命令设立。

2. 公司是以营利为目的的经济组织

以营利为目的是指股东设立公司的目的是为了营利，即从公司经营中取得利润。因此，营利目的不仅要求公司本身为营利而活动，而且要求公司有盈利时应当分配给股东，某些具有营利活动的组织，如果其利润不分配给股东，而是用于社会公益等其他目的，则不具有营利性。公司的营利活动应是具有连续性的营业，一次性的、间歇性的营利行为不构成经营性的营业活动。

3. 公司是以股东投资行为为基础设立的社会团体法人

公司由股东的投资行为设立。股东投资行为形成的权利是股权。股权是一种独立的特殊权利，不同于所有权，也不同于经营权等其他物权，更不同于债权。依据《公司法》第 4 条规定，公司股东依法享有资产收益、参与重大决策和选择管理者等权利。我国《公司法》中允许设立一人公司，这在理论上已经突破了公司的社团属性；但是，在实践中，公司大多数是由多数股东组成的社团法人。

4. 公司具有独立法人资格

公司是企业法人，应当符合《民法通则》规定的法人条件，最主要的是有独立的法人财产和能够独立承担民事责任。我国《公司法》规定的有限责任公司和股份有限公司均具有法人资格，股东以其认缴的出资额或认购的股份为限对公司承担有限责任。公司具有独立法人地位的特征主要表现为三点，即公司具有独立的财产、独立承担民事责任和独立的组织机构。

二、公司的分类

（一）按公司股东的责任范围划分

以公司股东的责任范围为标准，可将公司分为无限公司、有限公司、两合公司、股份有限公司和股份两合公司。

无限公司是指股东对公司债务承担无限责任的公司。有限责任公司又称有限公司，是指由 50 个以下股东共同出资设立，股东以出资额为限对公司承担有限责任，公司以其全部资产对其债务承担责任的公司。两合公司是指由一人以上的有限责任股东和一人以上的无限责任股东组成的，有限责任股东承担有限责任，无限责任股东承担无限责任的公司。股份有限公司又称股份公司，是指全部资本分成等额股份，股东以其认购的股份对公司承担有限责任，公司以其全部资产对公司债务承担责任的公司。股份两合公司是指由一人以上的有限责任股东和一人以上的无限责任股东组成的，有限责任股东以持有的股份额对公司债务承担有限责任，无限责任股东承担无限责任的公司。

我国《公司法》规定的公司为有限公司和股份有限公司。

（二）按公司的控制和依附关系划分

以公司的控制和依附关系为标准，可将公司分为母公司和子公司。

母公司是指拥有其他公司一定数额的股份或者根据协议能够控制、支配其他公司的人事、财务、业务等事项的公司。子公司是指一定数额的股份被另一个公司控制或依照协议被另一个公司实际控制支配的公司。无论母公司与子公司之间的控制依附关系如何,母公司和子公司都具有法人资格,依法独立承担民事责任。当母公司控制的子公司较多时,则可能形成集团公司或企业集团。

(三) 按公司内部组织机构的地位划分

以公司内部组织机构的地位为标准,可将公司分为总公司和分公司。

总公司又称本公司。是指依法设立并管辖公司全部组织的具有企业法人资格的总机构。分公司是指在业务、资金、人事等方面受本公司管辖而不具有法人资格的分支机构。分公司因不具有法人的资格,其业务活动的结果由总公司承受,其债务也由总公司以自己的全部财产承担责任。

(四) 按公司的信用基础划分

以公司的信用基础为标准,可将公司分为人合公司、资合公司和人合兼资合公司。

人合公司是指公司的经营活动以股东的个人信用而非公司资本的多寡为基础的公司。无限责任公司是典型的人合公司。资合公司是指公司的经营活动以公司的资本规模而非股东的个人信用为基础的公司。股份有限公司是典型的资合公司。人合兼资合公司是指公司的设立和经营同时依赖于股东的个人信用和公司的资本规模,兼有上述两类公司的特点。有限责任公司是人合兼资合公司。

(五) 按公司的国籍划分

以公司的国籍为标准,可将公司分为本国公司、外国公司和跨国公司。

本国公司是国籍隶属于本国的公司。根据我国法律,凡是依我国法律、在我国境内登记设立的公司,即为我国的本国公司,即中国公司,而无论其资本构成是否有外资成分。外国公司是国籍隶属于外国的公司。根据我国法律,凡依外国法律在中国境外登记设立的公司,即为外国公司。跨国公司是指以本国为基地或中心,在不同国家和地区设立分公司、子公司或投资企业,从事国际生产经营活动的经济组织。

三、公司法人财产权与股东权利

(一) 公司法人财产权

公司法人财产是指公司设立时,由股东投资以及公司成立后在经营过程中形成的财产的总和。公司法人财产与公司资本不是同一个概念。公司资本是股东出资构成的财产总额,只是公司法人财产的一部分,公司法人财产还包括公司成立后在经营过程中积累或接受赠与等形成的财产;公司资本是一个确定不变的财产数额,一旦确定,非经法律程序,不能自然或随意改变,而公司法人财产则会随公司经营活动而不断变化;公司盈亏,尽管会导致法人财产的变化,但并不会自然导致资本数额的变化。

公司法人财产权是指公司作为企业法人享有法人财产权。公司的财产虽然源于股东投资,但股东一旦将财产投入公司,便丧失对该财产的直接支配权利,只享有对公司的股权,由公司享有对该财产的支配权利,即法人财产权。一般认为,法人财产权是指公司拥有由股东投资形成的法人财产,并依法对财产行使占有、使用、收益、处分的权利。这种财产权实际具有法律上所有权的任何特征,因此,公司的法人财产权应当受到法律有关所有权制度的一切保护。

同时,我国《公司法》规定,公司向其他企业投资或者为他人提供担保,按照公司章程的规定由董事会或者股东会、股东大会决议;公司章程对投资或者担保的总额及单项投资或者担保的数额有限额规定的,不得超过规定的限额。公司为公司股东或者实际控制人提供担保的,必须经股东会或者股东大会决议。接受担保的股东或者受实际控制人支配的股东不得参加表决。该项表决由出席会议的其他股东所持表决权的过半数通过。一般情况下,除非公司章程有特别规定或经股东会(股东大会)的批准同意,公司董事、经理不得擅自将公司资金借贷给他人。

(二) 股东权利

1. 股东权利的概念

股东权利是指股东向公司出资或认购股份而对公司享有的权利,也称为股东权或股权。股东权与公司法人财产权既有联系,也相区别。二者是公司成立之后分别由股东和公司各自享有的法定权利,各自权利的内容依据法律和公司章程而确定,相互具有排他性。股东可以通过行使股东权对公司管理者进行选择、决定公司重大事项、提出质询等,从而影响公司法人财产权的行使;公司也可以通过法人财产权的行使满足股东的利益要求,拒绝股东对公司经营管理活动的直接干预和不正当行为。公司股东依法享有资产收益、参与重大决策和选择管理者等权利。

2. 股东权利的分类

(1) 依据股东权行使的目的是为全体股东共同利益还是为股东个人利益,将股东权分为共益权和自益权。共益权是股东依法参加公司事务的决策和经营管理的权利,它是股东基于公司利益同时兼为自己的利益而行使的权利,包括股东大会参加权、提案权、质询权,在股东大会上的表决权、累积投票权,股东大会召集请求权和自行召集权,了解公司事务、查阅公司账簿和其他文件的知情权,提起诉讼权等权利。自益权是股东仅以个人利益为目的而行使的权利,即依法从公司取得利益、财产或处分自己股权的权利,主要为股利分配请求权、剩余财产分配权、新股认购优先权、股份质押权和股份转让权等。

(2) 按股权行使的条件,将股东权分为单独股东权和少数股东权。单独股东权是每一单独股份均享有的权利,即只持有一股股份的股东也可以单独行使的权利,如自益权、表决权等;少数股东权是须单独或共同持有占股本总额一定比例以上股份方可行使的权利,如请求召开临时股东会的权利等。

(3) 按照股东权的重要程度、是否可由公司章程或股东大会决议加以限制或剥夺,可以将股东权分为固有权和非固有权,又称法定股东权和非法定股东权。股东依法享有、只能由其自愿放弃,不允许由公司章程或股东大会决议加以限制或剥夺的股东权为固有权,固有权的具体范围依各国公司法之规定。通常共益权和特别股东权均属固有权。法律允许由公司章程股东大会决议加以限制或剥夺的股东权为非固有权,自益权中的一部分便为非固有权。

(4) 按照发行股份的不同性质,可以将股东权分为普通股东权和特别股东权。前者是普通股股东所享有的权利，后者是特别股股东所享有的特别权利，如优先股股东所享有的各种优先权利。

四、公司的登记管理

(一) 公司登记的概念

公司登记是指公司在设立、变更、终止时，由申请人依法在公司登记机关提出申请，公司登记机关依法审查，在确认符合条件后予以核准并记载法定登记事项的行为。公司登记实质上是国家赋予公司法人资格与经营资格，并对公司的设立、变更、注销加以规范、公示的行政行为。

(二) 公司登记的管辖

有限责任公司和股份有限公司的设立、变更、终止，应当依照《公司法》和《公司登记管理条例》的规定办理登记。我国的公司登记机关是工商行政管理机关。我国公司登记实行国家、省(自治区、直辖市)、市(县)三级管辖制度。

1. 国家工商行政管理总局负责管辖的公司登记

根据《公司登记管理条例》的规定，国家工商行政管理总局负责下列公司的登记：

(1) 国务院国有资产监督管理机构履行出资人职责的公司以及该公司投资设立并持50%以上股份的公司；

(2) 外商投资的公司；

(3) 依照法律、行政法规或者国务院决定的规定，应当由国家工商行政管理总局登记的公司；

(4) 国家工商行政管理总局规定应当由其登记的其他公司。

2. 省、自治区、直辖市工商行政管理局负责管辖的公司登记

根据《公司登记管理条例》的规定，省、自治区、直辖市工商行政管理局负责本辖区内下列公司的登记：

(1) 省、自治区、直辖市人民政府国有资产监督管理机构履行出资人职责的公司以及该公司投资设立并持有50%以上股份的公司；

(2) 省、自治区、直辖市工商行政管理局规定由其登记的自然人投资设立的公司；

(3) 依照法律、行政法规或者国务院决定的规定，应当由省、自治区、直辖市工商行政管理局登记的公司；

(4) 国家工商行政管理总局授权登记的其他公司。

3. 省、自治区、直辖市工商行政管理局以下公司登记机关负责管辖的公司登记

根据《公司登记管理条例》的规定，设区的市(地区)工商行政管理局、县工商行政管理局，以及直辖市的工商行政管理分局、设区的市工商行政管理局的区分局，负责本辖区内国家工商行政管理总局及省级工商行政管理局负责登记公司以外的其他公司的登记，但其中的股份有限公司由设区的市(地区)工商行政管理局负责登记。

(三) 公司登记的事项

公司登记的事项应当符合法律、行政法规的规定；不符合法律、行政法规规定的，公司登记机关不予登记。《公司登记管理条例》对公司应当登记的事项作有列举性规定，主要包括以下内容。

1. 公司名称

公司名称是公司法律人格的文字符号，是其区别于其他公司、企业的识别标志。公司名称具有标志性、排他性（即公司对其名称有独占、专用的权利）和财产性的特征。公司名称由行政区划、字号、行业、组织形式依次组成，法律、行政法规和行政规章另有规定的除外。公司分支机构名称应当冠以其所从属公司的名称。有限责任公司必须在公司名称中标明“有限责任公司”或者“有限公司”字样。股份有限公司必须在公司名称中标明“股份有限公司”或者“股份公司”字样。公司只能使用一个名称，设立公司应当申请名称预先核准，经公司登记机关核准登记的公司名称受法律保护。

2. 公司住所

住所是公司进行经营活动的中心场所，同时也是发生纠纷时确定诉讼及行政管辖的依据，是向公司送达文件的法定地址。一个公司可以有多个经营场所，但登记的住所只能有一个。公司以其主要办事机构所在地为住所，公司的住所应当在其公司登记机关辖区内。

3. 法定代表人姓名

公司的法定代表人可以由董事长、执行董事或者经理担任。

4. 注册资本和实收资本

注册资本是指公司成立时注册登记的资本总额。我国《公司法》规定，有限责任公司的注册资本为在公司登记机关依法登记的全体股东认缴的出资额。股份有限公司采取发起设立方式设立的，注册资本为在公司登记机关依法登记的全体发起人认购的股本总额；采取募集设立方式设立的，注册资本为在公司登记机关依法登记的实收股本总额。

公司的实收资本是全体股东或者发起人实际交付并经公司登记机关依法登记的出资额或者股本总额。

5. 公司类型

公司登记的类型是指公司的组织形式，包括有限责任公司和股份有限公司。一人有限责任公司应当在公司登记中注明自然人独资或者法人独资，并在公司营业执照中载明。

6. 公司的经营范围

经营范围是股东选择的公司生产和经营的商品类别、品种及服务项目。经营范围由公司章程规定，并应依法登记。公司的经营范围中属于法律、行政法规规定须经批准的项目，应当依法经过批准。公司可以修改公司章程，改变经营范围，但是应当办理变更登记。公司超过经营范围订立合同，不一定导致合同无效。

7. 营业期限

营业期限是指公司开展生产经营活动的期限。

除上述七项以外，还包括公司股东或者发起人的姓名或者名称，以及认缴和实缴的出资额、出资时间、出资方式等登记事项。

(四)公司登记的种类

1. 设立登记

公司设立登记是公司的设立人依照《公司法》规定的设立条件与程序向公司登记机关提出设立申请,并提交法定登记事项文件,公司登记机关审核后对符合法律规定者准予登记,并发给企业法人营业执照的活动。我国《公司法》第六条规定:“设立公司,应当依法向公司登记机关申请设立登记。符合本法规定的设立条件的,由公司登记机关分别登记为有限责任公司或者股份有限公司;不符合本法规定的设立条件的,不得登记为有限责任公司或者股份有限公司。法律、行政法规规定设立公司必须报经批准的,应当在公司登记前依法办理批准手续。”未经公司登记机关登记的,不得以公司名义从事经营活动。

设立公司应当申请名称预先核准。预先核准的公司名称保留期为 6 个月。在保留期内,预先核准的公司名称不得用于从事经营活动,不得转让。

依法设立的公司,由公司登记机关发给《企业法人营业执照》,公司营业执照签发日期为公司成立日期。公司凭公司登记机关核发的《企业法人营业执照》刻制印章,开立银行账户,申请纳税登记。任何单位和个人不得伪造、涂改、出租、出借、转让营业执照。

2. 变更登记

公司变更登记事项,应当向原公司登记机关申请变更登记。未经变更登记,公司不得擅自改变登记事项。

公司变更名称、经营范围或者法定代表人的,应当自变更决议或者决定作出之日起 30 日内申请变更登记。公司变更住所的,应当在迁入新住所前申请变更登记,并提交新住所使用证明。公司变更注册资本的,应当提交依法设立的验资机构出具的验资证明。公司变更类型的,应当按照拟变更的公司类型的设立条件,在规定的期限内向公司登记机关申请变更登记,并提交有关文件。

3. 注销登记

公司解散,依法应当清算的,清算组应当自成立之日起 10 日内将清算组成员、清算组负责人名单向公司登记机关备案。公司清算组应当自公司清算结束之日起 30 日内向原公司登记机关申请注销登记。经公司登记机关注销登记,公司法人资格终止。分公司被公司撤销、依法责令关闭、吊销营业执照的,公司应当自决定作出之日起 30 日内向该分公司的公司登记机关申请注销登记。申请注销登记应当提交公司法定代表人签署的注销登记申请书和分公司的《营业执照》。公司登记机关准予注销登记后,应当收缴分公司的《营业执照》。

第二节 有限责任公司

一、有限责任公司的概念和特征

(一)有限责任公司的概念

有限责任公司又称有限公司,是股东以其认缴的出资额为限对公司承担责任,公司以其全部资产对公司的债务承担责任的企业法人。

(二) 有限责任公司的特征

(1) 股东以其认缴的出资额为限对公司承担责任，公司以其全部资产对公司的债务承担责任。

(2) 公司不能发行股票，只能向股东签发出资证明书作为股东出资的凭证及转让出资时的依据。

(3) 公司股份转让有比较严格的限制，股东只能按法定的条件和程序转让其所持有的股份。

(4) 股东人数有限制。有限责任公司一般都有最高人数的规定。中国有限责任公司规定以股东人数50人为上限。有限责任公司的股东，不限于自然人，法人和政府都可以成为有限责任公司的股东。

(5) 公司财务情况不必向外界公开，但要按公司章程的规定将财务会计报告送交公司各个股东。

二、有限责任公司设立的条件

我国《公司法》规定，设立有限责任公司应当符合下列条件。

(一) 股东符合法定人数

股东人数应为50人以下(含50人)，其中由一名股东设立的有限责任公司为一人有限责任公司，国有资产监督管理机构代表政府出资设立国有独资公司。自然人、企业、部分事业单位或社会团体、工会组织均可以成为有限责任公司的股东，但有关法律法规禁止设立公司的自然人和法人不得成为公司的股东。

(二) 有符合公司章程规定的全体股东认缴的出资额

法律、行政法规以及国务院对有限责任公司注册资本实缴、注册资本最低限额另有规定的，从其规定。

股东可以用货币出资，也可以用实物、知识产权、土地使用权等可以用货币估价并可以依法转让的非货币财产作价出资；但是，法律、行政法规规定不得作为出资的财产除外。对作为出资的非货币财产应当评估作价，核实财产，不得高估或者低估作价。法律、行政法规对评估作价有规定的，从其规定。

股东应按期足额缴纳公司章程中规定的各自所认缴的出资额。股东以货币出资的，应当将货币出资足额存入有限责任公司在银行开设的账户；以非货币财产出资的，应当依法办理其财产权的转移手续。股东不按前款规定缴纳出资的，除应当向公司足额缴纳外，还应当向已按期足额缴纳出资的股东承担违约责任。

有限责任公司成立后，发现作为出资的非货币财产的实际价值显著低于公司章程所定价额的，应当由交付该出资的股东补缴其差额，公司设立时的其他股东对其承担连带责任。

(三) 股东共同制定公司章程

公司的章程是记载有关公司组织和行为基本规则的文件，章程应当由公司的全体股东共同制定。股东应当在公司章程上签名、盖章。公司章程应当载明以下事项:①公司名称和住所;②公司经营范围;③公司注册资本;④股东的姓名或者名称;⑤股东的出资方式、出资额和出资时间;⑥公司的机构及其产生办法、职权、议事规则;⑦公司法定代表人;⑧股东会会议认为需要规定的其他事项。其中前七项是公司章程必须记载的事项,不记载或者记载违法者,章程无效。公司章程对公司、股东、董事、监事、高级管理人员具有约束力。

(四) 有公司名称,建立符合有限责任公司要求的组织机构

设立有限责任公司必须有公司名称,并应当在其名称中标明有限责任公司或有限公司字样,然后在公司登记机关作相应的登记。有限责任公司是通过公司的组织机构进行运作的,所以设立有限责任公司必须建立相应的符合有限责任公司要求的组织机构。有限责任公司的内部组织机构分为股东会、董事会和监事会等。

(五) 有公司住所

设立有限公司,必须有公司住所。公司住所是指公司主要办事机构所在地,经公司登记机关登记的公司的住所只能有一个,公司的住所应当在其公司登记机关辖区内。

三、有限责任公司的组织机构

公司组织机构是代表公司活动,行使相应职权的权力机关、决策机关、监督机关和执行机关所组成的公司机构。有限责任公司的组织机构包括股东会、董事会、监事会及高级管理人员。

(一) 股东会

1. 股东会的组成及职权

有限责任公司股东会由全体股东组成,是公司的权力机构。

我国《公司法》规定,股东会的职权主要有以下几个:①决定公司的经营方针和投资计划;②选举和更换非由职工代表担任的董事、监事,决定有关董事、监事的报酬事项;③审议批准董事会的报告;④审议批准监事会或者监事的报告;⑤审议批准公司的年度财务预算方案、决算方案;⑥审议批准公司的利润分配方案和弥补亏损方案;⑦对公司增加或者减少注册资本作出决议;⑧对发行公司债券作出决议;⑨对公司合并、分立、解散、清算或者变更公司形式作出决议;⑩修改公司章程和公司章程规定的其他职权。

对上述事项,股东以书面形式一致表示同意的,可以不召开股东会会议,直接作出决定,并由全体股东在决定文件上签名、盖章。

2. 股东会会议

(1) 召开。股东会会议分为定期会议和临时会议。定期会议应当依照公司章程的规定按时召开。代表 1/10 以上表决权的股东、1/3 以上的董事、监事会或者不设监事会的公司的监事提议召开临时会议的,应当召开临时会议。

召开股东会会议,应当于会议召开 15 日前通知全体股东,但是,公司章程另有规定或者全体股东另有约定的除外。股东会应当将所议事项的决定作成会议记录,出席会议的股东应当在会议记录上签名。

(2) 召集与主持。首次股东会会议由出资最多的股东召集和主持，依照公司法的规定行使职权。除首次股东会议以外，股东会的召集和主持分三种情况：有限责任公司设立董事会的，股东会会议由董事会召集，董事长主持；董事长不能履行职务或者不履行职务的，由副董事长主持；副董事长不能履行职务或者不履行职务的，由半数以上董事共同推举一名董事主持。有限责任公司不设董事会的，股东会会议由执行董事召集和主持。董事会或者执行董事不能履行或者不履行召集股东会会议职责的，由监事会或者不设监事会的公司的监事召集和主持；监事会或者监事不召集和主持的，代表 1/10 以上表决权的股东可以自行召集和主持。

(3) 表决。股东会会议由股东按照出资比例行使表决权，但是，公司章程另有规定的除外。股东会的议事方式和表决程序，除公司法有规定的外，由公司章程规定。股东会会议作出修改公司章程、增加或者减少注册资本的决议，以及公司合并、分立、解散或者变更公司形式的决议，必须经代表 2/3 以上表决权的股东通过。

(二) 董事会

1. 董事会的组成及职权

董事会是有限责任公司的业务执行和经营活动决策机关，对股东会负责。有限责任公司设董事会，其成员为 3～13 人；两个以上的国有企业或者两个以上的其他国有投资主体投资设立的有限责任公司，其董事会成员中应当有公司职工代表；其他有限责任公司董事会成员中可以有公司职工代表。董事会中的职工代表由公司职工通过职工代表大会、职工大会或者其他形式民主选举产生。董事会设董事长 1 人，可以设副董事长。董事长、副董事长的产生办法由公司章程规定。

董事会主要行使下列职权：①召集股东会会议，并向股东会报告工作；②执行股东会的决议；③决定公司的经营计划和投资方案；④制订公司的年度财务预算方案、决算方案；⑤制订公司的利润分配方案和弥补亏损方案；⑥制订公司增加或者减少注册资本以及发行公司债券的方案；⑦制定公司合并、分立、解散或者变更公司形式方案；⑧决定公司内部管理机构的设置；⑨决定聘任或者解聘公司经理及其报酬事项，并根据经理的提名决定聘任或者解聘公司副经理、财务负责人及其报酬事项；⑩制定公司的基本管理制度和公司章程规定的其他职权。

股东人数较少或者规模较小的有限责任公司，可以设一名执行董事，执行董事可以兼任公司经理。执行董事的职权由公司章程规定。

2. 董事的任期

董事的任期由公司章程规定，但每届任期不得超过 3 年。董事任期届满，若被连选可以连任。董事任期届满未及时改选，或者董事在任期内辞职导致董事会成员低于法定人数的，在改选出的董事就任前，原董事仍应当依照法律、行政法规和公司章程的规定，履行董事职务。

3. 董事会会议

(1) 召集与主持。董事会会议由董事长召集和主持；董事长不能履行职务或者不履行职务的，由副董事长召集和主持；副董事长不能履行职务或者不履行职务的，由半数以上董事共同推举一名董事召集和主持。

(2) 议事规则。董事会的议事方式和表决程序，除公司法有规定的外，由公司章程规定。董事会应当对所议事项的决定作成会议记录，出席会议的董事应当在会议记录上签名。董事会决议的表决，实行一人一票。

(三) 经理

我国《公司法》规定，有限责任公司可以设经理，由董事会决定聘任或者解聘，对董事会负责，行使下列职权：①主持公司的生产经营管理工作，组织实施董事会决议；②组织实施公司年度经营计划和投资方案；③拟订公司内部管理机构设置方案；④拟订公司的基本管理制度；⑤制定公司的具体规章；⑥提请聘任或者解聘公司副经理、财务负责人；⑦决定聘任或者解聘除应由董事会决定聘任或者解聘以外的负责管理人员；⑧董事会授予的其他职权。公司章程对经理职权另有规定的，从其规定。

经理列席董事会会议。

(四) 监事会

1. 监事会的组成及职权

有限责任公司设监事会，其成员不得少于 3 人。股东人数较少或者规模较小的有限责任公司，可以设 1～2 名监事，不设监事会。监事会应当包括股东代表和适当比例的公司职工代表，其中职工代表的比例不得低于 1/3，具体比例由公司章程规定。监事会中的职工代表由公司职工通过职工代表大会、职工大会或者其他形式民主选举产生。监事会设主席 1 人，由全体监事过半数选举产生。董事、高级管理人员不得兼任监事。

监事会、不设监事会的公司监事可以行使下列职权：①检查公司财务；②对董事、高级管理人员执行公司职务的行为进行监督，对违反法律、行政法规、公司章程或者股东会决议的董事、高级管理人员提出罢免的建议；③当董事、高级管理人员的行为损害公司的利益时，要求董事、高级管理人员予以纠正；④提议召开临时股东会会议，在董事会不履行本法规定的召集和主持股东会会议职责时召集和主持股东会会议；⑤向股东会会议提出提案；⑥依照公司法的规定，对董事、高级管理人员提起诉讼；⑦列席董事会会议，并对董事会决议事项提出质询或者建议；⑧发现公司经营情况异常，可以进行调查，必要时，可以聘请会计师事务所等协助其工作，费用由公司承担；⑨公司章程规定的其他职权。

2. 监事的任期

监事的任期每届为 3 年。监事任期届满，若连选可以连任。监事任期届满未及时改选，或者监事在任期内辞职导致监事会成员低于法定人数的，在改选出的监事就任前，原监事仍应当依照法律、行政法规和公司章程的规定，履行监事职务。

3. 监事会会议

(1) 召集和主持。监事会主席召集和主持监事会会议；监事会主席不能履行职务或者不履行职务的，由半数以上监事共同推举一名监事召集和主持监事会会议。

(2) 议事规则。监事会每年度至少召开一次会议，监事可以提议召开临时监事会会议。监事会的议事方式和表决程序，除本法有规定的外，由公司章程规定。监事会决议应当经半数以上监事通过。监事会应当对所议事项的决定作成会议记录，出席会议的监事应当在会议记录上签名。

四、公司董事、监事、高级管理人员的资格和义务

(一) 公司董事、监事和高级管理人员的资格

高级管理人员是指公司的经理、副经理、财务负责人、上市公司董事会秘书和公司章程规定的其他人员。根据《公司法》的规定,有下列情形之一的,不得担任公司的董事、监事、高级管理人员:①无民事行为能力或者限制民事行为能力;②因贪污、贿赂、侵占财产、挪用财产或者破坏社会主义市场经济秩序,被判处刑罚,执行期满未逾5年,或者因犯罪被剥夺政治权利,执行期满未逾5年;③担任破产清算的公司、企业的董事或者厂长、经理,对该公司、企业的破产负有个人责任的,自该公司、企业破产清算完结之日起未逾3年;④担任因违法被吊销营业执照、责令关闭的公司、企业的法定代表人,并负有个人责任的,自该公司、企业被吊销营业执照之日起未逾3年;⑤个人所负数额较大的债务到期未清偿。

公司违反上述规定选举、委派董事、监事或者聘任高级管理人员的,该选举、委派或者聘任无效。董事、监事、高级管理人员在任职期间出现无民事行为能力或者限制民事行为能力的,公司应当解除其职务。

(二) 公司董事、监事、高级管理人员的义务

1. 共同义务

共同义务包括:①董事、监事、高级管理人员应当遵守法律、行政法规和公司章程,对公司负有忠实义务和勤勉义务;②董事、监事、高级管理人员不得利用职权收受贿赂或者其他非法收入,不得侵占公司的财产;③股东会或者股东大会要求董事、监事、高级管理人员列席会议的,董事、监事、高级管理人员应当列席并接受股东的质询。

2. 特定义务

董事、高级管理人员不得有下列行为:①挪用公司资金;②将公司资金以其个人名义或者以其他个人名义开立账户存储;③违反公司章程的规定,未经股东会、股东大会或者董事会同意,将公司资金借贷给他人或者以公司财产为他人提供担保;④违反公司章程的规定或者未经股东会、股东大会同意,与本公司订立合同或者进行交易;⑤未经股东会或者股东大会同意,利用职务便利为自己或者他人谋取属于公司的商业机会,自营或者为他人经营与所任职公司同类的业务;⑥接受他人与公司交易的佣金归为己有;⑦擅自披露公司秘密;⑧违反对公司忠实义务的其他行为。董事、高级管理人员违反上述规定所得的收入应当归公司所有。

此外,董事、高级管理人员应当如实向监事会或者不设监事会的有限责任公司的监事提供有关情况和资料,不得妨碍监事会或者监事行使职权。

公司不得直接或者通过子公司向公司董事、监事、高级管理人员提供借款。公司应当定期向股东披露董事、监事、高级管理人员从公司获得报酬的情况。

五、一人有限责任公司的特别规定

一人有限责任公司,是指只有一个自然人股东或者一个法人股东的有限责任公司。

一人有限责任公司章程由股东制定,不设股东会。股东作出本决定时,应当采用书面形式,并由股东签名后置备于公司。

根据规定,一个自然人只能投资设立一个一人有限责任公司。该一人有限责任公司不能投资设立新的一人有限责任公司。

一人有限责任公司应当在公司登记中注明自然人独资或者法人独资,并在公司营业执照中载明。一人有限责任公司应当在每一会计年度终了时编制财务会计报告,并经会计师事务所审计。一人有限责任公司的股东不能证明公司财产独立于股东自己的财产的,应当对公司债务承担连带责任。

六、国有独资公司的特别规定

国有独资公司是指国家单独出资、由国务院或者地方人民政府授权本级人民政府国有资产监督管理机构履行出资人职责的有限责任公司。国有独资公司章程由国有资产监督管理机构制定,或者由董事会制定报国有资产监督管理机构批准。

国有独资公司不设股东会,由国有资产监督管理机构行使股东会职权。国有资产监督管理机构可以授权公司董事会行使股东会的部分职权,决定公司的重大事项,但公司的合并、分立、解散、增加或者减少注册资本和发行公司债券,必须由国有资产监督管理机构决定。其中,重要的国有独资公司合并、分立、解散、申请破产的,应当由国有资产监督管理机构审核后,报本级人民政府批准。重要的国有独资公司,按照国务院的规定确定。

国有独资公司设董事会,依照《公司法》的规定行使职权。董事每届任期不得超过 3 年。董事会成员中应当有公司职工代表,董事会成员由国有资产监督管理机构委派。但是,董事会成员中的职工代表由公司职工代表大会选举产生。董事会设董事长一人,可以设副董事长。董事长、副董事长由国有资产监督管理机构从董事会成员中指定。国有独资公司设经理,由董事会聘任或者解聘,经理依照《公司法》的规定行使职权。经国有资产监督管理机构同意,董事会成员可以兼任经理。国有独资公司的董事长、副董事长、董事、高级管理人员,未经国有资产监督管理机构同意,不得在其他有限责任公司、股份有限公司或者其他经济组织兼职。

国有独资公司监事会成员不得少于 5 人,其中职工代表的比例不得低于 1/3,具体比例由公司章程规定。监事会成员由国有资产监督管理机构委派。但是,监事会成员中的职工代表由公司职工代表大会选举产生。监事会主席由国有资产监督管理机构从监事会成员中指定。监事会行使的职权有:①检查公司财务;②对董事、高级管理人员执行公司职务的行为进行监督,对违反法律、行政法规、公司章程或者股东会决议的董事、高级管理人员提出罢免的建议;③当董事、高级管理人员的行为损害公司的利益时,要求董事、高级管理人员予以纠正;④国务院规定的其他职权。

七、有限责任公司的股权转让

(一) 转让规则

有限责任公司作为资合兼人合的公司,其股东转让股权受到一定法律限制,必须遵从相关的法律规定。

(1) 股东之间转让。有限责任公司的股东之间可以相互转让其全部或者部分股权。

(2) 向股东以外的人转让。《公司法》第 72 条规定，股东向股东以外的人转让股权，应当经其他股东过半数同意。股东应就其股权转让事项书面通知其他股东征求同意，其他股东自接到书面通知之日起满 30 日未答复的，视为同意转让。其他股东半数以上不同意转让的，不同意的股东应当购买该转让的股权；不购买的，视为同意转让。经股东同意转让的股权，在同等条件下，其他股东有优先购买权。两个以上股东主张行使优先购买权的，协商确定各自的购买比例；协商不成的，按照转让时各自的出资比例行使优先购买权。公司章程对股权转让另有规定的，从其规定。

(3) 人民法院依法强制转让。人民法院依照法律规定的强制执行程序转让股东的股权的，应当通知公司及全体股东，其他股东在同等条件下有优先购买权。其他股东自人民法院通知之日起满 20 日不行使优先购买权的，视为放弃优先购买权。

(二) 转让股权后应当履行的手续

转让股权后，公司应当注销原股东的出资证明书，向新股东签发出资证明书，并相应修改公司章程和股东名册中有关股东及其出资额的记载。对公司章程的该项修改不需再由股东会表决。

第三节　股份有限公司

一、股份有限公司的概念和特征

(一) 股份有限公司的概念

股份有限公司简称股份公司，是将其全部资本分为等额股份，股东以其认购的股份为限对公司债务承担有限责任，公司以其全部财产对公司的债务承担责任的公司。

(二) 股份有限公司的特征

1. 股东人数具有广泛性

股份有限公司产生的原因在于适应社会化大生产对巨额资本的需求。股份有限公司通过向社会公众广泛地发行股票来筹集资本，任何投资者只要认购股票和支付股款，都可以成为股份公司的股东。这使得股份有限公司的股东人数具有广泛性的特点。

2. 股东的出资具有股份性

股份有限公司的全部资本划分为金额相等的股份，股份是构成公司资本的最小单位。这种资本股份化的采用，便于股东股权的确定和行使。

3. 股东责任具有有限性

股份有限公司的股东对公司债务仅以其认购的股份为限承担责任。

4. 股份发行和转让的公开性、自由性

股份有限公司的这一特征是区别于其他各种公司的最主要特征。

5. 公司经营状况的公开性

由于公司的股份发行和转让的公开性、自由性，使得股份有限公司的经营状况不仅要向股东公开，还要向社会公开。

6. 公司信用基础的资合性

股份有限公司的信用基础在于其公司资本和资产，这与股东的有限责任是联系在一起的。

二、股份有限公司的设立条件

(1) 发起人符合法定人数。发起人是指为成立公司而筹划设立事务、从事设立行为，并在公司章程上签名盖章的人。设立股份有限公司，应当有 2 人以上 200 人以下的发起人，其中须有半数以上的发起人在中国境内有住所。自然人、法人、非法人组织以及中国人和外国人都可以成为发起人。但是，无民事行为能力人和限制民事行为能力人、国家公职人员、受到竞业禁止的人不宜成为发起人。

以发起方式设立股份有限公司的，注册资本为在公司登记机关登记的全体发起人认购的股本总额，发起人应书面认足公司章程规定其认购的股份，并按公司章程规定缴纳出资，以非货币财产出资，应当依法办理财产权的转移手续。发起人不按照上述规定缴纳出资的，应当按照发起人协议的约定承担违约责任。在发起人认购的股份缴足前，不得向他人募集股份。

以募集设立的方式设立股份有限公司的，注册资本为在公司登记机关登记的实收股本总额。发起人认购的股份不得少于公司股份总数的 35%。但是，法律、行政法规另有规定的，从其规定。

发起人应当按期足额缴纳公司章程中规定的各自所认缴的出资额。以货币出资的，应当将货币出资足额存入公司在银行开设的账户；以非货币财产出资的，应当依法办理其财产权的转移手续。公司设立登记时，发起人的首次出资是非货币财产的，应当提交依法办理财产权转移手续的证明文件。公司成立后，发起人按照公司章程规定的出资时间缴纳出资，属于非货币财产的，应当在依法办理财产权转移手续后，申请办理公司实收资本的变更登记。

股份有限公司成立后，发起人未按照公司章程的规定缴足出资的，应当补缴，其他发起人承担连带责任。股份有限公司成立后，发现作为设立公司出资的非货币财产的实际价额显著低于公司章程所定价额时，应当由交付该出资的发起人补足差额，其他发起人承担连带责任。公司不能设立时，发起人对设立行为所产生的债务和费用负连带责任；对认股人已缴纳的股款，负返还股款并加算银行同期存款利息的连带责任。在公司设立过程中，由于发起人的过失致使公司利益受到损害的，应当对公司承担赔偿责任。

(2) 有符合公司章程规定的全体发起人认购的股本总额或者募集的实收股本总额。法律、行政法规以及国务院对股份有限公司注册资本实缴、注册资本最低限额另有规定的，从其规定。

(3) 股份发行、筹办事项符合法律规定。

(4) 发起人制定公司章程，采取募集方式设立的经创立大会通过。创立大会是一次特殊的股东大会。发起人应当自股款缴足之日起 30 日内召开。发起人、认股人缴纳股款或交付抵作股款的出资后，除未按期募足股份、发起人未按期召开创立大会或创立大会决议不设立公司的情形外,不能抽回其股份。

(5) 有公司名称,建立符合股份有限公司要求的组织机构。

(6) 有公司住所。

三、股份有限公司的组织机构

(一) 股东大会

1. 组成及职权

股份有限公司股东大会由全体股东组成。股东大会是公司的权力机构,依法行使职权。《公司法》第38条关于有限责任公司股东会职权的规定,适用于股份有限公司股东大会。

2. 召开

股东大会应当每年召开一次。有下列情形之一的,应当在两个月内召开临时股东大会:①董事人数不足本法规定人数或者公司章程所定人数的2/3时;②公司未弥补的亏损达实收股本总额的1/3时;③单独或合计持有公司10%以上股份的股东请求时;④董事会认为必要时;⑤监事会提议召开时;⑥公司章程规定的其他情形。

召开股东大会会议,应当将会议召开的时间、地点和审议事项于会议召开20日前通知各股东;临时股东大会应当于会议召开15日前通知各股东;发行无记名股票的,应当于会议召开30日前公告会议召开的时间、地点和审议事项。无记名股票持有人出席股东大会会议的,应当于会议召开5日前到股东大会闭会时将股票交存于公司。

3. 召集和主持

股东大会会议由董事会召集,董事长主持;董事长不能履行职务或者不履行职务的,由副董事长主持;副董事长不能履行职务或者不履行职务的,由半数以上董事共同推举一名董事主持。

董事会不能履行或者不履行召集股东大会会议职责的,监事会应当及时召集和主持;监事会不召集和主持的,连续90日以上单独或者合计持有公司10%以上股份的股东可以自行召集和主持。

4. 临时提案

单独或合计持有公司3%以上股份的股东,可以在股东大会召开10日前提出临时提案并书面提交董事会;董事会应当在收到提案后两日内通知其他股东,并将该临时提案提交股东大会审议。临时提案的内容应当属于股东大会职权范围,并有明确议题和具体决议事项。

5. 表决

股东大会只能对通知中列明的事项作出决议。股东出席股东大会会议,所持每一股份有一表决权。但是,公司持有的本公司股份没有表决权。股东大会作出决议,必须经出席会议的股东所持表决权过半数通过。但是,股东大会作出修改公司章程、增加或者减少注册资本的决议,以及公司合并、分立、解散或者变更公司形式的决议,必须经出席会议的股东所持表决权的2/3以上通过。

《公司法》和公司章程规定公司转让、受让重大资产或者对外提供担保等事项必须经股东大会作出决议的，董事会应当及时召集股东大会会议，由股东大会就上述事项进行表决。股东大会选举董事、监事，可以依照公司章程的规定或者股东大会的决议，实行累积投票制。累积投票制是指股东大会选举董事或者监事时，每一股份拥有与应选董事或者监事人数相同的表决权，股东拥有的表决权可以集中使用。

股东可以委托代理人出席股东大会会议，代理人应当向公司提交股东授权委托书，并在授权范围内行使表决权。

股东大会应当将对所议事项的决定作成会议记录，主持人、出席会议的董事应当在会议记录上签名。会议记录应当与出席股东的签名册及代理出席的委托书一并保存。

(二) 董事会

1. 董事会的组成、职权及董事任期

股份有限公司设董事会，其成员为 5～19 人。董事会成员中可以有公司职工代表。董事会中的职工代表由公司职工通过职工代表大会、职工大会或者其他形式民主选举产生。董事会设董事长一人，可以设副董事长。董事长和副董事长由董事会以全体董事的过半数选举产生。董事长召集和主持董事会会议，检查董事会决议的实施情况，副董事长协助董事长工作。董事长不能履行职务或者不履行职务的，由副董事长履行职务；副董事长不能履行职务或者不履行职务的，由半数以上董事共同推举一名董事履行职务。

《公司法》第 46、47 条关于有限责任公司董事任期、董事会职权的规定，适用于股份有限公司。

2. 董事会会议

(1) 召开。董事会每年度至少召开两次会议，每次会议应当于会议召开 10 日前通知全体董事和监事。代表 1/10 以上表决权的股东、1/3 以上董事或者监事会，可以提议召开董事会临时会议。董事长应当自接到提议后 10 日内，召集和主持董事会会议。董事会召开临时会议，可以另定召集董事会的通知方式和通知时限。

(2) 表决。董事会会议应有过半数的董事出席方可举行。董事会作出决议，必须经全体董事的过半数通过。董事会决议的表决，实行一人一票。董事会会议，应由董事本人出席；董事因故不能出席，可以书面委托其他董事代为出席，委托书中应载明授权范围。董事会应当将对会议所议事项的决定作成会议记录，出席会议的董事应当在会议记录上签名，董事应当对董事会的决议承担责任。董事会的决议违反法律、行政法规或者公司章程、股东大会决议，致使公司遭受严重损失的，参与决议的董事对公司负赔偿责任。但经证明在表决时曾表明异议并记载于会议记录的，该董事可以免除责任。

(三) 经理

股份有限公司设经理，由董事会决定聘任或者解聘。《公司法》关于有限责任公司经理职权的规定，适用于股份有限公司经理。公司董事会可以决定由董事会成员兼任经理。

(四) 监事会

1. 监事会组成、职权及监事任期

股份有限公司设监事会，其成员不得少于 3 人。监事会应当包括股东代表和适当比

例的公司职工代表,其中职工代表的比例不得低于1/3,具体比例由公司章程规定。监事会中的职工代表由公司职工通过职工代表大会、职工大会或者其他形式民主选举产生。监事会设主席一人,可以设副主席。监事会主席和副主席由全体监事过半数选举产生。监事会主席召集和主持监事会会议;监事会主席不能履行职务或者不履行职务的,由监事会副主席召集和主持监事会会议;监事会副主席不能履行职务或者不履行职务的,由半数以上监事共同推举一名监事召集和主持监事会会议。董事、高级管理人员不得兼任监事。

《公司法》第53、54、55条关于有限责任公司监事任期、监事会职权的规定,适用于股份有限公司。监事会行使职权所必需的费用,由公司承担。

2. 监事会会议的召开与表决

监事会每6个月至少召开一次会议。监事可以提议召开临时监事会会议。监事会的议事方式和表决程序,除《公司法》有规定的外,由公司章程规定。监事会决议应当经半数以上监事通过。监事会应当将所议事项的决定作成会议记录,出席会议的监事应当在会议记录上签名。

(五) 上市公司组织机构的特别规定

上市公司是指其股票在证券交易所上市交易的股份有限公司。为了防范投资风险,保证投资者的利益,公司法对上市公司作出了以下特别规定。

1. 增加股东大会特别决议事项

上市公司在1年内购买、出售重大资产或者担保金额超过公司资产总额30%的,应当由股东大会作出决议,并经出席会议的股东所持表决权的2/3以上通过。

2. 上市公司独立董事

上市公司独立董事是指不在公司担任除董事外的其他职务,并与其所受聘的上市公司及其主要股东不存在可能妨碍其进行独立客观判断的关系的董事。独立董事对上市公司及全体股东负有诚信与勤勉义务。独立董事应当按照相关法律法规《关于在上市公司建立独立董事制度的指导意见》和公司章程的要求,认真履行职责,维护公司整体利益,尤其要关注中小股东的合法权益不受损害。独立董事应当独立履行职责,不受上市公司主要股东、实际控制人,或者其他与上市公司存在利害关系的单位或个人的影响。

3. 上市公司设董事会秘书

上市公司董事会秘书负责公司股东大会和董事会会议的筹备、文件保管以及公司股东资料的管理,办理信息披露事务等事宜。董事会秘书是上市公司高级管理人员。

4. 增设关联关系董事的表决权排除制度

上市公司董事与董事会会议决议事项所涉及的企业有关联关系的,不得对该项决议行使表决权,也不得代理其他董事行使表决权。董事会会议由过半数的无关联关系董事出席即可举行,所作决议须经无关联关系董事过半数通过。出席董事会的无关联关系董事人数不足3人的,应将该事项提交上市公司股东大会审议。

四、公司股票

股票是股份有限公司签发的证明股东所持股份的凭证。股票是有价证券,是一种要式证券，是无偿还期限的证券，是一种高风险的金融工具。

（一）股份发行

股份有限公司的资本划分为股份，每一股的金额相等。股份发行，实行公平、公正的原则。同种类的每一股份应当具有同等权利。

1. 股票形式及发行价格

公司的股份采取股票的形式。同次发行的同种类股票，每股的发行条件和价格应当相同；任何单位或者个人所认购的股份，每股应当支付相同价额。股票发行价格可以按票面金额，也可以超过票面金额，但不得低于票面金额。

股票采用纸面形式或者国务院证券监督管理机构规定的其他形式。股票应当载明下列主要事项：公司名称；公司成立日期；股票种类、票面金额及代表的股份数；股票的编号。股票由法定代表人签名，公司盖章。发起人的股票，应当标明"发起人股票"字样。

2. 股票种类

公司发行的股票，可以为记名股票，也可以为无记名股票。公司向发起人、法人发行的股票，应当为记名股票，并应当记载该发起人、法人的名称或者姓名，不得另立户名或者以代表人姓名记名。公司发行记名股票的，应当置备股东名册，记载下列事项：①股东的姓名或者名称及住所；②各股东所持股份数；③各股东所持股票的编号；④各股东取得股份的日期。发行无记名股票的，公司应当记载其股票数量、编号及发行日期。国务院可以对公司发行本法规定以外的其他种类的股份，另行作出规定。

股份有限公司成立后，即向股东正式交付股票。公司成立前不得向股东交付股票。

3. 发行新股程序

(1) 股东大会作出决议。决议的事项包括：新股种类及数额、新股发行价格、新股发行的起止日期；向原有股东发行新股的种类及数额。

(2) 公告新股招股说明书和财务会计报告，并制作认股书。国务院证券监督管理机构核准公开发行新股时，必须公告新股招股说明书和财务会计报告，并制作认股书。

(3) 确定定价方案。公司发行新股，可以根据公司经营情况和财务状况，确定其作价方案。

(4) 办理变更登记。公司发行新股募足股款后，必须向公司登记机关办理变更登记，并公告。

（二）股份转让

根据《公司法》的规定，股份有限公司的股东持有的股份可以依法转让。

1. 转让方式及场所

记名股票，由股东以背书方式或者法律、行政法规规定的其他方式转让；转让后由公司将受让人的姓名或者名称及住所记载于股东名册。股东大会召开前 20 日内或者公司决定分配股利的基准日前 5 日内，不得进行前款规定的股东名册的变更登记。但是，法律对上市公司股东名册变更登记另有规定的，从其规定。无记名股票的转让，由股东将该股票交付受让人后即发生转让的效力。

股东转让其股份，应当在依法设立的证券交易场所进行或者按照国务院规定的其他方式进行。

2. 对特殊主体转让股份的限制

(1) 发起人持有的本公司股份,自公司成立之日起1年内不得转让。上市公司的股票,依照有关法律、行政法规及证券交易所交易规则上市交易。

(2) 公司公开发行股份前已发行的股份,自公司股票在证券交易所上市交易之日起1年内不得转让。

(3) 公司董事、监事、高级管理人员应当向公司申报所持有的本公司的股份及其变动情况,在任职期间每年转让的股份不得超过其所持有本公司股份总数的25%;所持本公司股份自公司股票上市交易之日起1年内不得转让。上述人员离职后半年内,不得转让其所持有的本公司股份。公司章程可以对公司董事、监事、高级管理人员转让其所持有的本公司股份作出其他限制性规定。

3. 股票的失效、补发和交易

记名股票被盗、遗失或者灭失,股东可以依照《民事诉讼法》规定的公示催告程序,请求人民法院宣告该股票失效。人民法院宣告该股票失效后,股东可以向公司申请补发股票。

第四节　公司债券和财务会计

一、公司债券

(一) 公司债券的概念

公司债券就是公司依照法定程序发行的、约定在一定期限还本付息的有价证券。公司债与公司债券之间是内容与形式的关系。

(二) 公司债券发行的条件

根据《证券法》、《公司法》和《公司债券发行试点办法》的有关规定,发行公司债券,应当符合下列条件:

(1) 股份有限公司的净资产额不得低于3000万元,有限责任公司的净资产额不得低于6000万元;

(2) 本次发行后累计公司债券余额不得超过最近一期末净资产额的40%;

(3) 公司的生产经营符合法律、行政法规和公司章程的规定,募集的资金投向符合国家产业政策;

(4) 最近3个会计年度实现的年均可分配利润不少于公司债券1年的利息;

(5) 债券的利率不得超过国务院限定的利率水平;

(6) 公司内部控制制度健全,内部控制制度的完整性、合理性和有效性不存在重大缺陷;

(7) 经资信评级机构评级,债券信用级别良好。

(三) 公司股票与公司债券的区别

1. 权利的性质不同

公司债券持有人是公司的债权人，与公司之间是一种债权债务关系，无权参与公司的经营决策。而股票的持有者为公司的股东，依其所持股份享有股东权利，有权参与公司的经营决策及其他重大问题的决策。

2. 权利的内容不同

公司债券的利率一般固定，且不论公司是否赢利。公司均有义务按期支付本息。而公司股东在公司存续期间原则上无权要求公司退回出资，且一般只有在公司利润弥补亏损、提取公积金、公益金之后如有盈余，才可能分得股息，而且股息一般也不固定。

3. 风险的负担不同

公司破产或解散时，公司债券的债权人有权优先于股东就公司财产获得清偿；而股东则须在公司债权人获得清偿后，才能对公司的剩余财产进行分配。公司债券必须返还本金；股东不得要求公司返还股金。

二、公司的财务会计

(一) 公司的财务会计报告

1. 财会报告的编制与审计

公司应当依照法律、行政法规和国务院财政部门的规定制作财务会计报告。在每一会计年度终了时，公司应当编制财务会计报告，并依法经会计师事务所审计。

2. 财会报告的公示

有限责任公司应当依照公司章程规定的期限将财务会计报告送交各股东。股份有限公司的财务会计报告应当在召开股东大会年会的20日前置备于本公司，供股东查阅；公开发行股票的股份有限公司必须公告其财务会计报告。

(二) 公司的公积金和利润分配

1. 公积金

公积金是公司在资本之外所保留的资金金额，又称为附加资本或准备金。公司的公积金的用途主要是用于弥补公司的亏损、扩大公司生产经营或者转为增加公司资本。根据《公司法》第167、168条的规定，公司有以下三类公积金：①法定公积金。公司分配当年税后利润时，应当提取利润的10%列入公司法定公积金，如法定公积金累计额已达公司注册资本的50%以上的，可以不再提取。公司的法定公积金不足以弥补以前年度亏损的，在依法提取法定公积金之前，应当先用当年利润弥补亏损。法定公积金转为资本时，所留存的该项公积金不得少于转增前公司注册资本的25%。②任意公积金。公司从税后利润中提取法定公积金后，经股东会或者股东大会决议，可以从税后利润中提取任意公积金。③资本公积金。股份有限公司以超过股票票面金额的发行价格发行股份所得的溢价款以及国务院财政部门规定列入资本公积金的其他收入，应当列为公司资本公积金。资本公积金不得用于弥补公司的亏损。

2. 利润分配

公司利润是指公司在一定会计期间的经营成果。公司应当按照下列顺序分配利润：

①弥补以前年度的亏损，但不得超过税法规定的弥补期限；②缴纳所得税；③弥补在税前利润弥补亏损之后仍存在的亏损；④提取法定公积金；⑤提取任意公积金（非必须）；⑥向股东分配利润。公司弥补亏损和提取公积金后所余税后利润，有限责任公司按照股东实缴的出资比例分配，但全体股东约定不按照出资比例分配的除外；股份有限公司按照股东持有的股份比例分配，但股份有限公司章程规定不按持股比例分配的除外。股东会、股东大会或者董事会违反法律规定，在公司弥补亏损和提取法定公积金之前向股东分配利润的，股东必须将违反规定分配的利润退还公司。需要注意的是，公司持有的本公司的股份不得分配利润。

（三）会计师事务所的聘用和解聘

公司聘用、解聘承办公司审计业务的会计师事务所，依照公司章程的规定，由股东会、股东大会或者董事会决定。公司股东会、股东大会或者董事会就解聘会计师事务所进行表决时，应当允许会计师事务所陈述意见。公司应当向聘用的会计师事务所提供真实、完整的会计凭证、会计账簿、财务会计报告及其他会计资料，不得拒绝、隐藏、谎报。

第五节　公司合并、分立、增资和减资

一、公司合并

公司合并是指两个以上的公司依照法定程序，不需要经过清算程序，直接合并为一个公司的行为。

（一）公司合并的方式

公司合并有吸收合并和新设合并两种方式。吸收合并即一个公司吸收其他公司，吸收方保留，被吸收方解散。新设合并即两个以上公司合并设立一个新公司，合并各方解散。

（二）公司合并的程序

(1) 签订合并协议。公司合并，由合并各方业务执行机关签订合并协议。

(2) 编制资产负债表及财产清单。由股东大会（或股东会）作出批准与否的决议。合并各方股东大会批准后，合并协议开始生效。

(3) 通知和公告。合并各方应当自作出合并决议之日起 10 日内通知债权人，并于 30 日内在报纸上公告。

(4) 清偿债务或提供担保。债权人自接到通知书之日起 30 日内，未接到通知书的自公告之日起 45 日内，可以要求公司清偿债务或者提供相应的担保。

(5) 办理登记。因合并而存续的公司，其登记事项发生变化的，应当申请变更登记；因合并而解散的公司，应当申请注销登记；因合并而新设立的公司，应当申请设立登记。

（三）公司合并的法律后果

公司合并时，合并各方的债权、债务由合并后存续的公司或者新设的公司承继。

二、公司分立

公司分立是指一个公司通过依法签订分立协议，不经过清算程序，分为两个或两个以上的公司。

(一) 公司分立的方式

公司分立的方式有新设分立和派生分立两种。新设分立即原公司解散，原公司分为两个以上新的企业法人。派生分立即原公司继续存在，由其中分立出来的部分形成新的企业法人。

(二) 公司分立的程序

(1) 通过分立决议。公司分立，由股东大会(或股东会)作出批准与否的决议，分割财产及编制资产负债表和财产清单。

(2) 通知和公告。公司应当自作出分立决议之日起 10 日内通知债权人，并于 30 日内在报纸上公告。

(3) 办理登记。因分立而存续的公司，其登记事项发生变化的，应当申请变更登记；因分立而解散的公司，应当申请注销登记；因分立而新设立的公司，应当申请设立登记。

公司分立的，应当自公告之日起 45 日后申请登记，提交分立决议或者决定以及公司在报纸上登载公司分立公告的有关证明和债务清偿或者债务担保情况的说明。法律、行政法规或者国务院决定规定公司分立必须报经批准的，还应当提交有关批准文件。

(三) 公司分立的法律后果

公司分立前的债务由分立后的公司承担连带责任；但是，公司在分立前与债权人就债务清偿达成的书面协议另有约定的除外。

三、公司的增资与减资

(一) 公司增资

公司增资必须由股东大会(股东会)作出决议。

(1) 有限责任公司增加注册资本时，股东认缴新增资本的出资，依照《公司法》设立有限责任公司缴纳出资的有关规定执行。

(2) 股份有限公司为增加注册资本发行新股时，股东认购新股，依照《公司法》设立股份有限公司缴纳股款的有关规定执行。

(3) 办理变更登记。公司增加注册资本，应当依法向公司登记机关办理变更登记。

(二) 公司减资

公司减资应当由董事会(执行董事)制定减资方案，提交股东大会(或股东会)决议。

公司减资必须履行以下相关程序：

(1) 编制资产负债表及财产清单。

(2) 通知和公告。公司应当自作出减少注册资本决议之日起 10 日内通知债权人，并于 30 日内在报纸上公告。

(3) 清偿债务或者提供担保。债权人自接到通知书之日起 30 日内,未接到通知书的自公告之日起 45 日内,有权要求公司清偿债务或者提供相应的担保。

(4) 办理变更登记。公司减少注册资本的,应当自公告之日起 45 日后申请变更登记,并应当提交公司在报纸上登载公司减少注册资本公告的有关证明和公司债务清偿或者债务担保情况的说明。

第六节 公司解散和清算

一、公司解散

公司解散是指为消灭公司法律主体资格而终止公司的经营活动并对公司财产进行清算的一系列法律行为。公司解散应当依据法定程序进行,公司解散程序的完成即意味着公司法人实体的终止。

(一) 公司解散的原因

根据《公司法》的规定,公司解散的原因主要有五种情形:

(1) 公司章程规定的营业期限届满或公司章程规定的其他解散事由出现;

(2) 股东会或者股东大会决议解散;

(3) 因公司合并或者分立需要解散;

(4) 依法被吊销营业执照、责令关闭或者被撤销;

(5) 人民法院依法予以解散。

(二) 公司解散的法律后果

(1) 公司解散的直接法律后果就是公司清算。除合并、分立豁免清算外,其他解散的公司应当依照《公司法》的规定进行清算。

(2) 解散的公司,其法人资格仍然存在,但公司的权利能力仅限于清算活动必要的范围内。公司清算完毕,由注册登记机关办理注销登记后,公司法律人格消失。

二、公司清算

公司清算是指公司解散或宣告破产后,依照一定的程序了结公司法律关系,清理债权债务、分配剩余财产,从而使公司归于消灭的程序。公司清算分为破产清算程序和非破产清算程序。破产清算程序适用《破产法》的规定,非破产清算程序适用《公司法》的规定。

(一) 清算组的组成

公司应当在解散事由出现之日起 15 日内成立清算组,开始清算。有限责任公司的清算组由股东组成,股份有限公司的清算组由董事或者股东大会确定的人员组成。逾期不成立清算组进行清算的,债权人可以申请人民法院指定有关人员组成清算组进行清算。

(二) 清算组的职权

清算组在清算期间行使下列职权:①清理公司财产,分别编制资产负债表和财产清单;②通知、公告债权人;③处理与清算有关的公司未了结的业务;④清缴所欠税款以及清算过程中产生的税款;⑤清理债权、债务;⑥处理公司清偿债务后的剩余财产;⑦代表公司参与民事诉讼活动。

(三) 清算组成员的义务

清算组成员应当忠于职守,依法履行清算义务。清算组成员不得利用职权收受贿赂或者其他非法收入,不得侵占公司财产。

清算组成员因故意或者重大过失给公司或者债权人造成损失的,应当承担赔偿责任。

(四) 清算程序

清算组应当自成立之日起 10 日内通知债权人,并于 60 日内在报纸上公告。债权人应当自接到通知书之日起 30 日内,未接到通知书的自公告之日起 45 日内,向清算组申报其债权。债权人申报债权,应当说明债权的有关事项,并提供证明材料,清算组应当对债权进行登记。在申报债权期间,清算组不得对债权人进行清偿。

公司财产在分别支付清算费用、职工的工资、社会保险费用和法定补偿金,缴纳所欠税款,清偿公司债务后的剩余财产,有限责任公司按照股东的出资比例分配,股份有限公司按照股东持有的股份比例分配。清算期间公司存续,但不得开展与清算无关的经营活动。公司财产在未按上述规定清偿前,不得分配给股东。

清算组在清理公司财产、编制资产负债表和财产清单后,发现公司财产不足以清偿债务的,应当依法向人民法院申请宣告破产。

公司经人民法院裁定宣告破产后,清算组应当将清算事务移交给人民法院,依照有关企业破产的法律实施破产清算。

公司清算结束后,清算组应当制作清算报告,报股东会、股东大会或者人民法院确认,并报送公司登记机关,申请注销公司登记,公告公司终止。

第七节 外国公司的分支机构

一、外国公司分支机构的设立

外国公司是指依照外国法律在中国境外设立的公司。外国公司的分支机构是指外国公司依照我国公司法的规定,在我国境内设立的从事生产经营活动的场所或者办事机构。

依据《公司法》的规定,外国公司在我国境内设立分支机构必须遵守以下规定:外国公司在中国境内设立分支机构,必须向中国主管机关提出申请,并提交其公司章程、所属国的公司登记证书等有关文件,经批准后,向公司登记机关依法办理登记,领取营业执照。外国公司在中国境内设立分支机构,必须在中国境内指定负责该分支机构的代表人或者代理人，并向该分支机构拨付与其所从事的经营活动相适应的资金。外国公司的分支机构应当在其名称中标明该外国公司的国籍及责任形式。外国公司的分支机构应当在本机构中置备该外国公司章程。

二、外国公司分支机构的地位

外国公司在中国境内设立的分支机构不具有中国法人资格。外国公司对其分支机构在中国境内进行经营活动承担民事责任。经批准设立的外国公司分支机构，在中国境内从事业务活动，必须遵守中国的法律，不得损害中国的社会公共利益，其合法权益受中国法律保护。

三、外国公司分支机构的撤销与清算

外国公司分支机构撤销的具体原因，包括其因违法活动或其所属的外国公司因破产等原因终止；被我国主管机关吊销营业执照或责令撤销；也可能是该外国公司自行撤销其设在中国境内的分支机构。

外国公司撤销其在中国境内的分支机构时，必须依法清偿债务，依照公司法有关公司清算程序的规定进行清算。未清偿债务之前，不得将其分支机构的财产移至中国境外。

本章小结

公司是依《公司法》的规定设立的，由两个以上股东共同出资组成的以营利为目的的企业法人。以股东对公司所负责任为标准划分为无限责任公司、有限责任公司、股份有限公司及两合公司；以公司股东的股份构成和转让方式为标准划分为封闭式公司和开放式公司；以公司信誉基础划分为人合公司、资合公司和人合兼资合公司。我国的《公司法》是以有限责任公司和股份有限公司为公司的基本分类。《公司法》是规定公司的设立、组织、活动、终止以及其他对内对外关系的法律规范的总称，是最典型的公法化了的私法。

有限责任公司具有股东人数的限制性、股东责任的有限性、股东出资的非股份性、公司资本的封闭性、公司设立的程序和组织机构简单等法律特征。其设立必须符合法律规定的条件和程序。有限责任公司的组织机构为股东会、董事会或者执行董事、经理、监事会或者监事，并分别行使其法定的职权。

股份有限公司具有股东责任有限性、公司资本的股份性、资本募集的公众性、公司经营的公开性等特征。其设立也必须符合法律规定的条件和程序。股份有限公司的设立可分别采取发起和募集的方式，其公司都必须设立股东大会、董事会、经理和监事会，并分别行使其法定职权。董事和监事的任期和资格与有限责任公司相同，但董事会的人员组成比有限责任公司多一些。无论是有限责任公司还是股份有限公司都必须实行严格的财务会计报告制度，公司的股份发行，股份与股权的转让，公司债券的发行，公司合并、分立、破产、解散与清算等事项都必须遵守法律规定，如果违反《公司法》，相关组织或个人都要承担法律责任。

基本概念

公司　《公司法》　有限责任公司　国有独资企业　一人有限责任公司　股份有限公司　公司债券

思考与训练

1. 有限责任公司的设立条件和程序是什么?
2. 公司法对股份有限公司的组织机构是如何规定的?各自的职责权限是什么?
3. 简述公司董事、经理的职责。
4. 简述股票与债券在法律特征方面的区别。
5. 公司债券发行条件是如何规定的?

案例分析

(1) 2006年3月,甲有限公司由于市场情况发生重大变化,如继续经营将导致公司惨重损失。3月20日,该公司召开了股东大会,以出席会议的股东所持表决权的半数通过决议解散公司。4月15日,股东大会选任公司5名董事组成清算组。清算组成立后于5月5日起正式启动清算工作,将公司解散及清算事项分别通知了有关的公司债权人,并于5月20日、31日分别在报纸上进行了公告,规定自公告之日起3个月内未向公司申报债权者,将不负清偿义务。

① 该公司关于清算的决议是否合法?试说明理由。

② 甲公司能否由股东会委托董事组成清算组?

③ 该公司在清算中有关保护债权人的程序是否合法?

(2) 鹏达科技开发股份有限公司的董事会有9名成员,在一次董事长召集的董事会会议上,讨论将公司闲置资金1亿元投资于期货的议题,有6名董事出席,3名董事因故未能出席,其中董事张某虽未出席,但书面委托其助理王某(非董事)代理出席并表决。会上董事长介绍了期货投资的巨大盈利性,并表示赞成此项投资。而董事李某对此项投资表示疑虑,认为此项投资不属于本公司章程规定的公司经营范围。董事赵某坚决反对。经记名式书面表决,结果为,4名董事赞成,2名董事反对(其中包括未出席会议的张某),董事李某弃权。董事长认为本议案已为多数人同意,决议有效。会后安排执行决议。结果该公司因此项投资导致亏损1000万元。公司股东以公司董事会决议违法并造成损失为由,向人民法院提起诉讼,请求由公司董事承担损害赔偿责任。根据以上资料,回答下列问题:

① 本案中的董事会的召开与决议是否符合法律规定?

② 本案应如何解决?

(3) 某百货公司是以商品零售为主的公司,由两个私人股东设立。公司成立前拟定注册资本为25万元,1994年10月依《公司法》的规定调整注册资本后正式成立。两个股东,一个为执行董事,一个为财务负责人,其中执行董事兼任监事。该公司聘请在市财政局工作的丁某作为公司的总经理。此时,丁某买回的一批服装正欲卖出,上任后未经任何人同意私下和某百货公司签订了合同，用公司名义买下了他买来的服装，总价款达12.5万元，占用了公司的大量流动资金。后该批服装由于数量过多，款式陈旧而积压，致使该公司下半年的投资计划流产，大量的购货合同难以履行。公司执行董事向人民法院起诉，要求丁某赔偿经济损失。丁某认为：他是公司的经营主管，有权同任何人签订合同，确定经营方式，公司起诉他是没有任何道理的。问：

① 本案中，某百货有限公司的法人机构是否合法？

② 丁某能否担任公司的总经理？

③ 丁某和本公司签订的合同是否有效？

④ 丁某是否应向公司赔偿损失？

(4) 2007年8月8日，甲、乙、丙、丁共同出资设立了一家有限责任公司(下称公司)。公司未设董事会，仅设丙为执行董事。2008年6月8日，甲与戊订立合同，约定将其所持有的全部股权以20万元的价格转让给戊。甲于同日分别向乙、丙、丁发出拟转让股权给戊的通知书。乙、丙分别于同年6月20日和24日回复，均要求在同等条件下优先购买甲所持公司全部股权。丁于同年6月9日收到甲的通知后，至7月15日未就此项股权转让事项作出任何答复。戊在对公司进行调查的过程中，发现乙在公司设立时以机器设备折合30万元用于出资，而该机器设备当时的实际价值仅为10万元。公司股东会于2008年2月就2007年度利润分配作出决议，决定将公司在该年度获得的可分配利润68万元全部用于分红，并在4月底之前实施完毕。至7月底丁尚未收到上述分红利润，在没有告知公司任何机构和人员的情况下，直接向人民法院提起诉讼，要求实施分红决议。

根据上述内容，回答下列问题：

① 丁未作答复将产生何种法律效果？并说明理由。

② 乙、丙均要求在同等条件下，优先受让甲所持公司全部股权，应当如何处理？

③ 如果乙出资不实的行为属实，应当如何处理？

④ 丁直接向人民法院提起诉讼的行为是否符合法律程序？并说明理由。

第四章 外商投资企业法律制度

第一节 外商投资企业法概述

一、外商投资企业的概念和特征

外商投资企业是指依照中国法律，在中国境内由中国投资者和外国投资者共同投资或者仅由外国投资者投资设立的企业。外商投资企业具有如下特征：

(1) 外商投资企业是具有中国国籍的企业。

(2) 外商投资企业有来自中国以外的投资者的投资。

(3) 外商投资企业是以直接投资方式设立的企业。

二、外商投资企业的种类

(1) 中外合资经营企业。特征：股权式合营企业，这种形式按照中外投资者的出资比例来确定投资者的风险、责任和利润分配。

(2) 中外合作经营企业。特征：契约式合营企业，由双方通过合作经营企业合同约定各自的权利和义务的企业。(注意与出资多少无关)

(3) 外资企业。全部资本由外国投资者投资的企业。

(4) 中外合资股份有限公司。

三、外商投资企业法

外商投资企业法是指调整外商投资企业在设立、管理、经营和终止等过程中产生的经济关系的法律规范的总称。

目前，我国没有一部统一的外商投资企业法，而是采取分别立法的方式进行立法。

第二节 中外合资经营企业法

一、中外合资经营企业的概念

中外合资经营企业简称合营企业，是指中国合营者和外国合营者依据中国法律，在中国境内共同投资、共同经营，按照投资比例分配利润和分担风险的企业。

中国合营者必须是中国公司、企业和其他经济组织。

外国合营者除了是外国公司、企业或其他经济组织之外，还可以是外国个人，也包括港、澳、台地区的公司、企业或其他经济组织和个人。

二、中外合资经营企业的组织形式和法律地位

组织形式：有限责任公司。

最大特征：股权式企业。所谓“股权式”就是出资者按投入企业的资本额享有其权利。出资者在企业中的权利义务划分均以股权为基准，即按照出资比例分配利润和分担风险。

法律地位：中国法人资格。

三、中外合资经营企业的设立

设立中外合资经营企业，必须经中国对外贸易经济合作部审查批准。批准后，由对外贸易经济合作部发给批准证书。凡投资总额在国务院规定的投资审批权限以内，中国合营者的资金来源已落实的，且不需要国家增拨原材料，不影响燃料、动力、交通运输、外贸出口配额等的全国平衡的，国务院授权省、自治区、直辖市人民政府或国务院有关部门审批；授权的审批机构批准设立的合营企业，应当报对外贸易经济合作部备案。

（一）设立中外合资经营企业的条件

申请设立的合营企业，必须符合下列一项或数项要求：①采用先进技术设备和科学管理方法，能增加产品品种，提高产品质量和产量，节约能源和材料；②有利于技术改造，能做到投资少、见效快、收益大；③能扩大产品出口，增加外汇收入；④能培训技术人员和经营管理人员。

（二）中外合资经营企业的设立程序

（1）由中外合营者共同向审批机构报送下列文件：

① 设立合营企业的申请书；

② 合营各方共同编制的可行性研究报告；

③ 由合营各方授予代表签署的合营企业协议、合同和章程；

④ 由合营各方委派的合营企业董事长、副董事长、董事人选名单；

⑤ 审批机构规定的其他文件。

上述各项文件必须用中文书写，其中②～④项文件可同时用合营各方商定的一种外文书写。两种文字书写的文件具有同等效力。

（2）审批机构自接到上述全部文件之日起，3个月内决定批准或不批准。审批机构如发现文件有不当之处，应当要求限期修改，否则不予批准。

（3）申请者应当自收到批准证书之日起1个月内，按照国家有关规定，向工商行政管理机关（简称登记管理机构）办理登记手续。合营企业的营业执照签发日期，即为该合营企业的成立日期。

以上须由中外合营者共同向审批机构报送的正式文件，都是为设立中外合资经营企业所必需的，其中，合营企业合同和章程涉及的问题相对多。

(三) 中外合资经营企业的法律文件

(1) 合营企业协议是合营各方对设立合营企业的某些要点和原则达成一致意见而订立的文件。

(2) 合营企业合同是合营各方为设立合营企业就相互权利、义务关系达成一致意见而订立的文件。合营企业合同的附件，与合营企业合同具有同等效力。

(3) 合营企业章程是按照合营企业合同规定的原则，经合营各方一致同意，规定合营企业的宗旨、组织原则和经营管理方法等事项的文件。

注意：①合营企业协议、合同和章程经审批机构批准后生效，修改时间；②合营合同的法律效力高于合营协议，当协议与合同有抵触时，以合同为准，也可以不订立协议。

四、中外合资经营企业的注册资本和投资总额

中外合资经营企业的注册资本是指为设立合营企业在登记机关登记的资本总额，应为合营各方认缴的出资额之和。认缴的出资额是指合营各方为设立合营企业同意投入的资金数额。

与内资公司注册资本制的区别：一是实行认缴资本制；二是合营企业在合营期内不得减少其注册资本。

根据《中外合资经营企业法》的规定，在合营企业的注册资本中，外国合营者的投资比例不能低于25%。

中外合资经营企业的投资总额是指按照合营合同、章程规划的生产规模需要投入的基本建设资金和生产流动资金的总和。

投资总额不限于股东出资，一般包括企业的注册资本和企业借款。

为保证市场交易安全，法律有必要对企业借款的规模加以限制。因为投资总额一定的情况下，企业借款与注册资本有此消彼长的关系，为限制企业借款的规模，法律规定了注册资本与投资总额的比例，而且注册资本占投资总额的比例随着投资总额增加而逐渐减小。

(1) 合营企业的投资总额在300万美元以下(含)的，其注册资本至少应占投资总额的7/10。

(2) 合营企业的投资总额在300万美元以上至1000万美元(含)的，其注册资本至少应占投资总额的1/2，其中投资总额在420万美元以下的，注册资本不得低于210万美元。

(3) 合营企业的投资总额在1000万美元以上至3000万美元(含)的，其注册资本总额至少应占投资总额的2/5，其中投资总额在1250万美元以下的，注册资本不得低于500万美元。

(4) 合营企业的投资总额在3000万美元以上的，其注册资本至少应占投资总额的1/3，其中投资总额在3600万美元以下的，注册资本不得低于1200万美元。

五、中外合资经营企业的出资方式及出资期限

(一) 中外合资经营企业的出资方式

合营者可以用货币出资,也可以用建筑物、厂房、机器设备或者其他物料、工业产权、专有技术、场地使用权等作价出资。以建筑物、厂房、机器设备或者其他物料、工业产权、专有技术、场地使用权作为出资的,其作价由合营各方按照公平合理的原则协商确定,或者聘请合营各方同意的第三者评定。外国合营者出资的外币,按缴款当日中国人民银行公布的基准汇率折算成人民币或者套算成约定的外币。中国合营者出资的人民币现金,需要折算成外币的,按缴款当日中国人民银行公布的基准汇率折算。作为外国合营者出资的机器设备或者其他物料,必须符合下列各项条件:①应当是合营企业生产所必不可少的;②中国不能生产,或虽能生产,但价格过高或者技术性能和供应时间上不能保证需要的;③作价不得高于同类机器设备或其他物料当时国际市场价格。

作为外国合营者出资的工业产权或者专有技术,必须符合下列条件之一:①能生产中国急需的新产品或出口适销产品的;②能显著改进现有产品的性能、质量,提高生产效率的;③能显著节约原材料、燃料、动力的。

外国合营者以工业产权或者专有技术作为出资,应当提交该工业产权或者专有技术的有关资料,包括专利证书或者商标注册证书的复件、有效状况及其技术特性、实用价值、作价的计算根据、与中国合营者签订的作价协议等有关文件,作为合营合同的附件。

外国合营者作为出资的机器设备或者其他物料、工业产权或者专有技术,应当报审批机构批准。

合营各方应当按照合同规定的期限缴清各自的出资额。逾期未缴或者未缴清的,应当按合同规定支付迟延利息或者赔偿损失。

合营各方缴付出资额后,应当由中国的注册会计师验资,出具验资报告后,由合营企业据以发给出资证明书。出资证明书应载明下列事项:合营企业名称;合营企业成立的年、月、日;合营者名称(或者姓名)及其出资额,出资的年、月、日;发给出资证明书的年、月、日。

(二) 中外合资经营企业的出资期限

合营各方应当在合营合同中约定出资期限,合营各方应按合同规定的期限缴清各自的出资。一方逾期未缴或未缴清的,按合同规定支付迟延利息或赔偿损失。

合营各方缴付出资额后,应由在中国注册的会计师验资,出具验资报告后,由合营企业据以发给出资证明书。

六、中外合资经营企业的组织机构

(一) 中外合资经营企业的权力机构

合营企业设立董事会,董事会是合营企业的最高权力机构,决定合营企业的一切重大问题。其人数组成由合营各方协商,在合同、章程中确定。董事会董事由合营各方委派,董事长是合营企业的法定代表,由合营各方协商确定或由董事会选举产生,中外合营者的一方担任董事长的,由他方担任副董事长。董事会会议每年至少召开一次,经 1/3

以上的董事提议，可召开董事会临时会议。董事会会议应有2/3以上董事出席方能举行。举行董事会会议的地点，一般应在合营企业法定地址所在地。

（二）中外合资经营企业的经营管理机构

合营企业设立经营管理机构，负责企业的日常经营管理工作。合营企业经营管理机构设总经理1人，副总经理若干人，其他高级管理人员若干人。总经理、副总经理、总工程师、审计师由合营企业董事会聘请，可以由中国公民担任，也可以由外国公民担任。总会计师由合营企业董事会聘请，通常由中国公民担任。

七、中外合资经营企业的合营期限、解散与清算

（一）合营企业的合营期限

合营企业的合营期限是指合营各方根据中国的法律、行政法规的规定和合营企业的经营目标的期望，在合营合同中对合营企业存续期间的规定。有关合营企业的合营期限的具体规定如下：

（1）举办的合营企业属于下列行业的，合营各方应当依照国家有关法律、行政法规的规定，在合营合同中约定合营企业的合营期限。这些行业包括：①服务性行业，如饭店、公寓、写字楼、娱乐、饮食、出租汽车、彩扩、洗印、维修、咨询等；②从事土地开发及经营房地产的；③从事资源勘查开发的；④国家规定限制投资项目的；⑤国家其他法律、法规规定需要约定合营期限的。

合营企业的合营期限，一般项目原则上为10～30年。投资大、建设周期长、资金利润率低的项目以及外国合营者提供先进技术或者关键技术生产尖端产品的项目，或者在国际上有竞争能力的产品的项目，其合营期限可以延长到50年。经国务院特别批准的，可以在50年以上。

（2）对于属于国家规定鼓励投资和允许投资项目的合营企业，除上述行业外，合营各方可以在合同中约定合营期限，也可以不约定合营期限。

（3）约定合营期限的合营企业，合营各方同意延长合营期限的，应当在距合营期限届满6个月前向审批机关提出申请。审批机关应当在收到申请之日起1个月内决定批准或者不批准。合营企业合营各方如一致同意将合营合同中约定的合营期限条款修改为不约定合营期限的条款，应提出申请，报原审批机关审查，原审批机关应当自收到上述申请文件之日起90日内决定批准或者不批准。

（二）合营企业的解散

中外合资经营企业遇有下列情况时解散：①合营期限届满，指合营各方在中外合资经营合同中所约定的合营期限届满；②企业发生严重亏损，无力继续经营；③合营一方不履行合营企业协议、合同、章程规定的义务，致使企业无法继续经营；④因自然灾害、战争等不可抗力遭受严重损失无法继续经营；⑤合营企业未达到其经营目的，同时又无发展前途；⑥合营企业合同、章程所规定的其他解散原因已经出现。需要注意的是，合营企业的成立要经过有关机关的批准，合营企业的解散也要经过批准。根据《实施条例》的规定，当合营企业因上述②、④、⑤、⑥项情况的发生而需要解散时，应由其董事会提出解散

申请书，报审批机构批准；而当发生上述第③项情况时，由履行合同的一方提出解散申请，报审批机构批准。

（三）合营企业的清算

中外合资经营企业宣告解散时，应当进行清算。根据《外商投资企业清算办法》的规定，外商投资企业（以下称“企业”）（即指中外合资经营企业、中外合作经营企业、外资企业）的清算分为普通清算和特别清算两种。普通清算是指由企业自行组织进行的清算。特别清算是指由企业的审批机关组织进行的清算。企业能够自行组织清算委员会进行清算的，企业应按《外商投资企业清算办法》中关于普通清算的规定办理清算。当企业不能自行组织清算委员会进行清算，或企业被依法责令关闭而解散，或依普通清算的规定进行清算出现严重障碍时，企业董事会或者联合管理委员会等权力机构、投资者或者债权人可以向企业审批机关申请进行特别清算。企业审批机关批准进行特别清算的，企业应依照《外商投资企业清算办法》中关于特别清算的规定办理。

合营企业在清算期间，不得开展新的经营活动。清算过程中发现企业财产不足清偿债务的，清算委员会应当向人民法院申请宣告企业破产；合营企业被依法宣告破产的，依照有关破产清算的法律、行政法规办理。

合营企业的清算由企业董事会提出清算的程序、原则和清算委员会人选，报经合营企业主管部门审查并进行监督。

清算委员会的成员一般应在合营企业的董事中选任。董事不能担任或不适合担任清算委员会成员时，合营企业可聘请在中国注册的会计师、律师担任。审批机关认为必要时，可以派人进行监督。

清算委员会的任务是：对合营企业的财产、债权债务进行全面清查；编制资产负债表和财产目录，提出财产作价和计算依据，制订清算方案；履行企业偿债义务。清算委员会制订的清算方案经董事会通过后，由清算委员会执行。清算期间，清算委员会代表该合营企业起诉和应诉。

合营企业解散时，其资产净额或剩余财产超过注册资本的部分视为利润，应依法缴纳所得税。

合营企业清偿债务后的剩余财产按照合营各方的出资比例进行分配，合营企业协议、合同、章程另有规定的除外。

合营企业清算工作结束后，由清算委员会提出清算报告。在普通清算的情况下，该报告应提请董事会会议通过后，报合营企业审批机关备案；在特别清算情况下，该报告须经合营企业审批机关确认。最后，应由清算委员会向登记机关办理注销登记手续，缴销营业执照。

第三节　中外合作经营企业法

一、中外合作经营企业的概念

中外合作经营企业是指中国合作者与外国合作者依据中国法律在中国境内设立的，

按照合作合同的约定分配收益或产品、分担风险和亏损的企业。

二、中外合作经营企业的组织形式和法律地位

中外合作经营企业的最大特征:契约式企业。所谓“契约式”就是出资者依据合作合同的约定确定其权利。契约式企业建立在合作合同基础上,强调意思自治原则,通过自由协商确定合作各方的权利与义务。因此,契约式企业较之以股权大小决定权益分配的股权式企业具有相当的灵活性。

法律地位:一是具有法人资格的合作企业,其组织形式为有限责任公司;二是不具有法人资格的合作企业,其组织形式为合伙企业。

三、中外合作经营企业的设立

设立合作企业由对外贸易经济合作部或者国务院设立的部门或地方人民政府审查批准。由国务院授权的部门或地方政府审查批准的情况有:投资总额在国务院规定的投资限额以内的;自筹资金,并且不需要国家平衡建设、生产条件的;产品出口不需要国家有关主管部门发放出口配额、许可证,或者虽需要领取,但在报送项目建议书前已征得国家有关主管部门同意的;有法律、行政法规规定由国务院授权的部门或者地方人民政府审查批准的其他情形的。

依照《中外合作经营企业法》及其《实施细则》的规定,设立合作企业,应当由中国合作者向审查批准机关报送下列文件:①设立合作企业的项目建议书,并附送主管部门审查同意的文件;②合作各方共同编制的可行性研究报告,并附送主管部门审查同意的文件;③由合作各方的法定代表人或其授权的代表签署的合作企业协议、合同、章程;④合作各方的营业执照登记证明、资信证明及法定代表人的有效证明文件,外国合作者是自然人的,应当提供其身份、履历和资信情况的有效证明文件;⑤合作各方协商确定的合作企业董事长、副董事长、董事或者联合管理委员会主任、副主任、委员的人选名单;⑥审查批准机关要求报送的其他文件。

上述所列文件,除④中所列各国合作者提供的文件外,必须报送中文本,②、③和⑤所列文件可以同时报送合作各方商定的一种外文本。

审查批准机关自收到规定的全部文件之日起45日内决定批准或者不批准;审查批准机关认为报送的文件不全或者有不当之处的,有权要求合作各方在指定期间内补全或者修正。对外贸易经济合作部和国家授权的部门批准设立的合作企业,由对外贸易经济合作部颁发批准证书。国务院授权的地方人民政府批准设立的合作企业,由有关地方人民政府颁发批准证书,并自批准之日起30日内将有关批准文件报送对外贸易经济合作部备案。

设立合作企业的申请经批准后,应当自接到批准证书之日起30日内向工商行政管理机关申请登记,领取营业执照。合作企业的营业执照签发日期,为该企业成立日期。合作企业应当自成立之日起30日内向税务机关办理税务登记。

四、中外合作经营企业的组织形式与注册资本

（一）合作企业的组织形式

合作企业包括依法取得中国法人资格的合作企业和不具有法人资格的合作企业。

《合作企业法》第2条第2款规定："合作企业符合中国法律关于法人条件的规定的，依法取得中国法人资格。"合作企业依法取得中国法人资格的，为有限责任公司。除合作企业合同另有约定外，合作各方以其投资或者提供的合作条件为限对合作企业承担责任。合作企业以全部资产对合作企业的债务承担责任。

不具有法人资格的合作企业的合作各方的关系是一种合伙关系。

（二）合作企业的注册资本

合作企业的注册资本，是指为设立合作企业，在工商行政管理机关登记的合作各方认缴的出资额之和。注册资本以人民币表示，也可以用合作各方约定的一种可自由兑换的外币表示。

合作企业注册资本在合作期限内不得减少。但是，因投资总额和生产经营规模等变化，确需减少的，须经审查批准机关批准。

在依法取得中国法人资格的合作企业中，外国合作者的投资一般不低于合作企业注册资本的25％。

五、中外合作经营企业合作各方的投资或者提供的合作条件

（一）合作各方应当履行投资或者提供合作条件的义务

合作各方应当依照有关法律、行政法规的规定和合作企业合同的约定，向合作企业投资或者提供合作条件。

合作各方应当以其自有的财产或者财产权利作为投资或者合作条件，对该投资或者合作条件不得设置抵押权或者其他形式的担保。

（二）投资或者提供合作条件的方式

合作各方向合作企业的投资或者提供的合作条件可以是货币，也可以是实物或者工业产权、专有技术、土地使用权等财产权利。

中国合作者的投资或者提供的合作条件，属于国有资产的，应当依照有关法律、行政法规的规定进行资产评估。

（三）投资或者提供合作条件的期限

合作各方应当根据合作企业的生产经营需要，依照有关法律、行政法规的规定，在合作企业合同中约定合作各方向合作企业投资或者提供合作条件的期限。

合作各方没有按照合作企业合同约定缴纳投资或者提供合作条件的，工商行政管理机关应当限期履行；限期届满仍未履行的，审查批准机关应当撤销合作企业的批准证书，工商行政管理机关应当吊销合作企业的营业执照，并予以公告。未按照合作企业合同约定缴纳投资或者提供合作条件的一方，应当向已按照合作企业合同约定缴纳投资或者提

供合作条件的他方承担违约责任。

合作各方缴纳投资或者提供合作条件后,应当由中国注册会计师验资并出具验资报告,由合作企业据以发给合作各方出资证明书。出资证明书应当载明下列事项:合作企业名称;合作企业成立日期;合作各方名称或者姓名;合作各方投资或者提供合作条件的内容;合作各方投资或者提供合作条件的日期;出资证明书的编号和核发日期。出资证明书应当抄送审查批准机关及工商行政管理机关。

(四) 合作企业合作者权利的转让

合作各方之间相互转让或者合作一方向合作他方以外的他人转让属于其在合作企业合同中全部或者部分权利的,须经合作他方书面同意,并报审查批准机关批准。

审查批准机关应当自收到有关转让文件之日起30日内决定批准或者不批准。

六、中外合作经营企业的组织机构

(一) 董事会制

具备法人资格的合作企业,一般实行董事会制,董事会是合作企业的最高权力机构。

(二) 联合管理制

不具备法人资格的合作企业,一般实行联合管理制,联合管理委员会由合作各方的代表组成,是合作企业的最高权力机构。

(三) 委托管理制

合作企业成立后委托合作各方以外的他人经营管理的,必须经董事会或者联合管理委员会一致同意,并应当与被委托人签订委托经营管理合同。

合作企业应当将董事会或者联合管理委员会的决议、签订的委托经营管理合同,连同被委托的资信证明等文件,一并报送审查批准机关批准。审查批准机关应当自收到有关文件之日起30日内决定批准或者不批准。董事或委员无正当理由不参加会议又不委托他人代表其参加会议的,视为出席董事会会议或联合管理委员会会议并在表决中投了弃权票。

七、中外合作经营企业分配收益与回收投资

(一) 中外合作企业的收益或产品的分配

合作各方可以约定分配合作企业的利润,也可以约定分配产品,其分配方式、份额或比例由合作各方通过合作企业合同约定。

(二) 中外合作企业外国合作者投资的回收

根据合作企业法的规定,中外合作者在企业合同中约定合作期满时合作企业的全部固定资产归中国合作者所有的,合作企业的外方投资者可以在合作企业经营期限届满前先行收回投资。回收投资的办法有三种:第一,增加外方利润分配的比例,直到其收回全部投资;第二,加速固定资产折旧,用折旧金返还外方的投资;第三,经财政、税务部门和审批机关批准的其他回收投资方式,如外方合作者在合作企业缴纳所得税前回收投资。

八、中外合作经营企业的合作期限、解散与清算

(一) 中外合作经营企业的合作期限

合作各方可以在合作合同中约定经营期限,也可以不约定经营期限。约定合作期限的,期限届满,合作各方同意延长经营期限,应当在期限届满 180 日前向审批机关提出延期的申请,审批机关自接到申请之日起 30 日内作出批准或不批准的决定。经批准延长合作期限的,合作企业应当到工商管理部门办理变更登记手续。

合作企业中,外方先行收回投资的,并且已经收回完毕的,不再延长合作期限。但外国合作者增加投资,合作各方协商同意延长的,可向审查批准机关申请延长合作期限。

(二) 合作企业的解散

合作企业因下列情形之一出现时解散:①合作期限届满。②合作企业发生严重亏损;或者因不可抗力遭受严重损失,无力继续经营。③中外合作者一方或者数方不履行合作企业合同、章程规定的义务,致使合作企业无法继续经营。④合作企业合同、章程中规定的其他解散原因已经出现。⑤合作企业违反法律、行政法规,被依法责令关闭。

上述第②、④项所列情形发生,应当由合作企业的董事会或者联合管理委员会作出决定,报审查批准机关批准。在上述第③项所列情形下,不履行合作企业合同、章程规定的义务的中外合作者一方或者数方,应当对履行合同的他方因此遭受的损失承担赔偿责任;履行合同的一方或者数方有权向审查批准机关提出申请,解散合作企业。

合作企业期满或者提前终止,应当向工商行政管理机关和税务机关办理注销登记手续。

(三) 合作企业的清算

《合作企业法》第 24 条规定,合作企业期满或者提前终止时,应当依照法定程序对资产和债权、债务进行清算。中外合作者应当依照合作企业合同的约定确定合作企业财产的归属。

第四节　外资企业法

一、外资企业的概念

外资企业是指依照中国法律在中国境内设立的全部资本由外国投资者投资的企业。外国投资者包括外国企业、其他经济组织和外国自然人。

应注意:外资企业不同于外国企业分支机构。

我国保护外国投资者的合法利益,国家对外资企业不实行国有化和征收;在特殊情况下,根据社会公共利益的需要,对外资企业可以依法征收,并给予相应的补偿。

二、外资企业的组织形式和法律地位

(1) 具有法人资格的外资企业,其组织形式为有限责任公司。

(2) 不具有法人资格的外资企业,其组织形式为合伙企业或者独资企业。

三、外资企业的设立

根据《外资企业法》第 3 条规定,设立外资企业,必须有利于中国国民经济的发展。国家鼓励举办产品出口或者技术先进的外资企业。国家禁止或者限制设立外资企业的行业由国务院规定。申请设立外资企业,有下列情况之一的,不予批准:①有损中国主权或者社会公共利益的;②危及中国国家安全的;③违反中国法律、法规的;④不符合中国国民经济发展要求的;⑤可能造成环境污染的。

外国投资者在提出设立外资企业的申请前,应当就下列事项向拟设立外资企业所在地的县级或者县级以上地方人民政府提交报告。报告内容包括:设立外资企业的宗旨;经营范围、规模、生产产品;使用的技术设备;用地面积及要求;需要用水、电、煤、煤气或者其他能源的条件及数量;对公共设施的要求等。县级或者县级以上地方人民政府应当在收到外国投资者提交的报告之日起 30 日内以书面形式答复外国投资者。

外国投资者设立外资企业,应当通过拟设立外资企业所在地的县级或者县级以上人民政府向审批机关提出申请,并报送下列文件:①设立外资企业申请书;②可行性研究报告;③外资企业章程;④外资企业法定代表人(或者董事会人选)名单;⑤外国投资者的法律证明文件和资信证明文件;⑥拟设立外资企业所在地的县级或县级以上人民政府的书面答复;⑦需要进口的物资清单;⑧其他需要报送的文件。

两个或者两个以上外国投资者共同申请设立外资企业,应当将其签订的合同副本报送审批机关备案。

《外资企业法》第 6 条规定,设立外资企业的申请,由国家对外经济贸易主管部门或者国务院授权的机关审查批准。审查批准机关应当在接到申请之日起 90 日内决定批准或者不批准。根据上述规定,外资企业法实施细则对设立外资企业的审批作了具体规定。

审批机关应当在收到申请设立外资企业的全部文件之日起 90 日内决定批准或者不批准。审批机关如果发现上述文件不齐备或者有不正当之处,可以要求限期补报或者修改。

设立外资企业的申请经批准后,外国投资者应当在接到批准证书之日起 30 日内,向国家工商行政管理部门或者国家工商行政管理局授权的地方工商行政管理局申请设立登记。登记主管机关应当在受理申请后 30 日内,做出核准登记或者不予核准登记的决定。申请开业登记的外国投资者,经登记主管机关核准登记注册,领取营业执照后,企业即告成立。外资企业的营业执照签发日期为该企业成立日期。外资企业应当在企业成立之日起 30 日内在税务机关办理税务登记。

外资企业符合中国法律关于法人条件规定的,依法取得中国法人资格。

四、外资企业的组织形式与注册资本

(一) 外资企业的组织形式

《外资企业法实施细则》第 19 条规定:“外资企业的组织形式为有限责任公司。经批准也可以为其他责任形式。”

外资企业为有限责任公司的，外国投资者对企业的责任以其认缴的出资额为限，外资企业以其全部资产对其债务承担责任。

外资企业为其他责任形式的，外国投资者对企业的责任适用中国法律、法规的规定。

外资企业的法定代表人是依照其章程规定，代表外资企业行使职权的负责人。法定代表人无法履行其职权时，应当以书面形式委托代理人，代其行使职权。

（二）外资企业的注册资本

外资企业的注册资本是指为设立外资企业在工商行政管理机关登记的资本总额，即外国投资者认缴的全部出资额。外资企业的注册资本要与其经营规模相适应，注册资本与投资总额的比例应当符合中国的有关规定。

外资企业在经营期内不得减少其注册资本。外资企业注册资本的增加、转让，须经审批机关批准，并向工商行政管理机关办理变更登记手续。

外资企业将其财产或者权益对外抵押、转让，须经审批机关批准，并向工商行政管理机关备案。

五、外国投资者的出资方式

外国投资者缴付出资的期限应当在设立外资企业申请书和外资企业章程中载明。

外国投资者可以用可自由兑换的外币出资，也可以用机器设备、工业产权、专有技术等作价出资。经审批机关批准，外国投资者也可以用其从中国境内举办的其他外商投资企业获得的人民币利润出资。

外国投资者以机器设备作价出资的，该机器设备必须符合下列要求：一是外资企业生产所必需的设备；二是中国不能生产，或者虽能生产，但在技术性能或者供应时间上不能保证需要的。该机器设备的作价不得高于同类机器设备当时的国际市场正常价格。对作价出资的机器设备，应当列出详细的作价出资清单，包括名称、种类、数量、作价等，作为设立外资企业申请书的附件一并报送审批机关。

外国投资者以工业产权、专有技术作价出资的，该工业产权、专有技术必须符合下列要求：一是外国投资者自己所有的；二是能生产中国急需的新产品或者出口适销产品。对作价出资的工业产权、专有技术，应当备有详细资料，包括所有权证书的复印件，有效状况及其技术性能、实用价值，作价的计算根据和标准等，作为设立外资企业申请书的附件一并报送审批机关。

作价出资的机器设备运抵中国口岸时，外资企业应当报请中国的商检机构进行检验，由该商检机构出具检验报告。作价出资的机器设备的品种、质量和数量与外国投资者报送审批机关的作价出资清单列出的机器设备的品种、质量和数量不符的，审批机关有权要求外国投资者限期改正。作价出资的工业产权、专有技术实施后，审批机关有权进行检查。该工业产权、专有技术与外国投资者原提供的资料不符的，审批机关有权要求外国投资者限期改正。

六、外资企业的经营期限、终止和清算

(一) 外资企业的经营期限

关于外资企业的经营期限问题,在国外有两种规定:一是规定无期限;二是规定有一定期限。《外资企业法》第 20 条规定:“外资企业的经营期限由外国投资者申报,由审批机关批准。期满需要延长的,应在期满 180 日以前向审批机关提出申请。审批机关应在接到申请之日起 30 日内决定批准或不批准。经批准延长经营期限的,应自收到批准延长期限文件之日起 30 日内,向工商行政管理机关办理变更登记手续。”

(二) 外资企业的终止

外资企业有下列情形之一的应予终止:①经营期限届满;②经营不善,严重亏损,外国投资者决定解散;③因自然灾害、战争等不可抗力而遭受严重损失,无法继续经营;④破产;⑤违反中国法律、法规,危害社会公共利益被依法撤销;⑥外资企业章程规定的其他解散事由已经出现。

外资企业如存在上述第②～④项所列情形,应自行提交终止申请书,报审批机关批准。审批机关作出核准的日期为企业的终止日期。

(三) 外资企业的清算

外资企业如因上述第①、②、③、⑥项所列的情形终止的,应在终止之日起 15 日内对外公告并通知债权人,并在终止公告发出之日起 15 日内,提出清算程序、原则和清算委员会人选,报审批机关审核后进行清算。外资企业清算结束前,外国投资者不得将该企业的资金汇出或携带出中国境外。外资企业清算处理财产时,在同等条件下,中国的企业或其他经济组织有优先购买权。外资企业清算结束,应办理注销登记并缴销营业执照。

本章小结

外商投资企业是指依照中国法律,在中国境内由中国投资者和外国投资者共同投资或者仅由外国投资者投资设立的企业。外商投资企业的种类有中外合资经营企业、中外合作经营企业、外资企业、中外合资股份有限公司。

中外合资经营企业(合营企业)的组织形式是有限责任公司,是具有中国法人资格的股权式企业。其设立的条件和程序必须符合中外合资经营企业的法律文件。根据《中外合资经营企业法》的规定,在合营企业的注册资本中,外国合营者的投资比例不能低于25%。合营企业设立董事会,董事会是合营企业的最高权力机构,决定合营企业的一切重大问题。中外合资经营企业宣告解散时,应当进行清算。企业应按《外商投资企业清算办法》的规定办理清算。

中外合作经营企业是具有法人资格的契约式合作企业。其组织形式为有限责任公司和合伙企业。申请设立中外合作经营企业应当由中国合作者向审查批准机关报送相关的文件。根据合作企业法的规定,合作企业的外方投资者可以在合作企业经营期限届

满前先行收回投资。

外资企业的投资者包括外国企业、其他经济组织和外国自然人。设立外资企业,必须有利于中国国民经济的发展。申请设立外资企业,应当将其签订的合同副本报送审批机关备案。外资企业符合中国法律关于法人条件规定的,依法取得中国法人资格。外资企业清算结束前,外国投资者不得将该企业的资金汇出或携带出中国境外。外资企业清算处理财产时,在同等条件下,中国的企业或其他经济组织有优先购买权。外资企业清算结束,应办理注销登记并缴销营业执照。

基本概念

外商投资企业　中外合资经营企业　中外合作经营企业　外资企业

思考与训练

1. 关于中外合资经营企业的注册资本的有关法律是如何规定的?

2. 中外合作经营企业可以按照什么方式分配收益?

3. 试比较中外合资经营企业、中外合作经营企业与外资企业之间的主要区别。

4. 某中外合资经营企业的投资总额为1200万美元,根据中外合资经营企业法律制度的规定,该中外合资经营企业的注册资本不得低于多少美元?

案例分析

(1) 1994年9月,某市一家用电器厂准备与日本一家公司合资建立一家电子有限公司。签订的意向协议规定:日方以技术入股,作价金额为注册资本总额的20%,自协议订立之日起10日内,外方应提供有关的设备资料和服务,其中包括产品设计以及对合资公司技术人员、工人的培训和技术作价等;中方以货币、合作场地、厂房来出资。随后依据意向协议,双方签订了技术转让合同。合同规定:① 除经日方同意外,该合资公司所生产的产品不能销往东亚地区,且利用日方技术每年生产的彩电不能超过12万台;② 该技术转让合同的期限为3年;③ 技术转让合同期满后,中方无权再继续使用该项技术;④ 中方如改进该技术,必须无条件告诉日方;⑤ 合资企业能从日方购买的所需要的机器、设备、零部件、原材料,必须从日本购买。

该技术转让合同未得到审批机构的批准。所以经修改批准后企业才能依法注册登记成立。外方怕承担投资风险,让公司在日本办了财产安全保险。双方协商确定由中方出任董事长,日方出任副董事长。公司成立半年后经济效益良好,日方在未经中方董事同意的情况下,以到会的一半董事通过,决定增加出资,后再次召开董事会合法通过,因增加出资的确是生产经营所需,所以中方认可了所增加的注册资本。

试回答:

① 双方签订的技术转让合同为什么未得到审批机构的批准?

② 本案例中是否还有其他不符合我国法律规定之处?

(2) 某中外合作经营企业合同规定:外方合作者以现金和机器设备出资,占总出资额的60%,中方合作者以厂房和土地使用权出资,占总出资额的40%;合作企业在合作期间的所得收益首先全部用于偿付外方出资。之后合作双方各按50%比例分享收益;合作期8年,期满后,企业全部固定资产无偿归中方合作者所有。

根据以上资料,回答下列问题:

该合作合同是否有效。为什么?

(3) 一家中国公司与一家美国公司拟在中国设立一合资经营企业,经协商,双方达成以下协议:合营企业的注册资本600万美元,其中中方出资480万美元(含场地使用权作价100万美元,机器设备作价100万美元,现金280万美元);美方投资120万美元(含专利权作价25万美元,以合营企业名义租赁的机器设备作价15万美元,现金80万美元);合营企业为了鼓励外商投资,约定在分配上允许美方投资者先行回收投资,但合营期满后全部固定资产归中方投资者,外方的投资者投资回收后,合营各方按投资比例分享利润、分担风险及亏损;合营企业以股东大会为最高权力机构,以总经理为企业法定代表人;该合同中双方同意适用外国法律。

问:上述中外合资经营企业合同有什么法律问题?试说明理由。

第五章

破产法律制度

第一节 破产法概述

一、破产法的概念与特征

破产法是规定在债务人丧失清偿能力时，法院强制对其全部财产进行清算分配，公平清偿给债权人，或通过债务人与债权人会议达成的和解协议清偿债务，或进行企业重整，避免债务人破产的法律规范的总称。现代意义上的破产法均由破产清算制度与挽救债务人的和解、重整制度两方面的法律构成。破产法具有以下特征：

（1）破产法是集实体与程序内容合一的综合性法律。破产法调整范围一般限于债务人丧失清偿能力的特殊情况，解决的主要是如何公平清偿债务，即执行问题。

（2）破产法的基本制度主要源于民事债权和民事执行制度。破产法根据破产程序的原则、特点加以适当变更，对当事人的权利、义务予以必要的扩张或限制，同时兼顾对社会利益的维护。

二、破产法的立法宗旨

2006年8月27日，第十届全国人大常委会第二十三次会议通过了《中华人民共和国企业破产法》（以下简称《破产法》），自2007年6月1日起施行。《破产法》第1条规定："为规范企业破产程序，公平清理债权债务，保护债权人和债务人的合法权益，维护社会主义市场经济秩序，制定本法。"破产法立法宗旨贯彻市场经济理念，在立法宗旨上进行了革新，主要有三点：

第一，明确破产法的特定社会调整目标，区分其直接社会调整作用与间接社会影响的关系；

第二，区分《破产法》与《劳动法》、《社会保障法》等相关立法之间不同的调整范围。将不属于《破产法》调整的破产企业职工的救济安置等社会问题交由其他立法调整，从理论和实践上为破产法的实施扫除社会障碍；

第三，排除政府的不当行政干预，避免因行政利益的影响而再度歪曲破产法的实施，同时强调政府必须履行提供社会保障、安置失业职工等职责，保障《破产法》的顺利实施。

三、破产法的适用范围

(一) 破产法的主体适用范围

《破产法》第 2 条规定,其主体适用范围是所有的企业法人,同时,该法第 135 条规定:"其他法律规定企业法人以外的组织的清算,属于破产清算的,参照适用本法规定的程序。"适当扩大破产法的适用范围,以适应市场经济的调整需要。目前,根据其他法律规定可以参照适用破产法的主体,主要是合伙企业、农民专业合作社以及民办学校等。

此外,《破产法》还规定有若干主体适用法律的特殊情况。该法第 135 条第 2 款规定:"金融机构实施破产的,国务院可以依据本法和其他有关法律的规定制定实施办法。"这是因为金融机构的破产存在一些特殊问题,需要制定具体实施办法解决。该法第 133 条规定:"在本法施行前国务院规定的期限和范围内的国有企业实施破产的特殊事宜,按照国务院有关规定办理。"这是指国有企业政策性破产的处理。

(二) 破产法的地域适用范围

《破产法》的地域适用范围是指破产程序的域外效力问题,即一国的破产程序对位于其他国家的破产人财产是否有效。我国《破产法》采取了有限制的普及主义原则,《破产法》第 5 条规定:"依照本法开始的破产程序,对债务人在中华人民共和国领域外的财产发生效力。对外国法院作出的发生法律效力的破产案件的判决、裁定,涉及债务人在中华人民共和国领域内的财产,申请或者请求人民法院承认和执行的,人民法院依照中华人民共和国缔结或者参加的国际条约,或者按照互惠原则进行审查,认为不违反中华人民共和国法律的基本原则,不损害国家主权、安全和社会公共利益,不损害中华人民共和国领域内债权人的合法权益的,裁定承认和执行。"

第二节 破产的申请和受理

一、破产界限

(一) 破产界限概述

破产界限也称破产原因,指认定债务人丧失清偿能力,当事人得以提出破产申请,法院据以启动破产程序的法律事实。破产原因也是和解与重整程序开始的原因,但重整程序开始的原因更为宽松,企业法人有明显丧失清偿能力可能的就可以依法申请重整。各国立法对破产原因的规定方式主要有列举主义与概括主义。我国立法采取概括主义。

(二) 破产界限的基本规定

根据《破产法》第 2 条的规定,破产界限是企业法人不能清偿到期债务,并且资产不足以清偿全部债务或者明显缺乏清偿能力。根据《破产法》的规定,破产界限分为两种情况。第一,债务人不能清偿到期债务,并且资产不足以清偿全部债务,主要适用于债务人提出破产申请且其资不抵债易于判断的案件;第二,债务人不能清偿到期债务,并且明显缺乏清偿能力,主要适用于债权人提出破产申请和债务人提出破产申请但其资不抵债不易判断的案件。

二、破产申请和受理

(一) 破产申请的提出

《破产法》规定,债务人发生破产原因,债务人可以向人民法院提出重整、和解或者破产清算申请。债务人不能清偿到期债务,债权人可以向人民法院提出对债务人进行重整或者破产清算的申请。企业法人已解散但未清算或者未清算完毕,资产不足以清偿债务的,依法负有清算责任的人应当向人民法院申请破产清算。

当事人的申请应向对破产案件有管辖权的人民法院提出。《破产法》规定,破产案件的地域管辖由债务人住所地人民法院管辖。但对级别管辖,立法未作规定。

当事人向人民法院提出破产申请,应当提交破产申请书和有关证据。破产申请书应当载明下列事项:①申请人、被申请人的基本情况;②申请目的;③申请的事实和理由;④人民法院认为应当载明的其他事项。债务人提出申请的,还应当向人民法院提交财产状况说明、债务清册、债权清册、有关财务会计报告、职工安置预案以及职工工资的支付和社会保险费用的缴纳情况。

(二) 破产申请的受理

债权人提出破产申请的,人民法院应当自收到申请之日起5日内通知债务人,通知中应告知债务人不得转移资产、逃避债务,不得进行有碍于公平清偿的行为。债务人对申请有异议的,应当自收到人民法院的通知之日起7日内向人民法院提出。人民法院应当自异议期满之日起10日内裁定是否受理。除上述情形外,人民法院应当自收到破产申请之日起15日内裁定是否受理。有特殊情况需要延长受理案件期限的,经上一级人民法院批准,可以延长15日。

人民法院裁定受理破产申请的,应当将裁定自作出之日起5日内送达申请人。债权人提出申请的,人民法院应当自裁定作出之日起5日内送达债务人。债务人应当自裁定送达之日起15日内向人民法院提交财产状况说明、债务清册、债权清册、有关财务会计报告以及职工工资的支付和社会保险费用的缴纳情况。债务人违反法律规定,拒不向人民法院提交或者提交不真实的上述文件与情况说明的,人民法院可以对直接责任人员依法处以罚款。人民法院裁定受理破产申请的,应当同时指定管理人,并在裁定受理破产申请之日起25日内通知已知债权人,并予以公告。

人民法院裁定不受理破产申请的,应当将裁定自作出之日起5日内送达申请人并说明理由。申请人对裁定不服的,可以自裁定送达之日起10日内向上一级人民法院提起上诉。人民法院受理破产申请后至破产宣告前,经审查发现债务人未发生破产原因的,可以裁定驳回申请。申请人对裁定不服的,可以自裁定送达之日起10日内向上一级人民法院提起上诉。

根据《破产法》的规定,人民法院受理破产申请后,管理人对破产申请受理前成立而债务人和对方当事人均未履行完毕的合同有权决定解除或继续履行,并通知对方当事人。管理人自破产申请受理之日起两个月内未通知对方当事人,或者自收到对方当事人催告之日起30日内未答复的,视为解除合同。

根据《破产法》的规定,人民法院受理破产申请后,已经开始而尚未终结的有关债务人的民事诉讼或者仲裁应当终止;在管理人接管债务人的财产后,该诉讼或者仲裁继续进行。破产申请受理后,有关债务人的民事诉讼只能向受理破产申请的人民法院提起。但是其他法律有特殊规定的应当除外,如劳动争议仍应先行进行劳动仲裁。当事人约定仲裁解决纠纷的,也应当以仲裁方式解决。

三、债权申报与确认

(一) 债权申报

根据《破产法》的一般规定,破产案件受理后,债权人只有在依法申报债权并得到确认后,才能行使破产参与、受偿等权利。债权人行使各项权利,应依照破产法规定的程序进行。《破产法》规定,人民法院受理破产申请后,应当确定债权人申报债权的期限。债权申报期限自人民法院发布受理破产申请公告之日起计算,最短不得少于30日,最长不得超过3个月。在法律规定的期间内,人民法院可以根据案件具体情况确定申报债权的期限。

债权人应当在人民法院确定的债权申报期限内向管理人申报债权。但债务人所欠职工的工资和医疗、伤残补助、抚恤费用,所欠的应当划入职工个人账户的基本养老保险、基本医疗保险费用,以及法律、行政法规规定应当支付给职工的补偿金,不必申报,由管理人调查后列出清单并予以公示,所以,职工劳动债权是免申报的债权。

债权人申报债权时,应当书面说明债权的数额和有无财产担保,并提交有关证据。申报的债权是连带债权的,应当说明。连带债权人可以由其中一人代表全体连带债权人申报债权,也可以共同申报债权。

债务人的保证人或者其他连带债务人已经代替债务人清偿债务的,以其对债务人的求偿权申报债权;尚未代替债务人清偿债务的,以其对债务人的将来求偿权申报债权。

未到期的债权,在破产申请受理时视为到期。附利息的债权自破产申请受理时起停止计息。附条件、附期限的债权和诉讼,仲裁未决的债权,债权人也可以申报其债权。

管理人或者债务人依照破产法规定解除合同的,对方当事人以因合同解除所产生的损害赔偿请求权申报债权。可申报的债权以实际损失为限,违约金不作为破产债权。

(二) 债权确认

债权人申报的债权需经确认后才能在破产程序中行使权利。债权审查的判断原则是,凡法律允许通过一般司法程序提出异议的债权,即未经发生法律效力的裁判所确认的债权,均应在审查确认之列;凡经发生法律效力的裁判所确认的债权,原则上不在审查确认之列,应直接列入债权确认表中。

根据《破产法》的规定,管理人收到债权申报材料后,应当登记造册,对申报的债权进行审查,并编制债权表。管理人必须将申报的债权全部编入债权表,不允许以其认为债权超过诉讼时效或不能成立等为由拒绝编入债权表。管理人进行实质审查后对各项债权的认定结果,如是否真实存在、是否超过诉讼时效等,应附在提交第一次债权人会议的债权表后,供核查使用。债权表和债权申报材料由管理人保存,供利害关系人查阅。管理人依法编制的债权表,应当提交第一次债权人会议核查。经核查后仍存在异议的债权,由人民法院裁定该异议是否成立。

第三节 债务人财产与管理人

一、债务人财产

(一) 债务人财产的范围

根据《破产法》第 30 条规定,债务人财产包括破产申请受理时属于债务人的全部财产,以及破产申请受理后至破产程序终结前债务人取得的财产。债务人财产在破产宣告后称破产财产。

(二) 破产撤销权与无效行为制度

《破产法》规定了破产撤销权与无效行为制度。撤销权是指管理人对债务人在破产案件受理前的法定期间内进行的欺诈逃债或损害公平清偿的行为,由申请法院撤销,并追回财产的权利。破产法对撤销权制度予以全面完善,首先区分规定无效行为与可撤销行为。《破产法》第 31 条规定:"人民法院受理破产申请前 1 年内,涉及债务人财产的下列行为,管理人有权请求人民法院予以撤销:①无偿转让财产的;②以明显不合理的价格进行交易的;③对没有财产担保的债务提供财产担保的;④对未到期的债务提前清偿的;⑤放弃债权的。"《破产法》第 32 条规定:"人民法院受理破产申请前 6 个月内,债务人有本法第二条第一款规定的情形,仍对个别债权人进行清偿的,管理人有权请求人民法院予以撤销。但是,个别清偿使债务人财产受益的除外。"这两条是对可撤销行为的规定。《破产法》第 33 条规定:"涉及债务人财产的下列行为无效:①为逃避债务而隐匿、转移财产的;②虚构债务或者承认不真实的债务的。"这是对无效行为的规定。

同时,《破产法》第 34 条规定:"因本法第 31 条、第 32 条或者第 33 条规定的行为而取得的债务人的财产,管理人有权追回。"《破产法》第 128 条规定:"债务人有本法第 31 条、第 32 条、第 33 条规定的行为,损害债权人利益的,债务人的法定代表人和其他直接责任人员依法承担赔偿责任。"

(三) 债务人财产的收回

《破产法》第 35 条规定:"人民法院受理破产申请后,债务人的出资人尚未完全履行出资义务的,管理人应当要求该出资人缴纳所认缴的出资,而不受出资期限的限制。"

为维护债权人及债务人的合法权益,《破产法》第 36 条规定:"债务人的董事、监事和高级管理人员利用职权从企业获取的非正常收入和侵占的企业财产,管理人应当追回。"在人民法院受理破产申请后,管理人可以通过清偿债务或者提供为债权人接受的担保,取回质物、留置物。管理人所作的债务清偿或者替代担保,在质物或者留置物的价值低于被担保的债权额时,以该质物或者留置物当时的市场价值为限;否则,就可能出现不公平清偿的情况。

(四) 取回权

破产企业中存在的他人财产,该财产的权利人有权取回原物的权利,但取回权仅限于权利人取回原物,如果原物在破产宣告前已被破产企业非法处置,则有权以物价作为破产债权要求清偿。破产法上的取回权分为一般取回权与特别取回权。《破产法》第38条规定:“人民法院受理破产申请后,债务人占有的不属于债务人的财产,该财产的权利人可以通过管理人取回。但是,本法另有规定的除外。”这是对一般取回权的规定。

《破产法》第39条规定:“人民法院受理破产申请时,出卖人已将买卖标的物向作为买受人的债务人发运,债务人尚未收到且未付清全部价款的,出卖人可以取回在运途中的标的物。但是,管理人可以支付全部价款,请求出卖人交付标的物。”这是对特别取回权的规定。

(五) 抵销权

《破产法》上的抵销权,是指债权人在破产申请受理前对债务人即破产人负有债务的,无论是否已到清偿期限、标的是否相同,均可在破产财产最终分配确定前向管理人主张相互抵销的权利。《破产法》第40条规定:“债权人在破产申请受理前对债务人负有债务的,可以向管理人主张抵销。”此即破产抵销权。破产抵销权是破产债权只能依破产程序受偿的例外,抵销权实施的结果使该债权在抵销范围内得以由破产财产中得到全额、优先清偿。

为防止破产抵销权被当事人所滥用,损害他人利益,各国破产法对抵销权的行使均规定有禁止条款。《破产法》第40条规定:“有下列情形之一的,不得抵销:①债务人的债务在破产申请受理后取得他人对债务人的债权的;②债权人已知债务人有不能清偿到期债务或者破产申请的事实,对债务人负担债务的;但是,债权人因为法律规定或者有破产申请一年前所发生的原因而负担债务的除外;③债务人的债务人已知债务人有不能清偿到期债务或者破产申请的事实,对债务人取得债权的;但是,债务人的债务人因为法律规定或者有破产申请1年前所发生的原因而取得债权的除外。”

二、破产费用与共益债务

(一) 破产费用

在破产案件中,为维护全体债权人的共同利益,会产生各种各样的费用支出:为在必要时继续破产企业的营业、继续履行合同、进行破产财产的管理等,也可能会使破产财产负担一定的债务。旧破产法将这些费用与债务统一规定,称为破产费用,从破产财产中优先拨付。破产法则区分其性质,分别规定为破产费用与共益债务,更为科学合理。

破产费用是在破产程序中为全体债权人共同利益而支付的各项费用的总称。《破产法》第41条规定:“人民法院受理破产申请后发生的下列费用,为破产费用:①破产案件的诉讼费用;②管理、变价和分配债务人财产的费用;③管理人执行职务的费用、报酬和聘用工作人员的费用。”

(二) 共益债务

共益债务是在破产程序中为全体债权人利益而由债务人财产负担的债务的总称。

《破产法》第 42 条规定:“人民法院受理破产申请后发生的下列债务,为共益债务:①因管理人或者债务人请求对方当事人履行双方均未履行完毕的合同所产生的债务;②债务人财产受无因管理所产生的债务;③因债务人不当得利所产生的债务;④为债务人继续营业而应支付的劳动报酬和社会保险费用以及由此产生的其他债务;⑤管理人或者相关人员执行职务致人损害所产生的债务;⑥债务人财产致人损害所产生的债务。”

(三) 破产费用与共益债务的清偿

破产费用与共益债务均是以债务人财产为清偿对象的,并享有优先于其他债权的受偿权。《破产法》第 43 条规定:“破产费用和共益债务由债务人财产随时清偿。债务人财产不足以清偿所有破产费用和共益债务的,先行清偿破产费用。债务人财产不足以清偿所有破产费用或者共益债务的,按照比例清偿。债务人财产不足以清偿破产费用的,管理人应当提请人民法院终结破产程序。人民法院应当自收到请求之日起 15 日内裁定终结破产程序,并予以公告。”

三、管理人制度

(一) 管理人的资格与指定

管理人是指破产宣告后成立的,全面接管破产企业并负责破产财产的保管、清理、估价、处理和分配等破产清算事务的专门机构。

《破产法》第 22 条规定:“管理人由人民法院指定。债权人会议认为管理人不能依法、公正执行职务或者有其他不能胜任职务情形的,可以申请人民法院予以更换。指定管理人和确定管理人报酬的办法,由最高人民法院规定。”管理人没有正当理由不得辞去职务。管理人辞去职务应当经人民法院许可。管理人经人民法院许可,可以聘用必要的工作人员。

我国《破产法》第 24 条规定:“管理人可以由有关部门、机构的人员组成的清算组或者依法设立的律师事务所、会计师事务所、破产清算事务所等社会中介机构担任。人民法院根据债务人的实际情况,可以在征询有关社会中介机构的意见后,指定该机构具备相关专业知识并取得执业资格的人员担任管理人。有下列情形之一的,不得担任管理人:①因故意犯罪受过刑事处罚;②曾被吊销相关专业执业证书;③与本案有利害关系;④人民法院认为不宜担任管理人的其他情形。个人担任管理人的,应当参加执业责任保险。”

(二) 管理人的职责与报酬

管理人应当勤勉尽责,忠实执行职务。根据《破产法》的规定,管理人履行下列职责:①接管债务人的财产、印章和账簿、文书等资料;②调查债务人财产状况,制作财产情况报告;③决定债务人的内部管理事务;④决定债务人的日常开支和其他必要开支;⑤在第一次债权人会议召开之前,决定继续或者停止债务人的营业;⑥管理和处分债务人的财产;⑦代表债务人参加诉讼、仲裁或者其他法律程序;⑧提议召开债权人会议;⑨人民法院认为管理人应当履行的其他职责。破产法对管理人的职责另有规定的,适用其规定。

同时《破产法》第 26 条规定:“在第一次债权人会议召开之前,管理人决定继续或者停止债务人的营业或者有本法第 69 条规定行为之一的，应当经人民法院许可。”债务人违反法律规定，拒不向管理人移交财产、印章和账簿、文书等资料的，或者伪造、销毁有关财产证据材料而使财产状况不明的，人民法院可以对直接责任人员依法处以罚款。

管理人履行职责，应当获得合理的报酬，管理人的报酬由人民法院确定。债权人会议对管理人的报酬有异议的，有权向人民法院提出。管理人未依照法律规定勤勉尽责，忠实执行职务的，人民法院可以依法处以罚款；给债权人、债务人或者第三人造成损失的，依法承担赔偿责任。

第四节　债权人会议

一、债权人会议的组成

(一) 债权人会议的概念

我国破产程序中的债权人会议，是由所有依法申报债权的债权人组成，以保障债权人共同利益为目的，为实现债权人的破产程序参与权，讨论决定有关破产事宜，表达债权人意志，协调债权人行为的破产议事机构。债权人会议仅为决议机关，虽享有法定职权但本身无执行功能，其所作出的相关决议一般由管理人负责执行。

(二) 债权人会议的成员与权利

依法申报债权的债权人为债权人会议的成员，有权参加债权人会议，享有表决权。需注意的是，凡是申报债权者均有权参加第一次债权人会议，有权参加对其债权的核查、确认活动，并可依法提出异议。对于第一次会议以后的债权人会议，便只有债权得到确认者才有权参加并行使表决权。债权被否认而又未提起债权确认诉讼者，不得再参加债权人会议。债权尚未确定的债权人，除人民法院能够为其行使表决权而临时确定债权额者外，不得行使表决权。

债权人可以委托代理人出席债权人会议，行使表决权。代理人出席债权人会议应当向人民法院或者债权人会议主席提交债权人的授权委托书。为维护企业职工的权益，立法规定，债权人会议应当有债务人的职工和工会的代表参加，对有关事项发表意见。

为保证债权人会议的顺利进行，我国立法规定，债权人会议设主席一人，由人民法院在有表决权的债权人中指定，通常是在破产程序中无优先权的债权人。债权人会议主席依法行使职权，负责债权人会议的召集、主持等工作。在债权人会议上除有权出席会议的债权人之外，还有其他列席人员。债务人的法定代表人有义务列席债权人会议。经人民法院决定，债务人企业的财务管理人员和其他经营管理人员也有义务列席债权人会议。管理人作为负有财产管理职责的人也应当列席债权人会议。有义务列席债权人会议的债务人的有关人员，经人民法院传唤，无正当理由拒不列席债权人会议的，人民法院可以拘传，并依法处以罚款。债务人的有关人员违反法律规定，拒不陈述、回答，或者作虚假陈述、回答的，人民法院可以依法处以罚款。

二、债权人会议的召集与职权

（一）债权人会议的召集

债权人会议是依召集方式活动的议决机关。第一次债权人会议由人民法院召集，自债权申报期限届满之日起15日内召开。以后的债权人会议，在人民法院认为必要时，或者管理人、债权人委员会、占债权总额1/4以上的债权人向债权人会议主席提议时召开。召开债权人会议，管理人应当提前15日通知已知的债权人。

（二）债权人会议的职权

《破产法》第61条规定："债权人会议行使下列职权：①核查债权；②申请人民法院更换管理人，审查管理人的费用和报酬；③监督管理人；④选任和更换债权人委员会成员；⑤决定继续或者停止债务人的营业；⑥通过重整计划；⑦通过和解协议；⑧通过债务人财产的管理方案；⑨通过破产财产的变价方案；⑩通过破产财产的分配方案；⑪人民法院认为应当由债权人会议行使的其他职权。债权人会议应当对所议事项的决议作成会议记录。"《破产法》第64条第1款规定："债权人会议的决议，由出席会议的有表决权的债权人过半数通过，并且其所代表的债权额占无财产担保债权总额的1/2以上。但是，本法另有规定的除外。"债权人会议的决议，对于全体债权人均有约束力。同时，立法为反对债权人会议决议者提供了救济渠道。债权人认为债权人会议的决议违反法律规定，损害其利益的，可以自债权人会议作出决议之日起15日内，请求人民法院裁定撤销该决议，责令债权人会议依法重新作出决议。

三、债权人委员会

（一）债权人委员会的概念与组成

《破产法》规定，在债权人会议中可以设置债权人委员会，建立了各国破产法中均存在的破产监督人制度。债权人委员会是遵循债权人的共同意志，代表债权人会议监督管理人行为以及破产程序的合法、公正进行，处理破产程序中的有关事项的常设监督机构。

债权人委员会为破产程序中的选任机关，由债权人会议根据案件具体情况决定是否设置。债权人委员会中的债权人代表由债权人会议选任、罢免。此外，债权人委员会中应当有一名债务人企业的职工代表或者工会代表。为便于决定事项、开展工作，债权人委员会的成员人数原则上应为奇数，最多不得超过9人。债权人委员会成员应当经人民法院书面认可。

（二）债权人委员会的职权

债权人委员会行使下列职权：①监督债务人财产的管理和处分；②监督破产财产分配；③提议召开债权人会议；④债权人会议委托的其他职权。债权人委员会执行职务时，有权要求管理人、债务人的有关人员对其职权范围内的事务作出说明或者提供有关文件。管理人、债务人的有关人员违反法律规定拒绝接受监督的，债权人委员会有权就监督事项请求人民法院作出决定，强制执行。人民法院接到债权人委员会的请求后应当在5日内作出决定。债权人委员会的成员应当依法正确履行职责，公平维护债权人的正当权益。如有违法渎职行为，应当承担相应的法律责任。

第五节 重整与和解制度

一、重整制度

（一）重整制度的概念

重整是指对可能或已经发生破产原因但又有挽救希望的法人企业，通过对各方利害关系人的利益协调，借助法律强制进行营业重组与债务清理，以避免破产、获得新生的法律制度。我国重整制度的适用范围为企业法人，由于其程序复杂、费用高昂、耗时很长，故实践中主要适用于大型企业，中小型企业则往往采用更为简化的和解程序。重整制度是破产法价值取向发展中的一次突破，在现代立法由个体本位逐步向社会本位的转变过程中，重整制度体现国家公力透过司法程序对私人经济活动的主动介入，更强调保护社会的整体利益。

（二）重整制度的特征

重整制度具有以下几个特点。

1. 重整申请时间提前、启动主体多元化

提出破产与和解申请，以债务人已发生破产原因为前提，而重整申请则在债务人有发生破产原因的可能时即可提出。不仅债务人、债权人可提出重整申请，债务人的股东也可在一定条件下提出。根据《破产法》第 134 条的规定，国务院金融监督管理机构也可以向人民法院提出对金融机构进行重整的申请。

2. 参与重整活动的主体多元化、重整措施多样化

债权人包括有物权担保的债权人、债务人及债务人的股东等各方利害关系人均参与重整程序的进行。重整企业可运用多种重整措施，达到恢复经营能力、清偿债务、避免破产的目的，除延期或减免偿还债务外，还可采取向重组者无偿转让全部或部分股权，核减或增加注册资本，向特定对象定向发行新股或债券，将债权转为股份，转让营业或资产等方法。重整的目的在于维持公司之事业，而不限于公司本身，故必要时还可采取解散原有公司，设立第二公司，或公司分立、与其他公司合并等方法。

3. 担保物权受限

在重整程序中，物权担保债权人的优先受偿权受到限制，这是其与破产法上其他程序的重大不同之处。限制担保物权的目的，是为保证债务人不因担保财产的执行而影响生产经营，无法进行重整。

4. 重整程序具有强制性

只要债权人会议各表决组及股东组以法定多数通过重整计划，经法院批准，对所有当事人均具有法律效力。而且，在未获全部表决组通过的情况下（但至少有一组通过），如重整计划草案符合法定条件，债务人或者管理人可以申请人民法院予以批准。法院可在保证反对者的既得利益不受损害等法定条件下强制批准重整计划，以避免因部分利害关系人的反对而无法进行重整。

5. 债务人可负责制定、执行重整计划

除非债务人存在破产欺诈、无经营能力等情况，根据《破产法》的规定，在重整期间，经债务人申请、法院批准，债务人可以在管理人的监督下制订重整计划草案，在重整计划批准后自行管理财产和营业事务。这样可以消除债务人对重整的抵制因素，保障其合理的既得利益，促使其在发生债务危机时尽早申请重整，以减少债权人的损失。而且，相对于由律师、注册会计师等出任的管理人，债务人更为熟悉企业的经营与业务，由其负责重整计划的执行，成功的可能性较大。

（三）重整计划

根据《破产法》第 81 条规定："重整计划应当包括下列内容：①债务人的经营方案；②债权分类；③债权调整方案；④债权受偿方案；⑤重整计划的执行期限；⑥重整计划执行的监督期限；⑦有利于债务人重整的其他方案。"经人民法院裁定批准的重整计划，对债务人和全体债权人均有约束力，包括对债务人的特定财产享有的担保权的债权人。债权人对债务人的保证人和其他连带债务人所享有的权利，不受重整计划的影响，可以依据原合同约定行使权利。

（四）重整终止

在重整期间，有下列情形之一的，经管理人或者利害关系人请求，人民法院应当裁定终止重整程序，并宣告债务人破产：

(1) 债务人的经营状况和财产状况继续恶化，缺乏挽救的可能性；

(2) 债务人有欺诈、恶意减少债务人财产或者其他显著不利于债权人的行为；

(3) 由于债务人的行为致使管理人无法执行职务。

债务人不能执行或者不执行重整计划的，人民法院经管理人或者利害关系人请求，应当裁定终止重整计划的执行，并宣告债务人破产。

按照重整计划减免的债务，自重整计划执行完毕时起，债务人不再承担清偿责任。

二、和解制度

（一）和解的概念

和解是预防债务人破产的法律制度之一。在发生破产原因时，债务人可以提出和解申请及和解协议草案，由债权人会议表决，如能获得通过，再经法院裁定认可后生效执行，可以避免被宣告破产。

（二）和解程序

和解申请只能由债务人一方提出，这是与破产清算申请和重整申请还可由债权人等提出不同的。在《破产法》下，债务人可以依法直接向人民法院申请和解，也可以在人民法院受理破产申请后、宣告破产前，向人民法院申请和解。申请和解的原因是债务人发生破产原因。债务人申请和解，应当提出和解协议草案。

人民法院经审查认为和解申请符合法律规定的，应当受理其申请，裁定和解，予以公告，并召集债权人会议讨论和解协议草案。和解程序对就债务人特定财产享有担保权的权利人无约束力，该权利人自人民法院裁定和解之日起可以对担保物行使权利。

债权人会议通过和解协议的决议，由出席会议的有表决权的债权人过半数同意，并且其所代表的债权额占无财产担保债权总额的 2/3 以上。对债务人的特定财产享有担保权的债权人，对此事项无表决权。

债权人会议通过和解协议的，由人民法院裁定认可，终止和解程序，并予以公告。管理人应当向债务人移交财产和营业事务，并向人民法院提交执行职务的报告。和解协议草案经债权人会议表决未获得通过，或者已经债权人会议通过的和解协议未获得人民法院认可的，人民法院应当裁定终止和解程序，并宣告债务人破产。

（三）和解协议的终止

债务人不能执行或者不执行和解协议的，人民法院经和解债权人请求，应当裁定终止和解协议的执行，并宣告债务人破产。和解协议只具有程序法上的意义，没有强制执行的效力。债务人不履行和解协议时，债权人只能向法院申请终止和解协议，宣告其破产，而不能提起对和解协议的强制执行程序。人民法院裁定终止和解协议执行的，和解债权人在和解协议中作出的债权调整的承诺失去效力，但债务人方面为和解协议的执行提供的担保继续有效。和解债权人因执行和解协议所受的清偿仍然有效，和解债权未受清偿的部分作为破产债权。上述债权人只有在其他债权人同自己所受的清偿达到同一比例时，才能继续接受破产分配。

为尊重当事人的自主决定权，《破产法》还规定，人民法院受理破产申请后，债务人与全体债权人就债权债务的处理自行达成协议的，可以请求人民法院裁定认可，并终结破产程序。

第六节　破产清算程序

一、破产宣告

破产宣告是指法院依据当事人的申请或法定职权裁定宣布债务人破产以清偿债务的活动。人民法院依法宣告债务人破产，应当自裁定作出之日起 5 日内送达债务人和管理人，自裁定作出之日起 10 日内通知已知债权人，并予以公告。债务人被宣告破产后，在破产程序中的有关称谓也发生相应变化。债务人称为破产人，债务人财产称为破产财产，人民法院受理破产申请时对债务人享有的债权称为破产债权。《破产法》第 108 条规定；"破产宣告前，有下列情形之一的，人民法院应当裁定终结破产程序，并予以公告：①第三人为债务人提供足额担保或者为债务人清偿全部到期债务的；②债务人已清偿全部到期债务的。"因为在此种情况下，债务人已不存在破产原因，自然应终结破产程序。

二、破产财产的变价

破产财产的分配以货币分配为基本方式，所以，在破产宣告后，管理人应当及时拟订破产财产变价方案，提交债权人会议讨论。管理人应当按照债权人会议通过的或者人民法院依法裁定的破产财产变价方案，适时变价出售破产财产。变价出售破产财产应当通过拍卖方式进行，但债权人会议另有决议的除外。破产企业可以全部或者部分变价出售;企业变价出售时,可以将其中的无形资产和其他财产单独变价出售。按照国家规定不能拍卖或者限制转让的财产,应当按照国家规定的方式处理。

三、别除权

《破产法》第109条规定:"对破产人的特定财产享有担保权的权利人,对该特定财产享有优先受偿的权利。"此项权利即是破产法理论上的别除权。别除权是基于担保物权及特别优先权产生的,其优先受偿权的行使不受破产清算与和解程序的限制,但在重整程序中受到限制。别除权人行使优先受偿权利未能完全受偿的,其未受偿的债权作为普通债权;别除权人放弃优先受偿权利的,其债权作为普通债权。

四、破产财产的分配

破产财产的分配是指将破产财产按照法律规定的债权清偿顺序和案件实际情况决定的受偿比例进行清偿的程序。破产财产的分配应当遵守法定的分配顺序和分配方法。对破产财产可以进行一次性分配,也可以进行多次分配,需视破产财产的多少、变价难易等情况而定。依照破产分配进行的时间不同,可分为中间分配、最后分配和追加分配。

《破产法》第113条规定:"破产财产在优先清偿破产费用和共益债务后,依照下列顺序清偿:①破产人所欠职工的工资和医疗、伤残补助、抚恤费用,所欠的应当划入职工个人账户的基本养老保险、基本医疗保险费用,以及法律、行政法规规定应当支付给职工的补偿金;②破产人欠缴的除前项规定以外的社会保险费用和破产人所欠税款;③普通破产债权。破产财产不足以清偿同一顺序的清偿要求的,按照比例分配。破产企业的董事、监事和高级管理人员的工资按照该企业职工的平均工资计算。"

此外,其他立法对破产分配顺序有特别规定的,依其规定执行。

《破产法》第132条对职工债权的清偿问题作有特别规定。根据该条规定:"本法施行后,破产人在本法公布之日前所欠职工的工资和医疗、伤残补助、抚恤费用,所欠的应当划入职工个人账户的基本养老保险、基本医疗保险费用,以及法律、行政法规规定应当支付给职工的补偿金,依照本法第113条的规定清偿后不足以清偿的部分,以本法第109条规定的特定财产优先于对该特定财产享有担保权的权利人受偿。"

管理人应当及时拟订破产财产分配方案,提交债权人会议讨论。破产财产分配方案应当载明下列事项:①参加破产财产分配的债权人名称或者姓名、住所;②参加破产财产分配的债权额;③可供分配的破产财产数额;④破产财产分配的顺序、比例及数额;⑤实施破产财产分配的方法。

债权人会议表决通过破产财产分配方案后,由管理人将该方案提请人民法院裁定认可,经人民法院裁定认可后,由管理人执行。

五、破产程序的终结

(一)破产终结程序

《破产法》规定的破产程序终结方式有三种:其一,因和解、重整程序顺利完成而终结;其二,因债务人的破产财产不足以支付破产费用而终结;其三,因破产财产分配完毕而终结。在破产清算程序中仅涉及后两种情况。破产人无财产可供分配的，管理人应当请求人民法院裁定终结破产程序。在破产人有财产可供分配的情况下，管理人在最后分配完结后，应当及时向人民法院提交破产财产分配报告，并提请人民法院裁定终结破产程序。人民法院应当自收到管理人终结破产程序的请求之日起15日内作出是否终结破产程序的裁定。裁定终结的，应当予以公告。管理人应当自破产程序终结之日起10日内，持人民法院终结破产程序的裁定，向破产人的原登记机关办理注销登记。

（二）遗留事务的处理

通常情况下，管理人应于办理破产人注销登记完毕的次日终止执行职务。但是，破产案件存在诉讼或者仲裁未决等情况时，管理人可以在破产程序终结后，继续办理破产案件的遗留事务。

在破产程序因债务人财产不足以支付破产费用而终结，或者因破产人无财产可供分配或破产财产分配完毕而终结时，自终结之日起两年内，有下列情形之一的，债权人可以请求人民法院按照破产财产分配方案进行追加分配：

（1）发现在破产案件中有可撤销行为、无效行为或者债务人的董事、监事和高级管理人员利用职权从企业获取非正常收入和侵占企业财产的情况，应当追回财产的；

（2）发现破产人有应当供分配的其他财产的。

有上述情形，但财产数量不足以支付分配费用的，不再进行追加分配，由人民法院将其上交国库。破产人的保证人和其他连带债务人，在破产程序终结后，对债权人依照破产清算程序未受清偿的债权，依法继续承担清偿责任。

本章小结

破产法是规定在债务人丧失清偿能力时，法院强制对其全部财产进行清算分配，公平清偿给债权人，或通过债务人与债权人会议达成的和解协议清偿债务，或进行企业重整，避免债务人破产的法律规范的总称。现代意义上的破产法均由破产清算制度与挽救债务人的和解、重整制度两方面的法律构成。

破产界限也称破产原因，指认定债务人丧失清偿能力，当事人得以提出破产申请，法院据以启动破产程序的法律事实。破产原因也是和解与重整程序开始的原因，但重整程序开始的原因更为宽松，企业法人有明显丧失清偿能力可能的，就可以依法申请重整。根据《破产法》第二条的规定，破产界限是企业法人不能清偿到期债务，并且资产不足以清偿全部债务或者明显缺乏清偿能力。

重整是指对可能或已经发生破产原因但又有挽救希望的法人企业，通过对各方利害关系人的利益协调，借助法律强制进行营业重组与债务清理，以避免破产、获得新生的法律制度。我国重整制度的适用范围为企业法人，由于其程序复杂、费用高昂、耗时很长，故实践中主要适用于大型企业，中小型企业则往往采用更为简化的和解程序。

和解是预防债务人破产的法律制度之一。在发生破产原因时，债务人可以提出和解申请及和解协议草案，由债权人会议表决，如能获得通过，再经法院裁定认可后生效执行，可以避免被宣告破产。

破产宣告是指法院依据当事人的申请或法定职权裁定宣布债务人破产以清偿债务的活动。

破产程序可因和解、重整程序顺利完成而终结；因债务人的破产财产不足以支付破产费用而终结；因破产财产分配完毕而终结。在破产清算程序中仅涉及后两种情况。破产人无财产可供分配的，管理人应当请求人民法院裁定终结破产程序。在破产人有财产可供分配的情况下，管理人在最后分配完结后，应当及时向人民法院提交破产财产分配报告，并提请人民法院裁定终结破产程序。

基本概念

破产　破产法　破产案件受理　实质审查　和解　整顿　破产宣告　破产财产

思考与训练

1. 简述企业破产的原因。
2. 破产案件中公告的事项有哪些？
3. 提出破产申请债权人的请求权需具备哪些条件？
4. 债务人提出破产申请应向法院提供哪些材料？
5. 破产申请法院不予受理的情形有哪些？
6. 简述破产可撤销与无效行为。
7. 简述和解与整顿的特征。

案例分析

(1) 2000 年 5 月，某市宏达贸易公司因不能清偿到期债务，向所在地人民法院提出破产申请。法院受理后经核查，该公司资产情况如下：属于企业包括现金在内的实物价值 100 万元；另有一座办公楼价值 240 万元，已经作为向 A 银行贷款 200 万元的抵押。该公司作为联营企业的一方，曾向其他企业投资 60 万元。本市昌达公司欠该公司借款 80 万元。该公司负债情况如下：向职工借款 40 万元；欠 A 银行贷款 200 万元及其利息 20 万元；欠税款 100 万元；欠曙光公司借款 500 万元；欠职工工资 30 万元。

根据以上资料，回答下列问题：

① 宏达贸易公司能否申请破产？

② 宏达贸易公司上述财产中哪些属于破产财产？

③ 如果人民法院受理破产申请，该企业现有财产应当由谁进行管理？

④ 破产债权有哪些？应如何清偿？

(2) 某公司经营不善，导致多年亏损，外债累累，众多债权人的到期债权不能得以实现。该公司拟向人民法院申请破产，并聘请律师代理破产申请中的法律事务。律师经过调查了解到相关情况：

该公司是在市工商行政管理局登记注册的有限责任公司。公司的债权人之一甲公司因追索 150 万元货款已在 1 个月前起诉了该公司，此案正在审理中；该公司欠当地工商银行贷款 1200 万元，贷款时曾以该公司一套进口设备作抵押，该套设备价值 900 万元；该公司曾为乙公司向当地建设银行贷款 300 万元作保证人，乙公司对该到期贷款未予偿还。该公司现有到期债务 4500 万元。

根据以上资料，回答下列问题：

① 该公司是否有资格向人民法院提出破产申请？

② 向人民法院申请破产时，需提交哪些文件资料？

③ 如人民法院裁定受理该公司的破产申请，甲公司与该公司之间尚未审结的追索货款之诉应如何处理？

④ 工商银行的 1200 万元贷款在破产程序中应如何处理？

⑤ 建设银行能否参加破产程序、申报债权？

第六章

合同法律制度

第一节　合同法概述

《合同法》是调整平等主体之间的商品交换关系的法律规范的总称。1999 年 3 月 15 日，第九届全国人大第二次会议通过了《中华人民共和国合同法》(以下简称《合同法》)，该法于 1999 年 10 月 1 日生效。

一、合同的概念与特征

(一) 合同的概念

合同也称契约，是指平等主体的自然人、法人、其他组织之间设立、变更、终止民事权利义务关系的协议。其中法人是指依法成立，能够独立享有民事权利和承担民事义务的组织，包括机关、团体、企业、公司、事业单位等；其他组织是指不具备法人资格的合伙组织以及分支机构等；民事权利义务关系是指财产关系。

(二) 合同的特征

合同具有以下法律特征：

(1) 合同是两个或两个以上当事人的法律行为。根据《合同法》的规定，合同一经订立，当事人之间就形成了一种特殊的法律关系。

(2) 合同是当事人意思表示一致的结果。也就是说，参加订立合同的当事人一般有两方，每方当事人可以是一个或几个当事人，但无论如何，当事人之间要存在合同法律关系，必须在他们之间就某一特定目的达成一致意见，享受某种权利，承担某种义务。意思表示一致是合同行为的一个基本特征。当事人意思表示一致，从而达到设立、变更、终止民事权利义务关系的目的。

(3) 合同当事人的法律地位是平等的。即双方平等地享受相应的权利，同时履行各自相应的义务。双方订立合同，履行合同是在平等、自愿的基础上进行的。

(4) 合同是当事人合法的行为。当事人虽然可以平等自愿地订立合同，确立不同的权利义务关系，但必须遵守国家的法律、行政法规，特别是遵守《合同法》的基本规定。只有这样，通过合同行为确立的法律关系才受国家的保护，当事人的权利和义务才能有法律保障。

二、合同的分类

依据不同的标准，可以对合同作不同的分类。一般来说，合同依照不同的标准，可以作如下分类。

(一) 诺成合同与实践合同

根据合同的成立是否需要交付标的物，可将合同分为诺成合同和实践合同。诺成合同是指当事人双方意思表示一致就可以成立的合同。大多数的合同都属于诺成合同，如买卖合同、租赁合同等。实践合同是指除当事人双方意思表示一致以外，必须交付标的物才能成立的合同。例如一般赠与合同，必须由赠与人将赠与物交给受赠人，合同才成立。值得注意的是，根据我国《合同法》的规定，经过公证的赠与合同和具有救灾、扶贫性质的赠与合同，为诺成合同而非实践合同。

(二) 要式合同与不要式合同

根据法律对合同的形式是否有特定要求，可将合同分为要式合同与不要式合同。要式合同是指根据法律规定必须采取特定形式的合同。例如，中外合资经营企业合同必须由审批机关批准，合同方能成立。不要式合同是指当事人订立的合同依法并不需要采取特定的形式，当事人可以采取口头形式，也可以采取书面形式。除法律有特别规定以外，合同均为不要式合同。根据合同自由原则，当事人有权选择合同形式，但对于法律有特别的形式要件规定的，当事人必须遵循法律规定。

(三) 双务合同与单务合同

根据合同当事人是否互相负有给付义务，可将合同分为双务合同和单务合同。双务合同是指当事人双方互负给付义务的合同，即双方当事人互享债权，互负债务，一方的权利正好是对方的义务，彼此形成对价关系。例如在买卖合同中，卖方有获得价款的权利，而买方有支付价款的义务；反过来，买方有取得货物的权利，而卖方有交付货物并转移货物所有权的义务。单务合同是指合同双方当事人中仅有一方负担义务而另一方只享有权利的合同。例如，在一般赠与合同中，赠与人只负担交付赠与物的义务，而受赠人只享有接受赠与物的权利，不负担任何义务。在实践中，大多数合同都是双务合同，单务合同比较少见。

(四) 有偿合同与无偿合同

根据合同当事人之间的权利义务是否存在对价关系，可将合同分为有偿合同与无偿合同。有偿合同是指当事人一方给予对方某种利益，对方要得到该利益就必须为此支付相应代价的合同。实践中，绝大多数反映交易关系的合同都是有偿的，如买卖合同、租赁合同、加工承揽合同、运输合同、仓储合同、技术合同等。无偿合同是指一方给付对方某种利益，对方取得该利益时并不支付相应代价的合同，如赠与合同、借用合同等。实践中，无偿合同数量比较少。而有的合同既可以是有偿的，也可以是无偿的，如自然人之间的保管合同、委托合同等，双方既可以约定是有报酬的即有偿的保管、委托，也可以约定为没有报酬即无偿的保管、委托。

(五) 主合同与从合同

根据合同相互间的主从关系,可将合同分为主合同与从合同。主合同是指不以其他合同的存在为前提而能够独立存在的合同。从合同是指不能独立存在而必须以其他合同的存在为存在前提的合同。例如,甲与乙订立借款合同,丙为担保乙偿还借款而与甲签订保证合同,则甲与乙之间的借款合同为主合同,甲与丙之间的保证合同为从合同。

(六) 有名合同与无名合同

根据法律是否明文规定了一定合同的名称,可将合同分为有名合同与无名合同。有名合同是指由法律赋予其特定名称及具体规则的合同。如我国《合同法》按照合同的业务性质和权利义务内容的不同,规定的有名合同为买卖合同,供用电、水、气、热力合同,赠与合同,借款合同,租赁合同,融资租赁合同,承揽合同,建设工程合同,运输合同,保管合同,技术合同,仓储合同,委托合同,行纪合同,居间合同共 15 类合同。无名合同是指法律上尚未确定一定的名称与规则的合同。根据合同自由原则,合同当事人可以自由决定合同的内容,因此即使当事人订立的合同不属于有名合同的范围,只要不违背法律的禁止性规定和社会公共利益,也仍然是有效的。

三、合同法的基本原则

合同法的基本原则是合同法的根本准则,也是制定、解释、执行和研究合同法的指导思想。合同法的基本原则的功能在于:在合同约定不明或有漏洞时,可以依据合同法基本原则予以适当纠正,甚至可以以合同法的基本原则作为处理合同纠纷的依据。合同法的基本原则包括平等原则,自愿原则,公平、诚实信用原则和合法原则。

(一) 平等原则

《合同法》第 3 条规定:“合同当事人的法律地位平等,一方不得将自己的意志强加给另一方。”所谓当事人法律地位平等,是指在合同法律关系中,当事人之间在合同的订立、履行和承担违约责任等方面都处于平等的法律地位,彼此的权利和义务对等。这是市场经济的内在要求,市场经济的存在和发展要求公平、公正的交易,而市场主体地位平等是实现公平、公正交易的法律前提。

(二) 自愿原则

《合同法》第 4 条规定:“当事人依法享有自愿订立合同的权利,任何单位和个人不得非法干预。”自愿原则是指当事人依法享有在缔结合同、选择交易伙伴、决定合同内容以及在变更和解除合同、选择合同补救方式等方面的自由。合同自愿原则是合同法的最基本的原则,是合同法律关系的本质体现。

(三) 公平、诚实信用原则

《合同法》第 5 条规定:“当事人应当遵循公平原则确定各方的权利和义务。”《合同法》第 6 条规定:“当事人行使权利、履行义务应当遵循诚实信用原则。”

合同法中确认公平、诚实信用原则,有利于保持和弘扬重合同、守信用的传统商业道德；有利于强化当事人的合同法律意识，维护当事人的合法利益，维护社会交易秩序，并为司法实践中处理合同纠纷提供准绳。如果当事人对合同条款的理解有争议的，应当按照合同所使用的词句、合同的有关条款、合同的目的、交易习惯以及诚实信用原则，确定该条款的真实意思。

(四) 合法原则

《合同法》第 7 条规定："当事人订立、履行合同，应当遵守法律、行政法规，尊重社会公德，不得扰乱社会经济秩序，损害社会公共利益。"合法原则的含义主要是要求当事人在订约和履行中必须遵守全国性的法律和行政法规。在特殊情况下为维护社会公共利益和交易秩序，合同法对合同当事人的自由进行了必要的干预。如对格式合同及免责条款的限制性规定，旨在对格式合同和免责条款的使用作合理限制；对于国家根据需要下达的指令性任务或者国家订货任务，有关法人和其他组织应当依照有关法律、行政法规规定的权利和义务订立合同，而不得拒绝依据指令性计划和订货任务的要求订立合同。另外，合法原则的含义也包括当事人必须遵守社会公德，不得违背社会公共利益，违背公序良俗。

第二节 合同的订立

一、合同的形式

当事人订立合同，有书面形式、口头形式和其他形式。书面形式是指合同书、信件和数据电文(包括电报、电传、传真、电子数据交换和电子邮件)等可以有形地表现所载内容的形式。口头形式包括当面谈判和通过电话协商两种形式。其他形式主要是行为推定形式，其特点是当事人不是通过语言文字，而是通过积极行动进行意思表示或者不作为而默认对方的意思表示来订立合同。

《合同法》第 10 条第 2 款规定："法律、行政法规规定采用书面形式的，应当采用书面形式。当事人约定采用书面形式的，应当采用书面形式。"《合同法》明确规定非自然人之间的借款合同、租赁期限为 6 个月以上的租赁、融资租赁合同、建设工程合同、技术开发合同以及技术转让合同 6 种合同应当采用书面形式。为了贯彻合同自愿原则，《合同法》第 36 条进一步规定："法律、行政法规规定或者当事人约定采用书面形式订立合同，当事人未采用书面形式但一方已经履行主要义务，对方接受的，该合同成立。"

二、合同的内容与主要条款

合同的内容由当事人约定，一般包括以下条款：①当事人的名称或者姓名和住所；②标的；③数量；④质量；⑤价款或者报酬；⑥履行期限、地点和方式；⑦违约责任；⑧解决争议的方法。当事人对合同条款的理解有争议的，应当按照合同所使用的词句、合同的有关条款、合同的目的、交易习惯以及诚实信用原则，确定该条款的真实意思。合同文本采用两种以上文字订立并约定具有同等效力的，对各文本使用的词句推定具有相同含义。各文本使用的词句不一致的，应当根据合同的目的予以解释。

当事人可以参照各类合同的示范文本订立合同，也可以采用格式条款订立合同。所谓格式条款是指当事人为了重复使用而预先拟定，并在订立合同时未与对方协商的条款。采用格式条款订立合同的，提供格式条款的一方应当遵循公平原则确定当事人之间的权利和义务，并采取合理的方式提请对方注意免除或者限制其责任的条款，按照对方的要求，对该条款予以说明。对格式条款的理解发生争议的，应当按照通常理解予以解释。对格式条款有两种以上解释的，应当作出不利于提供格式条款一方的解释。格式条款和非格式条款不一致的，应当采用非格式条款。

三、合同订立的方式

(一) 要约

1. 要约与要约邀请的概念

要约又称为发盘、报价、出价、订约提议，是指希望和他人订立合同的意思表示，并且符合：①内容具体确定；②表明经受要约人承诺，要约人即受该意思表示约束。要约可以向特定人发出，也可以向非特定人发出。要约邀请是希望他人向自己发出要约的意思表示。寄送的价目表、拍卖公告、招标公告、招股说明书、商业广告等为要约邀请。商业广告的内容符合要约规定的，视为要约。

2. 要约的生效

要约到达受要约人时生效。采用数据电文形式订立合同，收件人指定特定系统接收数据电文的，该数据电文进入该特定系统的时间，视为到达时间；未指定特定系统的，该数据电文进入收件人的任何系统的首次时间，视为到达时间。

3. 要约的撤回与撤销

要约可以撤回。撤回要约的通知应当在要约到达受要约人之前或者与要约同时到达受要约人。要约可以撤销，撤销要约的通知应当在受要约人发出承诺通知之前到达受要约人。但有下列情形之一的，要约不得撤销：①要约人确定了承诺期限或者以其他形式明示要约不可撤销；②受要约人有理由认为要约是不可撤销的，并已经为履行合同作了准备工作。

4. 要约的失效

根据《合同法》的规定：有下列情形之一的，要约失效：①拒绝要约的通知到达要约人；②要约人依法撤销要约；③承诺期限届满，受要约人未作出承诺；④受要约人对要约的内容作出实质性变更。

(二) 承诺

1. 承诺的概念

承诺又称为接受提议，是受要约人同意要约的意思表示。承诺应当具备以下条件：①承诺应当由受要约人向要约人作出；②承诺的内容应当与要约的内容一致。受要约人对要约的内容作出实质性变更的，为新要约。有关合同标的、数量、质量、价款或者报酬、履行期限、履行地点和方式、违约责任和解决争议方法等的变更，是对要约内容的实质性变更；③承诺应当以通知的方式作出，但根据交易习惯或者要约表明可以通过行为作出承诺的除外；④承诺应当在要约确定的期限内到达要约人。

要约没有确定承诺期限的，承诺应当依照下列规定到达：①要约以对话方式作出的，应当即时作出承诺，但当事人另有约定的除外；②要约以非对话方式作出的，承诺应当在合理期限内到达。要约以信件或者电报作出的，承诺期限自信件载明的日期或者电报交发之日开始计算。信件未载明日期的，自投寄该信件的邮戳日期开始计算。要约以电报、传真等快速通信方式作出的，承诺期限自要约到达受要约人时开始计算。

2. 承诺的生效

承诺通知到达要约人时生效。承诺不需要通知的，根据交易习惯或者要约的要求作出承诺的行为时生效。

3. 承诺的撤回

承诺可以撤回，撤回承诺的通知应当在承诺通知到达要约人之前或者与承诺通知同时到达要约人。

4. 迟延承诺

迟延承诺分为一般迟延承诺和意外迟延承诺。一般迟延承诺又称为逾期承诺，是指受要约人超过承诺期限所作出的承诺。意外迟延承诺是指受要约人在承诺期限内发出，按照通常情形能够及时到达要约人，但因其他原因承诺到达要约人时超过承诺期限的承诺。根据《合同法》的规定，受要约人超过承诺期限发出承诺的，除要约人及时通知受要约人该承诺有效的以外，为新要约；而对于意外迟延承诺，除要约人及时通知受要约人因承诺超过期限不接受该承诺的以外，该承诺有效。

四、合同的成立

（一）合同成立的时间

一般而言，承诺生效时合同成立。当事人采用合同书形式订立合同的，自双方当事人签字或者盖章时合同成立。当事人采用信件、数据电文等形式订立合同的，可以在合同成立之前要求签订确认书，签订确认书时合同成立。法律、行政法规规定或者当事人约定采用书面形式订立合同，当事人未采用书面形式但一方已经履行主要义务，对方接受的，该合同成立。采用合同书形式订立合同，在签字或者盖章之前，当事人一方已经履行主要义务，对方接受的，该合同成立。

（二）合同成立的地点

承诺生效的地点为合同成立的地点。采用数据电文形式订立合同的，收件人的主营业地为合同成立的地点；没有主营业地的，其经常居住地为合同成立的地点。当事人另有约定的，按照其约定。当事人采用合同书形式订立合同的，双方当事人签字或者盖章的地点为合同成立的地点。

五、缔约过失责任

（一）缔约过失责任的概念

缔约过失责任是指当事人在订立合同的过程中，因违背诚实信用原则而致对方损失时所应承担的损害赔偿责任。缔约过失责任发生于合同订立阶段，它不同于违约责任，承担违约责任的前提是合同已成立并生效。

（二）缔约过失责任的适用

根据《合同法》的规定，当事人在订立合同过程中有下列情形之一，给对方造成损失的，应当承担损害赔偿责任：①假借订立合同，恶意进行磋商；②故意隐瞒与订立合同有关的重要事实或者提供虚假情况；③有其他违背诚实信用原则的行为。此外，当事人在订立合同过程中知悉的商业秘密，无论合同是否成立，不得泄露或者不正当地使用。泄露或者不正当地使用该商业秘密给对方造成损失的，应当承担损害赔偿责任。

第三节　合同的效力

合同的效力即是合同的法律效力，是指已经成立的合同在当事人之间产生的一定的法律约束力。有效合同对当事人具有法律约束力，国家法律予以保护，无效合同不具有法律约束力。《合同法》就合同的效力问题规定了有效合同、无效合同、可撤销合同、效力待定合同四种情况。

一、合同的生效

（一）有效合同的条件

一个有效的合同，一般应具备以下 3 个条件：

(1) 合同当事人具有相应的民事权利能力和民事行为能力，即主体合法；

(2) 意思表示真实；

(3) 不违反法律或者社会公共利益。

3 个条件缺一不可，否则就可能导致合同无效，或可撤销，或属于效力待定合同。

（二）有效合同的效力

依法成立的合同，自成立时生效。法律、行政法规规定应当办理批准、登记等手续生效的，依照其规定。合同生效后，其效力主要体现在以下两个方面：

(1) 在当事人之间产生法律效力。合同一旦生效成立，当事人应当依合同的规定，享受权利、承担义务。

(2) 对当事人以外的第三人产生法律约束力。合同生效成立后，任何单位或个人都不得侵犯当事人的合同权利，不得非法阻挠当事人履行义务。

（三）附条件和附期限的合同

1. 附条件合同

当事人对合同的效力可以约定附条件。所谓附条件的合同，指合同的双方当事人在合同中约定某种事实状态，并以其将来发生或不发生作为合同生效或不生效的限制条件。附生效条件的合同，自条件成就时生效；附解除条件的合同，自条件成就时失效。当事人为自己的利益不正当地阻止条件成就的，视为条件已成就；不正当地促成条件成就的，视为条件不成就。所附的条件必须是由双方当事人约定的，并且作为合同的一个条款列入合同中；所附条件必须是合法的事实。

2. 附期限合同

当事人对合同的效力可以约定附期限。附生效期限的合同，自期限届满时生效；附终止期限的合同，自期限届满时失效。

二、无效合同

（一）无效合同的含义

无效合同是不具有法律约束力和不发生履行效力的合同。无效合同自始没有法律约束力，国家不予承认和保护。无效合同分为全部无效合同和部分无效合同两种。

（二）无效合同的认定标准

根据《合同法》的规定，有下列情形之一的合同无效：

（1）一方以欺诈、胁迫的手段订立合同，损害国家利益。所谓欺诈就是故意隐瞒真实情况或故意告知对方虚假的情况，欺骗对方，诱使对方做出错误的意思表示而与之订立合同。胁迫是指行为人以将要发生的损害或者以直接实施损害相威胁，使对方当事人产生恐惧而与之订立合同。

（2）恶意串通，损害国家、集体或者第三人利益。所谓恶意串通的合同，就是合同的双方当事人非法勾结，为牟取私利而共同订立的损害国家、集体或者第三人利益的合同。

（3）以合法形式掩盖非法目的。即行为人为达到非法目的以迂回的方法避开了法律或行政法规的强制性规定，所以又称伪装合同。

（4）损害社会公共利益。

（5）违反法律、行政法规的强制性规定。

（三）无效合同财产后果的处理

合同无效后，因该合同取得的财产，应当予以返还；不能返还或者没有必要返还的，应当折价补偿。有过错的一方应当赔偿对方因此所受到的损失；双方都有过错的，应当各自承担相应的责任。当事人恶意串通，损害国家、集体或者第三人利益的，因此取得的财产收归国家所有或者返还集体、第三人。

（四）无效合同的免责条款

《合同法》就免责条款作了规范。免责条款是指合同中的双方当事人在合同中约定的，为免除或限制一方或双方当事人未来责任的条款。在现代合同发展中，免责条款大量出现，对免责条款的效力，法律视不同情况采取了不同的做法。一般来说，当事人经过充分协商确定的免责条款，只要是完全建立在当事人自愿的基础上，又不违反公共利益，法律对其效力给予承认。但是对严重违反诚实信用原则和社会公共利益的免责条款，法律予以禁止。如我国《合同法》第53条规定，合同中约定造成对方人身伤害的免责条款或因故意或者重大过失造成对方财产损失的免责条款无效。

三、可撤销或可变更的合同

（一）可撤销合同的概念和特征

可撤销合同是指因合同当事人订立合同时意思表示不真实，经有撤销权的当事人行使撤销权，使已经生效的意思表示归于无效的合同。可撤销合同一般具有如下特征：

（1）可撤销合同在未被撤销前是有效的合同；

（2）可撤销合同一般是意思表示有瑕疵的合同；

（3）可撤销合同的变更或撤销要由有撤销权的当事人通过行使撤销权来实现；

（4）可撤销合同的变更或撤销须由人民法院或仲裁机构做出。

（二）可撤销合同的认定标准

《合同法》规定了以下三种可撤销的合同。

1. 因重大误解订立的合同

"重大误解"是指误解者做出意思表示时，对涉及合同法律效果的重要事项存在认识上的显著缺陷，其后果是使误解者的利益受到较大损失，或者达不到误解者订立合同的目的。重大误解直接影响到当事人所应享有的权利和承担的义务，所以经一方当事人请求，可以变更或撤销。

2. 显失公平的合同

显失公平的合同是指一方当事人在紧迫或者缺乏经验的情况下订立的使当事人之间的权利义务严重不对等的合同。这种合同使当事人在经济利益上严重失衡，违反了公平合理的原则。法律规定显失公平的合同应予撤销，不仅是公平原则的体现，而且切实保障了公平原则的实现，对保证交易的公正性和保护消费者的利益，防止一方当事人利用优势或利用对方没有经验而损害对方的利益都有重要意义。

以上两种合同，当事人任何一方均有权请求变更或者撤销，主要是误解方或受害方行使请求权。

3. 一方以欺诈、胁迫的手段或者乘人之危，使对方在违背真实意思的情况下订立的合同

一方以欺诈、胁迫的手段或者乘人之危，使对方在违背真实意思的情况下订立的合同，受害方有权请求人民法院或者仲裁机构变更或者撤销。当事人请求变更的，人民法院或仲裁机构不得撤销。与前述因欺诈、胁迫订立的无效合同相比较，二者的区别在于是否损害了国家利益。损害国家利益的为无效合同；未损害国家利益的，受欺诈、胁迫的一方可以自主决定该合同有效或依法申请变更或撤销，只有受损害方当事人才可以行使请求权。

（三）被撤销合同的效力和财产后果的处理

被撤销的合同与无效合同一样，自始没有法律约束力。合同被撤销的，不影响合同中独立存在的有关解决争议方法的条款的效力。对因该合同取得的财产，应予以返还。有过错的一方应当赔偿对方因此所受到的损失；双方都有过错的，应当各自承担相应的责任。

(四) 撤销权行使的时效和限制

有下列情形之一的,撤销权消灭:

(1) 有撤销权的当事人自知道或者应当知道撤销事由之日起一年内没有行使撤销权的;

(2) 具有撤销权的当事人知道撤销事由后明确表示或者以自己的行为放弃撤销权的。

(五) 无效合同与可撤销合同的区别

无效合同与可撤销合同的区别包括:

(1) 可撤销合同与无效合同的认定标准不同。

(2) 可撤销合同被撤销以前是有效的,而无效合同则是自始就不具有法律效力。

(3) 可撤销合同中的撤销权是有时间限制的,无效合同则没有时间限制。

(4) 可撤销合同中撤销权人有选择的权利,撤销权人可以选择申请撤销合同,也可以选择让合同继续有效,对合同进行变更。无效合同自然不发生效力,因而当事人不存在选择的问题。

四、效力待定合同

(一) 效力待定合同的概念

对于某些方面不符合合同生效的要件,但并不属于上述无效合同或可撤销合同,法律允许根据情况予以补救的合同,称为效力待定合同。

(二) 效力待定合同的认定和处理

(1) 限制民事行为能力人订立的合同,经法定代理人追认后,该合同有效。但如果是纯获利益的合同或者是与其年龄、智力、精神健康状况相适应而订立的合同,不必经法定代理人追认,合同当然有效。相对人(即合同另一方当事人)也可以催告法定代理人在一个月内予以追认。法定代理人未作表示的,视为拒绝追认。合同被追认之前,善意相对人有撤销的权利。撤销应当以通知的方式作出。

(2) 行为人无权代理,即行为人没有代理权、超越代理权或者代理权终止后以被代理人名义订立的合同,未经被代理人追认,对被代理人不发生效力,由行为人承担责任。相对人可以催告所谓的被代理人在一个月内予以追认。被代理人未作表示的,视为拒绝追认。合同被追认之前,善意相对人有撤销的权利。撤销应当以通知的方式作出。

实践中应注意表见代理问题。表见代理是指无权代理的代理行为客观上存在使相对人相信其有代理权的情况,相对人主观上善意且无过失,因而可以向被代理人主张代理的效力。表见代理在实质上是无权代理,是无权代理不发生效力的例外情况。法律承认表见代理对被代理人发生效力,是为了保护善意相对人的自由和交易安全。我国《合同法》对此做了规范:行为人没有代理权、超越代理权或者代理权终止后以被代理人名义订立合同,相对人有理由相信行为人有代理权的,该代理行为有效。

(3) 无处分权的人处分他人财产,经权利人追认或者无处分权的人订立合同后取得处分权的,该合同有效。

第四节　合同的履行

一、合同履行的原则

(一) 全面履行原则

全面履行原则又称适当履行原则、正确履行原则或严格履行原则，是指合同生效后，当事人各方应按照合同约定全面履行其合同义务。具体而言，这一原则要求合同当事人按照合同规定的标的、数量、质量、履行期限、履行地点以及履行方式，全面完成其合同义务。《合同法》第 60 条第 1 款规定："当事人应当按照约定全面履行自己的义务。"第 76 条进一步规定："合同生效后，当事人不得因姓名、名称或者法定代表人、负责人、承办人的变动而不履行合同义务。"

(二) 诚实信用原则

诚实信用原则是指当事人应本着诚实信用精神履行其合同明示义务和合同随附义务。所谓合同随附义务，是指因合同的订立和合同的履行伴随而来的义务，主要包括通知义务、协助义务、保密义务、注意义务、减损义务。《合同法》第 60 条第 2 款明确规定："当事人应当遵循诚实信用原则，根据合同的性质、目的和交易习惯履行通知、协助、保密等义务。"

(三) 情势变更原则

情势变更原则又称为情事变更原则，是指在合同成立后非因当事人的原因，客观情况发生了重大变化，致使合同目的无法实现或者继续履行合同显属不公平的，允许当事人提出变更或者解除合同。最高人民法院《关于(适用中华人民共和国合同法)若干问题的解释(二)》第 26 条规定："合同成立以后客观情况发生了当事人在订立合同时无法预见的、非不可抗力造成的不属于商业风险的重大变化，继续履行合同对于一方当事人明显不公平或者不能实现合同目的，当事人请求人民法院变更或者解除合同的，人民法院应当根据公平原则，并结合案件的实际情况确定是否变更或者解除。"

二、合同履行中的特殊规则

(一) 合同条款不明确时的履行规则

合同生效后，当事人就质量、价款或者报酬、履行地点等内容没有约定或者约定不明确的，可以协议补充；不能补充协议的，按照合同有关条款或者交易习惯确定。按照合同有关条款或者交易习惯仍不能确定的，适用下列规定：

(1) 质量要求不明确的，按照国家标准、行业标准履行；没有国家标准、行业标准的，按照通常标准或者符合合同目的的特定标准履行。

(2) 价款或者报酬不明确的，按照订立合同时履行地的市场价格履行；依法应当执行政府定价或者政府指导价的，按照规定履行。

(3) 履行地点不明确，给付货币的，在接受货币一方所在地履行；交付不动产的，在不动产所在地履行；其他标的，在履行义务一方所在地履行。

(4) 履行期限不明确的，债务人可以随时履行，债权人也可以随时要求履行，但应当给对方必要的准备时间。

(5) 履行方式不明确的，按照有利于实现合同目的的方式履行。

(6) 履行费用的负担不明确的，由履行义务一方负担。

(二) 政府价格调整时的履行规则

执行政府定价或者政府指导价的，在合同约定的交付期限内政府价格调整时，按照交付时的价格计价。逾期交付标的物的，遇价格上涨时，按照原价格执行；价格下降时，按照新价格执行。逾期提取标的物或者逾期付款的，遇价格上涨时，按照新价格执行；价格下降时，按照原价格执行。

(三) 提前履行或者部分履行债务规则

债权人可以拒绝债务人提前履行债务，但提前履行不损害债权人利益的除外。债务人提前履行债务给债权人增加的费用，由债务人负担。

债权人可以拒绝债务人部分履行债务，但部分履行不损害债权人利益的除外。债务人部分履行债务给债权人增加的费用，由债务人负担。

(四) 由第三人或向第三人履行债务的规则

当事人约定由债务人向第三人履行债务的，债务人未向第三人履行债务或者履行债务不符合约定，应当向债权人承担违约责任。

当事人约定由第三人向债权人履行债务的，第三人不履行债务或者履行债务不符合约定，债务人应当向债权人承担违约责任。

三、合同履行中的抗辩权

抗辩是指一方当事人根据法定事由，反驳或者对抗对方当事人的主张和请求。根据《合同法》的规定，当事人在合同履行过程中可主张以下几种抗辩权。

(一) 同时履行抗辩权

当事人互负债务，没有先后履行顺序的，应当同时履行。一方在对方履行之前有权拒绝其履行请求。一方在对方履行债务不符合约定时，有权拒绝其相应的履行要求。

(二) 先履行抗辩权(不安抗辩权)

先履行抗辩权又称为不安抗辩权，是指在双务合同中，应先履行债务的一方当事人在有对方当事人(后履行一方)将难以履行合同的确切证据时，可以暂时中止履行合同的权利。根据《合同法》的规定，应当先履行债务的当事人，有确切证据证明对方有下列情形之一的，可以中止履行：①经营状况严重恶化；②转移财产、抽逃资金，以逃避债务；③丧失商业信誉；④有丧失或者可能丧失履行债务能力的其他情形。当事人没有确切证据中止履行的，应当承担违约责任。当事人中止履行的，应当及时通知对方，对方提供适当担保时，应当恢复履行。中止履行后，对方在合理期限内未恢复履行能力并且未提供适当担保的，中止履行的一方可以解除合同。

（三）后履行抗辩权

当事人互负债务，有先后履行顺序，先履行一方未履行的，后履行一方有权拒绝其履行要求。先履行一方履行债务不符合约定的，后履行一方有权拒绝其相应的履行要求。

四、合同履行中的债权保全制度

债权保全是指为了防止债务人的财产不当减少而允许债权人对债务人的不当行为行使撤销权或者对第三人行使代位权以保障债权得以实现的一种法律制度。

（一）代位权制度

代位权是指当债务人怠于行使其对第三人享有的到期债权对债权人造成损害时，债权人享有的以自己的名义代位行使债务人对第三人的债权的权利。《合同法》第 73 条规定："因债务人怠于行使其到期债权，对债权人造成损害的，债权人可以向人民法院请求以自己的名义代位行使债务人的债权，但该债权专属于债务人自身的除外。代位权的行使范围以债权人的债权为限。债权人行使代位权的必要费用，由债务人负担。"根据这一规定以及相关司法解释，债权人提起代位权诉讼，应当符合下列条件：①债权人对债务人的债权合法。②债务人怠于行使其到期债权，对债权人造成损害。也就是指债务人不履行其对债权人的到期债务，又不以诉讼方式或者仲裁方式向其债务人主张其享有的具有金钱给付内容的到期债权，致使债权人的到期债权未能实现。③债务人的债权已到期。④债务人的债权不是专属于债务人自身的债权。专属于债务人自身的债权，是指基于扶养关系、抚养关系、赡养关系、继承关系产生的给付请求权和劳动报酬、退休金、养老金、抚恤金、安置费、人寿保险、人身伤害赔偿请求权等权利。

（二）撤销权制度

撤销权是指当债务人处分其财产或者权利对债权人造成损害时，债权人享有的请求法院撤销债务人该行为的权利。《合同法》第 74 条规定："因债务人放弃其到期债权或者无偿转让财产，对债权人造成损害的，债权人可以请求人民法院撤销债务人的行为。债务人以明显不合理的低价转让财产，对债权人造成损害，并且受让人知道该情形的，债权人也可以请求人民法院撤销债务人的行为。撤销权的行使范围以债权人的债权为限。债权人行使撤销权的必要费用，由债务人负担。"根据这一规定，债权人提起撤销权诉讼应当符合下列条件：①债务人实施了一定的处分其财产或者权利的行为；②债务人实施的处分行为须发生于债务成立之时或之后；③债务人的处分行为会对债权人造成损害；④债务人和受让人主观上有恶意或过错，但如果是无偿处分行为，则不以受让人主观上是否有恶意或过错为要件。

撤销权自债权人知道或者应当知道撤销事由之日起 1 年内行使。自债务人的行为发生之日起 5 年内没有行使撤销权的，该撤销权消灭。

第五节　合同的担保

合同的担保是指根据法律规定或者合同约定，合同双方当事人为保障合同切实履行所采取的具有法律约束力的措施。担保是一种事前措施,能增强当事人履行合同的责任心。担保具有预防性、附属性和保障性。

担保分为保证、抵押、质押、留置、定金。第三人为债务人向债权人提供担保时,可以要求债务人提供反担保。反担保人可以是债务人,也可以是债务人之外的其他人。反担保方式可以是债务人提供的抵押或者质押,也可以是其他人提供的保证、抵押或者质押。

我国有关担保问题的现行立法主要有《中华人民共和国担保法》(1995 年 6 月 30 日第八届全国人民代表大会常务委员会第十四次会议通过,1995 年 10 月 1 日起施行),最高人民法院《关于适用〈中华人民共和国担保法〉若干问题的解释》(2000 年 9 月 29 日最高人民法院审判委员会第 1133 次会议通过,自 2000 年 12 月 13 日起施行)以及《中华人民共和国物权法》(2007 年 3 月 16 日第十届全国人民代表大会第五次会议通过,自 2007 年 10 月 1 日起施行)中的第四编"担保物权"。

一、保证

(一) 保证的概念

保证是指保证人和债权人约定,当债务人不履行债务时,保证人按照约定履行债务或者承担责任的行为。从法律关系上看,保证担保合同虽然是债权人与保证人签订的,但它却涉及三方面的当事人,即债权人、债务人和保证人,他们之间有着相互联结的 3 个法律关系:一是债权人与债务人的关系,这是一种债权债务关系,或称主合同关系、主债务关系;二是债务人与保证人的关系,这是一种委托关系,这种委托关系决定着保证人与债务人之间的权利义务,与债权人无关,即不影响债权人的权利义务;三是保证人与债权人的关系,这是一种保证关系,是指保证人与债权人保证担保合同关系。保证合同不仅可以保证当前债务,还可保证一定时期内的未来债务。从保证的性质和保证人的保证债务上看,保证具有从属性、补充性、相对独立性、无偿性和诺成性等特征。

(二) 保证人

具有代为清偿债务能力的法人、其他组织或者自然人均可以为保证人。保证人也可以为两人以上。但法律对保证人仍有相应的限制,这些限制主要有:

(1) 主债务人不得同时为保证人;

(2) 国家机关原则上不得为保证人,但经国务院批准为使用外国政府或者国际经济组织贷款进行转贷的除外;

(3) 学校、幼儿园、医院等以公益为目的的事业单位、社会团体不得作保证人,但从事经营活动的事业单位、社会团体可以担任保证人;

(4) 企业法人的职能部门不得担任保证人;

(5) 企业法人的分支机构原则上不得担任保证人,但企业法人的分支机构有法人书面授权的,可以在授权范围内提供保证。

同一债务有两个以上保证人的,保证人应当按照保证合同约定的保证份额,承担保证责任。没有约定保证份额的,保证人承担连带责任,债权人可以要求任何一个保证人承担全部保证责任,保证人都负有担保全部债权实现的义务。已经承担保证责任的保证人，有权向债务人追偿，或者要求承担连带责任的其他保证人清偿其应当承担的份额。

（三）保证合同和保证方式

1. 保证合同

保证合同是指保证人与债权人订立的，在主债务人不履行其债务时，由保证人代为履行或承担赔偿责任的协议。

保证人与债权人应当以书面形式订立保证合同。保证人与债权人可以就单个主合同分别订立保证合同，也可以协议在最高债权额限度内就一定期间连续发生的借款合同或者某项商品交易合同订立一个保证合同。

保证合同应当包括以下内容：

（1）被保证的主债权种类、数额；

（2）债务人履行债务的期限；

（3）保证的方式；

（4）保证担保的范围；

（5）保证的期限；

（6）双方认为需要约定的其他事项。

保证合同不完全具备前款规定内容的，可以补正。

2. 保证方式

保证方式有一般保证和连带责任保证两种。

（1）一般保证。当事人在保证合同中约定，债务人不能履行债务时，由保证人承担保证责任的，为一般保证。一般保证的保证人在主合同纠纷未经审判或者仲裁，并就债务人财产依法强制执行仍不能履行债务前，对债权人可以拒绝承担保证责任。有下列情形之一的，保证人不得行使前款规定的权利：

① 债务人住所变更，致使债权人要求其履行债务发生重大困难的；

② 人民法院受理债务人破产案件，中止执行程序的；

③ 保证人以书面形式放弃前款规定的权利的。

（2）连带责任保证。当事人在保证合同中约定保证人与债务人对债务承担连带责任的，为连带责任保证。连带责任保证的债务人在主合同规定的债务履行期届满没有履行债务的，债权人可以要求债务人履行债务，也可以要求保证人在其保证范围内承担保证责任。

当事人对保证方式没有约定或者约定不明确的，按照连带责任保证承担一般保证和连带责任保证的保证人享有债务人的抗辩权。债务人放弃对债务的抗辩权的，保证人仍有权抗辩。抗辩权是指债权人行使债权时，债务人根据法定事由，对抗债权人行使请求权的权利。

（四）保证责任

1. 保证担保的范围

保证担保的范围包括主债权及利息、违约金、损害赔偿金和实现债权的费用等。保证合同另有约定的，按照约定。当事人对保证担保的范围没有约定或者约定不明确的，保证人应当对全部债务承担责任。

保证期间，债权人依法将主债权转让给第三人的，保证人在原保证担保的范围内继续承担保证责任。保证合同另有约定的，按照约定。保证期间，债权人许可债务人转让债务的，应当取得保证人书面同意，保证人对未经其同意转让的债务，不再承担保证责任。债权人与债务人协议变更主合同的，应当取得保证人书面同意，未经保证人书面同意的，保证人不再承担保证责任。保证合同另有约定的，按照约定。

2. 保证期间

一般保证的保证人与债权人未约定保证期间的，保证期间为主债务履行期届满之日起 6 个月。在合同约定的保证期间和前款规定的保证期间，债权人未对债务人提起诉讼或者申请仲裁的，保证人免除保证责任；债权人已提起诉讼或者申请仲裁的，保证期间适用诉讼时效中断的规定。

连带责任保证的保证人与债权人未约定保证期间的，债权人有权自主债务履行期届满之日起 6 个月内要求保证人承担保证责任。在合同约定的保证期间和前款规定的保证期间，债权人未要求保证人承担保证责任的，保证人免除保证责任。同时《担保法解释》规定，保证合同约定保证人承担保证责任直至主债务本息还清时为止等类似内容的，视为约定不明，保证期间为主债务履行期届满之日起两年。

保证人依照《担保法》第 14 条规定，就连续发生的债权作保证，未约定保证期间的，保证人可以随时书面通知债权人终止保证合同，但保证人对于通知到达债权人前所发生的债权，承担保证责任。

3. 与物的担保的关系

根据我国《物权法》第 176 条规定，被担保的债权既有物的担保又有人的担保的，债务人不履行到期债务或者发生当事人约定的实现担保物权的情形，债权人应当按照约定实现债权；没有约定或者约定不明确，债务人自己提供物的担保的，债权人应当先就该物的担保实现债权；第三人提供物担保的，第三人承担担保责任后，有权向债务人追偿。

4. 企业法人分支机构的无权担保后果

企业法人的分支机构未经法人书面授权或者超出授权范围与债权人订立保证合同的，该合同无效或者超出授权范围的部分无效。债权人和企业法人有过错的，应当根据其过错各自承担相应的民事责任；债权人无过错的，由企业法人承担民事责任。

5. 保证人免责的法定情形

有下列情形之一的，保证人不承担民事责任：

(1) 主合同当事人双方串通，骗取保证人提供保证的；

(2) 主合同债权人采取欺诈、胁迫等手段，使保证人在违背真实意思的情况下提供保证的。

6. 保证人的追偿权

保证人承担保证责任后，有权向债务人追偿。人民法院受理债务人破产案件后，债权人未申报债权的，保证人可以参加破产财产分配，预先行使追偿权。

二、抵押

(一) 抵押的概念

抵押是指债务人或者第三人不转移对法定财产的占有,将该财产作为债权的担保。债务人不履行债务时,债权人有权依法以该财产折价或者以拍卖、变卖该财产的价款优先受偿。提供抵押财产的债务人或者第三人为抵押人,债权人为抵押权人,提供担保的财产为抵押物。

由抵押设定产生的抵押权包括以下几方面的含义:一是抵押权是债务人或者第三人将其一定财产设定的担保物权,因此,抵押属于一种约定担保物权,原则上依照当事人的意思而设定,不是依据法律当然发生的;二是抵押权是不移转标的物占有的担保物权,这就是说,抵押权不以移转标的物的占有为要件,抵押人可以继续使用抵押物以发挥其使用价值;三是抵押权的标的物是特定财产;四是抵押权是就其标的物的变价优先受偿的担保物权。这是因为抵押不是以取得标的物的占有和收益为内容的,而仅是当债务人不履行债务时,抵押权人以担保物的变价来受偿。所以从这个意义上讲,抵押权是一种价值权、换价权及优先受偿权。从抵押权的上述含义可以看出,它同质权的本质区别就在于质权必须以移转担保物占有为要件,抵押则不移转担保物。

(二) 抵押物的范围

(1) 根据我国《物权法》的规定,债务人或者第三人有权处分的下列财产可以抵押:

① 建筑物和其他土地附着物;

② 建设用地使用权;

③ 以招标、拍卖、公开协商等方式取得的荒地等土地承包经营权;

④ 生产设备、原材料、半成品、产品;

⑤ 正在建造的建筑物、船舶、航空器;

⑥ 交通运输工具;

⑦ 法律、行政法规未禁止抵押的其他财产。

抵押人可以将上述所列财产一并抵押。

《物权法》第181条规定:“经当事人书面协议,企业、个体工商户、农业生产经营者可以将现有的以及将有的生产设备、原材料、半成品、产品抵押,债务人不履行到期债务或者发生当事人约定的实现抵押权的情形,债权人有权就实现抵押权时的动产优先受偿。”这是《物权法》新规定的一类抵押权,即动产浮动抵押权。

以建筑物抵押的,该建筑物占用范围内的建设用地使用权一并抵押;以建设用地使用权抵押的,该土地上的建筑物一并抵押。抵押人未依照前述规定一并抵押的,未抵押的财产视为一并抵押。乡镇、村企业的建设用地使用权不得单独抵押。以乡镇、村企业的厂房等建筑物抵押的,其占用范围内的建设用地使用权一并抵押。

抵押担保的债权不得超过抵押物的价值。

(2) 根据我国《物权法》的规定,下列财产不得抵押:

① 土地所有权;

② 耕地、宅基地、自留地、自留山等集体所有的土地使用权，但法律规定可以抵押的除外；

③ 学校、幼儿园、医院等以公益为目的的事业单位、社会团体的教育设施、医疗卫生设施和其他社会公益设施；

④ 所有权、使用权不明或者有争议的财产；

⑤ 依法被查封、扣押、监管的财产；

⑥ 法律、行政法规规定不得抵押的其他财产。

(三) 抵押合同和抵押物登记

1. 抵押合同

抵押人和抵押权人应当以书面形式订立抵押合同。抵押合同应当包括以下内容：

(1) 被担保的主债权种类、数额；

(2) 债务人履行债务的期限；

(3) 抵押物的名称、数量、质量、状况、所在地、所有权权属或者使用权权属；

(4) 抵押担保的范围；

(5) 当事人认为需要约定的其他事项。

抵押合同不完全具备上述规定内容的，可以补正。

订立抵押合同时，抵押权人和抵押人在合同中不得约定在债务履行期届满抵押权人未受清偿时，抵押物的所有权转移为债权人所有。

2. 抵押物登记

当事人以《担保法》第 42 条规定的财产抵押的，应当办理抵押物登记，抵押合同自登记之日起生效。《担保法》第 42 条规定办理抵押物登记的部门如下：

(1) 以无地上定着物的土地使用权抵押的，为核发土地使用权证书的土地管理部门；

(2) 以城市房地产或者乡(镇)、村企业的厂房等建筑物抵押的，为县级以上地方人民政府规定的部门；

(3) 以林木抵押的，为县级以上林木主管部门；

(4) 以航空器、船舶、车辆抵押的，为运输工具的登记部门；

(5) 以企业的设备和其他动产抵押的，为财产所在地的工商行政管理部门。

当事人以其他财产抵押的，可以自愿办理抵押物登记。抵押合同自签订之日起生效。当事人未办理抵押物登记的，不得对抗第三人。当事人办理抵押物登记的，登记部门为抵押人所在地的公证部门。

办理抵押物登记，应当向登记部门提供下列文件或者其复印件：

(1) 主合同和抵押合同；

(2) 抵押物的所有权或者使用权证书。

登记部门登记的资料，应当允许查阅、抄录或者复印。

(四) 抵押的范围和效力

1. 抵押的范围

抵押担保的范围包括主债权及利息、违约金、损害赔偿金和实现抵押权的费用。抵押合同另有约定的，按照约定。

2. 抵押的效力

(1) 债务履行期届满，债务人不履行债务致使抵押物被人民法院依法扣押的，自扣押之日起抵押权人有权收取由抵押物分离的天然孳息以及抵押人就抵押物可以收取的法定孳息。抵押权人未将扣押抵押物的事实通知应当清偿法定孳息的义务人的，抵押权的效力不及于该孳息。前述孳息应当先充抵收取孳息的费用。

(2) 抵押人将已出租的财产抵押的，应当书面告知承租人，原租赁合同继续有效。

(3) 抵押期间，抵押人转让已办理登记的抵押物的，应当通知抵押权人并告知受让人转让物已经抵押的情况；抵押人未通知抵押权人或者未告知受让人的，转让行为无效。转让抵押物的价款明显低于其价值的，抵押权人可以要求抵押人提供相应的担保；抵押人不提供的，不得转让抵押物。抵押人转让抵押物所得的价款，应当向抵押权人提前清偿所担保的债权或者向与抵押权人约定的第三人提存。超过债权数额的部分，归抵押人所有，不足部分由债务人清偿。

(4) 抵押权不得与债权分离而单独转让或者作为其他债权的担保。

(5) 抵押人的行为足以使抵押物价值减少的，抵押权人有权要求抵押人停止其行为。抵押物价值减少时，抵押权人有权要求抵押人恢复抵押物的价值，或者提供与减少的价值相当的担保。抵押人对抵押物价值减少无过错的，抵押权人只能在抵押人因损害而得到的赔偿范围内要求提供担保。抵押物价值未减少的部分，仍作为债权的担保。

(6) 抵押权与其担保的债权同时存在，债权消灭的，抵押权也消灭。

(五) 抵押权的实现

1. 抵押权的实现方式

债务履行期届满抵押权人未受清偿的，可以与抵押人协议以抵押物折价或者以拍卖、变卖该抵押物所得的价款受偿；协议不成的，抵押权人可以向人民法院提起诉讼。抵押物折价或者拍卖、变卖后，其价款超过债权数额的部分归抵押人所有，不足部分由债务人清偿。

2. 同一财产多项抵押的清偿

根据《物权法》第 199 条的规定，同一财产向两个以上债权人抵押的。拍卖、变卖抵押财产所得的价款依照下列规定清偿：

(1) 抵押权已登记的，按照登记的先后顺序清偿；顺序相同的，按照债权比例清偿。

(2) 抵押权已登记的先于未登记的受偿。

(3) 抵押权未登记的，按照债权比例清偿。

3. 抵押权与其他物权并存时的清偿顺序

(1) 抵押权与质权并存。同一财产法定登记的抵押权与质权并存时，抵押权人优先于质权人受偿。

(2) 抵押权与留置权并存。同一财产抵押权与留置权并存时，留置权人优先于抵押权人受偿。

(3) 抵押权与其他权利并存。《合同法》第 286 条规定的发包人未支付价款，承包人可与发包人协议将工程折价，也可以拍卖建设工程价款优先受偿。此时，优先受偿权优先于抵押权。

4. 抵押权实现注意的问题

(1) 城市房地产抵押合同签订后,土地上新增的房屋不属于抵押物。需要拍卖该抵押的房地产时,可以依法将该土地上新增的房屋与抵押物一同拍卖,但对拍卖新增房屋所得,抵押权人无权优先受偿。依照《担保法》规定以承包的荒地的土地使用权抵押的,或者以乡(镇)、村企业的厂房等建筑物占用范围内的土地使用权抵押的,在实现抵押权后,未经法定程序不得改变土地集体所有和土地用途。

(2) 拍卖划拨的国有土地使用权所得的价款,在依法缴纳相当于应缴纳的土地使用权出让金的款额后,抵押权人有优先受偿权。

(3) 为债务人抵押担保的第三人,在抵押权人实现抵押权后,有权向债务人追偿。

(4) 抵押权因抵押物灭失而消灭。因灭失所得的赔偿金,应当作为抵押财产。

(5) 根据《物权法》第 202 条规定,抵押权人应当在主债权诉讼时效期间行使抵押权;未行使的,人民法院不予保护。

(六) 最高额抵押

1. 最高额抵押的概念

为担保债务的履行,债务人或者第三人对一定期间内将要连续发生的债权提供担保财产的,债务人不履行到期债务或者发生当事人约定的实现抵押权的情形,抵押权人有权在最高债权额限度内就该担保财产优先受偿。最高额抵押权设立前已经存在的债权,经当事人同意,可以转入最高额抵押担保的债权范围。

2. 最高额抵押的基本制度

(1) 借款合同可以附最高额抵押合同;债权人与债务人就某项商品在一定期间内连续发生交易而签订的合同,可以附最高额抵押合同。

(2) 最高额抵押担保的债权确定前,部分债权转让的,最高额抵押权不得转让,但当事人另有约定的除外。

(3) 最高额抵押担保的债权确定前,抵押权人与抵押人可以通过协议变更债权确定的期间、债权范围以及最高债权额,但变更的内容不得对其他抵押权人产生不利影响。有下列情形之一的,抵押权人的债权确定:①约定的债权确定期间届满;②没有约定债权确定期间或者约定不明确,抵押权人或者抵押人自最高额抵押权设立之日起满两年后请求确定债权;③新的债权不可能发生;④抵押财产被查封、扣押;⑤债务人、抵押人被宣告破产或者被撤销;⑥法律规定债权确定的其他情形。

(4) 最高额抵押除适用担保法律制度的特别规定外,还适用担保法律制度的其他相关规定。

三、质押

(一) 质押的概念

所谓质押,是指债务人或者第三人将其所有的动产或权利移交债权人占有,并将该财产作为债权的担保。在质押法律关系中,享有质权的债权人称为质权人;向债权人提供财产或权利担保并移交该财产或权利于质权人占有者为出质人；出质人提供的财产或权利即为质权的标的，称为质物。质押包括动产质押和权利质押。

（二）动产质押

1. 动产质押的概念

动产质押，是指债务人或者第三人将其动产移交债权人占有，将该动产作为债权的担保。债务人不履行债务时，债权人有权依照《担保法》规定以该动产折价或者以拍卖、变卖该动产的价款优先受偿。提供质押财产的债务人或者第三人为出质人，债权人为质权人，移交的动产为质物。动产是指不动产以外的物，不动产是指土地以及房屋、林木等地上定着物。

2. 质押合同

出质人和质权人应当以书面形式订立质押合同。质押合同自质物移交于质权人占有时生效。质押合同应当包括以下内容：

（1）被担保的主债权种类、数额；

（2）债务人履行债务的期限；

（3）质物的名称、数量、质量、状况；

（4）质押担保的范围；

（5）质物移交的时间；

（6）当事人认为需要约定的其他事项。

质押合同不完全具备前款规定内容的，可以补正。出质人和质权人在合同中不得约定在债务履行期届满质权人未受清偿时，质物的所有权转移为质权人所有。

3. 质押担保的范围

质押担保的范围包括主债权及利息、违约金、损害赔偿金、质物保管费用和实现质权的费用。质押合同另有约定的，按照约定。

4. 质权人的权利义务

（1）质权人有权收取质物所生的孳息。质押合同另有约定的，按照约定。前述孳息应当先充抵收取孳息的费用。

（2）质权人负有妥善保管质物的义务。因保管不善致使质物灭失或者毁损的，质权人应当承担民事责任。质权人不能妥善保管质物可能致使其灭失或者毁损的，出质人可以要求质权人将质物提存，或者要求提前清偿债权而返还质物。

（3）质物有损坏或者价值明显减少的可能，足以危害质权人权利的，质权人可以要求出质人提供相应的担保。出质人不提供的，质权人可以拍卖或者变卖质物，并与出质人协议将拍卖或者变卖所得的价款用于提前清偿所担保的债权或者向与出质人约定的第三人提存。

（4）债务履行期届满债务人履行债务的，或者出质人提前清偿所担保的债权的，质权人应当返还质物。债务履行期届满质权人未受清偿的，可以与出质人协议以质物折价，也可以依法拍卖、变卖质物。质物折价或者拍卖、变卖后，其价款超过债权数额的部分归出质人所有，不足部分由债务人清偿。

5. 注意的问题

(1) 为债务人质押担保的第三人，在质权人实现质权后，有权向债务人追偿；

(2) 质权因质物灭失而消灭，因灭失所得的赔偿金，应当作为出质财产；

(3) 质权与其担保的债权同时存在，债权消灭的，质权也消灭。

(三) 权利质押

1. 权利质押的范围

根据《物权法》第223条规定，债务人或者第三人有权处分的下列权利可以出质：

(1) 汇票、支票、本票；

(2) 债券、存款单；

(3) 仓单、提单；

(4) 可以转让的基金份额、股权；

(5) 可以转让的注册商标专用权、专利权、著作权等知识产权中的财产权；

(6) 应收账款；

(7) 法律、行政法规规定可以出质的其他财产权利。

2. 权利质押的特殊规定

(1) 以汇票、支票、本票、债券、存款单、仓单、提单出质的，当事人应当订立书面合同。质权自权利凭证交付质权人时设立；没有权利凭证的，质权自有关部门办理出质登记时设立。汇票、支票、本票、债券、存款单、仓单、提单的兑现日期或者提货日期先于主债权到期的，质权人可以兑现或者提货，并与出质人协议将兑现的价款或者提取的货物提前清偿债务或者提存。

(2) 以基金份额、股权出质的，当事人应当订立书面合同。以基金份额、证券登记结算机构登记的股权出质的，质权自证券登记结算机构办理出质登记时设立；以其他股权出质的，质权自工商行政管理部门办理出质登记时设立。基金份额、股权出质后，不得转让，但经出质人与质权人协商同意的除外。出质人转让基金份额、股权所得的价款，应当向质权人提前清偿债务或者提存。

(3) 以注册商标专用权、专利权、著作权等知识产权中的财产权出质的，当事人应当订立书面合同。质权自有关主管部门办理出质登记时设立。知识产权中的财产权出质后，出质人不得转让或者许可他人使用，但经出质人与质权人协商同意的除外。出质人转让或者许可他人使用出质的知识产权中的财产权所得的价款，应当向质权人提前清偿债务或者提存。

(4) 以应收账款出质的，当事人应当订立书面合同。质权自信贷征信机构办理出质登记时设立。应收账款出质后，不得转让，但经出质人与质权人协商同意的除外。出质人转让应收账款所得的价款，应当向质权人提前清偿债务或者提存。

四、留置

(一) 留置的概念

留置是指债权人已经合法占有债务人的动产，当债务人不按照合同约定的期限履行债务时,债权人有权扣留该动产,并有权就该动产优先受偿。在留置关系中,债权人为留置权人,占有的动产为留置财产。留置适用保管合同、运输合同、加工承揽合同以及法律规定可以留置的其他合同。

(二) 留置的要件

(1) 债权人须已合法地占有债务人的动产。债权人不得通过非法手段占有债务人的动产。债权人合法占有债务人交付的动产时,不知债务人无处分该动产的权利,债权人可以按照《担保法》第82条的规定行使留置权。

(2) 债权人留置的动产,应当与债权属于同一法律关系,但企业之间留置的除外。

(3) 债务已届清偿期。债权人的债权未届清偿期,其交付占有标的物的义务已届履行期的,不能行使留置权。但是,债权人能够证明债务人无支付能力的除外。

(4) 不违反法律规定或者当事人的约定。法律规定或者当事人约定不得留置的动产,不得留置。

(三) 留置担保的范围

留置担保的范围包括主债权及利息、违约金、损害赔偿金。留置物保管费用和实现留置权的费用。

(四) 留置权的行使和消灭

留置财产为可分物的,留置财产的价值应当相当于债务的金额。留置权人负有妥善保管留置财产的义务;因保管不善致使留置财产毁损、灭失的,应当承担赔偿责任。留置权人有权收取留置财产的孳息,孳息应当先充抵收取孳息的费用。留置权人与债务人应当约定留置财产后的债务履行期间;没有约定或者约定不明确的,留置权人应当给债务人两个月以上履行债务的期间,但鲜活易腐等不易保管的动产除外。债务人逾期未履行的,留置权人可以与债务人协议以留置财产折价,也可以就拍卖、变卖留置财产所得的价款优先受偿。留置财产折价或者变卖的,应当参照市场价格。债务人可以请求留置权人在债务履行期届满后行使留置权;留置权人不行使的,债务人可以请求人民法院拍卖、变卖留置财产。留置财产折价或者拍卖、变卖后,其价款超过债权数额的部分归债务人所有。不足部分由债务人清偿。同一动产上已设立抵押权或者质权,该动产又被留置的,留置权人优先受偿。

留置权人对留置财产丧失占有或者留置权人接受债务人另行提供担保的,留置权消灭。

五、定金

(一) 定金的概念

定金是指根据法律规定或者合同约定,为保障合同履行,一方当事人在合同履行前先行支付给对方一定数额的货币。

(二) 定金的种类

1. 立约定金

立约定金是指一方为担保将来与对方订立合同而向对方交付的定金。当事人约定以交付定金作为订立主合同担保的，给付定金的一方拒绝订立主合同的，无权要求返还定金；收受定金的一方拒绝订立合同的，应当双倍返还定金。

2. 成约定金

成约定金是指当事人约定作为主合同成立的要件而交付的定金。当事人约定以交付定金作为主合同成立或者生效要件的，给付定金的一方未支付定金，但主合同已经履行或者已经履行主要部分的，不影响主合同的成立或者生效。

3. 解约定金

解约定金是指为保留主合同解除权而交付的定金。定金交付后，交付定金的一方可以按照合同的约定以丧失定金为代价而解除主合同，收受定金的一方可以双倍返还定金为代价而解除主合同。对解除主合同后责任的处理，适用《合同法》的规定。

（三）定金合同

定金应当以书面形式约定。当事人在定金合同中应当约定交付定金的期限，定金合同从实际交付定金之日起生效。定金的数额由当事人约定，但不得超过主合同标的额的20%。实际交付的定金数额多于或者少于约定数额，视为变更定金合同；收受定金一方提出异议并拒绝接受定金的，定金合同不生效。

（四）定金罚则

给付定金的一方不履行约定的债务的，无权要求返还定金；收受定金的一方不履行约定的债务的，应当双倍返还定金。当事人一方不完全履行合同的，应当按照未履行部分所占合同约定内容的比例，适用定金罚则。因不可抗力、意外事件致使主合同不能履行的，不适用定金罚则。因合同关系以外第三人的过错，致使主合同不能履行的，适用定金罚则。受定金处罚的一方当事人，可以依法向第三人追偿。

第六节　合同的变更、转让和终止

一、合同的变更

依法订立的合同成立后，即具有法律约束力，任何一方都不得擅自变更或者解除合同。但是，在合同的履行过程中，由于主、客观情况的变化，需要对双方的权利义务关系重新进行调整和规定时，合同当事人可以依法变更合同。

合同的变更是指合同成立后，当事人双方根据客观情况的变化，依照法律规定的条件和程序，对原合同进行修改或者补充。合同的变更是在合同的主体不改变的前提下对合同内容或标的的变更，合同性质和标的性质并不改变。

当事人在变更合同时，也应本着协商的原则进行。当事人可以依据有关法律规定，就变更合同事项达成协议。合同变更后，变更后的内容就取代了原合同的内容，当事人就应当按照变更后的内容履行合同。为了减少在合同变更时可能发生的纠纷，当事人对合同变更的内容约定不明确的，推定为未变更。

二、合同的转让

合同的转让是指合同当事人一方将其合同的权利和义务全部或部分转让给第三人。合同的转让，一般由当事人自主决定。合同的转让有三种情况：合同权利转让、合同义务转移、合同权利和义务一并转让。

（一）合同权利转让

合同权利转让是指不改变合同权利的内容，由债权人将合同权利的全部或者部分转让给第三人。这里转让权利的人称为让与人，受让权利的人称为受让人。合同权利全部转让的，原合同关系消灭，受让人取代原债权人的地位，成为新的债权人，原债权人脱离合同关系。合同权利部分转让的，受让人作为第三人加入到合同关系中，与原债权人共同享有债权。

债权人转让主权利时，附属于主权利的从权利也一并转让，受让人在取得债权时，也取得与债权有关的从权利，但该从权利专属于债权人自身的除外。

有下列三种情形时，债权人不得转让合同权利：

(1) 根据合同性质不得转让。根据合同性质不得转让的权利，主要是指合同是基于特定当事人的身份关系订立的，合同权利转让给第三人，会使合同的内容发生变化，动摇合同订立的基础，违反了当事人订立合同的目的，使当事人的合法利益得不到保护。当事人基于信任关系订立的委托合同、赠与合同都属于合同权利不得转让的合同。

(2) 根据当事人约定不得转让。当事人在订立合同时，可以对权利的转让做出特别的约定，禁止债权人将权利转让给第三人。这种约定只要是当事人真实的意思表示，并且不违反法律规定，那么对当事人就有法律约束力。

(3) 依照法律规定不得转让。我国一些法律中对某些权利的转让做出了禁止性规定，对于这些规定，当事人应严格遵守，不得违反法律规定，擅自转让法律禁止转让的权利。

债权人转让权利，不需要经债务人同意，但应当通知债务人。未经通知，该转让对债务人不发生效力。债务人接到债权转让通知后，债权让与行为就生效。如果债务人对让与人享有债权，并且债务人的债权先于转让的债权到期或同时到期的，债务人可以向受让人主张抵销。债务人对让与人的抗辩，可以向受让人主张。债权人转让权利的通知不得撤销，但经受让人同意的除外。

（二）合同义务转移

合同义务转移是指经债权人同意，债务人将合同的义务全部或者部分转移给第三人。债务人将合同的义务全部或者部分转移给第三人，应当经债权人同意，否则债务人转移合同义务的行为对债权人不发生效力，债权人有权拒绝第三人向其履行，同时有权要求债务人履行义务并承担不履行或迟延履行合同的法律责任。

债务人全部转移合同义务时，新的债务人完全取代了原债务人的地位，承担全面履行合同义务的责任，享有债务人所应享有的抗辩权，可以主张原债务人对债权人的抗辩。同时，与所转移的主债务有关的从债务，也应当由新债务人承担，但该从债务专属于原债务人自身的除外。债务人部分转移合同义务时，新的债务人加入到原债务中，和原债务人一起向债权人履行义务。

（三）合同权利义务一并转让

合同权利义务一并转让是指当事人一方经对方同意，将自己在合同中的权利和义务一并转让给第三人。合同关系的一方当事人将权利和义务一并转让时，除了应当征得另一方当事人的同意外，还应当遵守《合同法》有关转让权利和义务转移的其他规定：不得转让法律禁止转让的权利；转让合同权利和义务时，从权利和从债务一并转让，受让人取得与债权有关的从权利和从债务，但该从权利和从债务专属于让与人自身的除外；转让合同权利和义务不影响债务人抗辩权的行使；债务人对让与人享有债权的，可以依照有关规定向受让人主张抵销；法律、行政法规规定应当办理批准、登记手续的，应当依照其规定办理。

对于当事人订立合同后发生合并、分立的情况，法律规定，当事人订立合同后合并的，由合并后的法人或者其他组织行使合同权利，履行合同义务；当事人订立合同后分立的，除债权人和债务人另有约定的以外，由分立的法人或者其他组织对合同的权利和义务享有连带债权，承担连带债务。

三、合同的终止

（一）合同终止的概念

合同关系在客观上不复存在，合同权利和义务归于消灭，又简称合同终止、合同消灭。

（二）合同终止的原因

（1）债务已经按照约定履行；

（2）合同解除。

合同解除指合同成立后，当具备合同解除条件时，因当事人一方或双方的意思表示而使合同的权利义务终止的行为。解除方式有协商解除、约定解除和法定解除。约定解除是指当事人在合同中为一方或各方约定的解除权产生条件具备，取得解除权的当事人行使解除权解除合同的行为。法定解除是指当法律直接规定的解除权产生条件具备时，解除权人行使解除权解除合同的行为。法定解除权产生的一般法定解除条件包括：①预期违约，即在履行期限届满之前，当事人一方明确表示或者以自己的行为表明不履行主要债务；②现实违约，即当事人一方迟延履行主要债务，经催告后在合理期限内仍未履行；③根本违约，即因不可抗力致使不能实现合同目的或当事人一方迟延履行债务或者有其他违约行为致使不能实现合同目的。合同自通知到达对方时解除。合同解除后尚未履行的，终止履行；已经履行的，根据履行情况和合同性质，当事人可以要求恢复原状、采取其他补救措施，并有权要求赔偿损失。

（3）债务相互抵销。抵销是指当事人互负债务时，各以其债权充当债务的清偿，而使其债务和对方的债务在对等额内相互消灭。意义在于免去相互给付的麻烦，节省履行费用和确保债权的效力，减少先履行方的风险。包括法定抵销和合意抵销：法定抵销是按照法律的规定，在两人互负同种类债务时，且债务均已到清偿期时，依当事人一方的意思表示而成立的抵销；抵销的通知到达对方时生效。抵销不得附条件或者附期限。合意抵销即根据当事人之间的合同消灭相互所负债务的法律行为。

(4) 债务人依法将标的物提存。提存是指债务人由于债权人的原因而无法向其交付债的标的物时，可将该标的物提交给提存机关保存，从而消灭债务的制度。提存的原因包括：①债权人无正当理由拒绝受领；②债权人下落不明；③债权人死亡未确定继承人或者丧失民事行为能力未确定监护人；④法律规定的其他情形。

(5) 债权人免除债务。免除债务是指债权人抛弃债权并发生债务消灭效力的单方行为。免除的条件：①债权的通知处分能力；②免除应向债务人或其代理人作出；③免除不违反法律规定。免除不可撤销。

(6) 混同。混同是指债权和债务同归于一人，致使合同关系归于消灭的事实。混同的成立是债权和债务归于一人的事实，可以由于企业合并或债务或债权的转让引起。

(7) 法律规定或当事人约定终止的其他情形。

(三) 合同终止的效力

主权利及其从权利消灭，债权人返还负债字据，后合同义务产生，结算和清理条款的效力不受影响。后合同义务是指合同关系消灭后，缔约双方当事人依诚实信用原则依法应负有某种作为或不作为义务，以维护给付效果，或协助对方处理合同终了的善后事务的合同附随义务。我国《合同法》第 92 条对后合同义务进行了规定："合同终止后，当事人应当遵循诚实信用的原则，根据交易习惯履行通知、协助、保密等义务。"

第七节 违约责任

一、违约责任的概念

违约责任是指合同当事人一方不履行合同义务或者履行合同义务不符合约定时，依照法律规定或者合同约定所承担的法律责任。依法订立的有效合同，对当事人双方来说，都具有法律约束力。如果不履行或者履行义务不符合约定，就要承担违约责任。

实践中，违约形式可分实际违约和预期违约。一般来说，在合同履行期限届满时，债务人没有履行合同或履行义务不符合约定就是实际违约。在合同生效后，履行期限届满前，当事人一方明确表示或者以自己的行为表明不履行合同义务的就是预期违约。当事人一方明确表示或者以自己的行为表明不履行合同义务的，对方可以在履行期限届满之前要求其承担违约责任。预期违约责任起源于 18 世纪 50 年代的英国。美国《统一商法典》和《联合国国际货物销售合同公约》也采纳了预期违约的概念，规定在其条文之中。预期违约与实际违约都要依法承担违约责任。

二、承担违约责任的主要方式

当事人一方不履行合同义务或者履行合同义务不符合约定的，应当承担继续履行、采取补救措施或者赔偿损失等违约责任。违约的当事人承担违约责任的主要形式有继续履行、补救措施、赔偿损失、约定违约金和定金等。具体适用哪种违约责任，由当事人根据自己的要求加以选择。

（一）继续履行

继续履行又称实际履行，是债权人在债务人不履行合同义务时，可请求人民法院或者仲裁机构强制债务人实际履行合同义务。继续履行既是为了实现合同目的，又是一种违约责任。《合同法》规定，当事人一方未支付价款或者报酬的，对方可以要求其支付价款或者报酬。当事人一方不履行非金钱债务或者履行非金钱债务不符合约定的，对方可以要求履行，但有下列情形之一的除外：①法律上或者事实上不能履行；②债务的标的不适合于强制履行或者履行费用过高；③债权人在合理期限内未要求履行。

（二）补救措施

履行质量不符合约定的，应当按照当事人的约定承担违约责任。受损害方可以根据标的的性质以及损失的大小，合理选择要求对方采取修理、更换、重作、退货、减少价款或者报酬等补救措施。

（三）赔偿损失

当事人一方不履行合同义务或者履行合同义务不符合约定的，在履行义务或者采取补救措施后，对方还有其他损失的，应当赔偿损失。损失赔偿额应当相当于因违约所造成的损失，包括合同履行后可以获得的利益，但不得超过违反合同一方订立合同时可预见到或者应当预见到的因违反合同可能造成的损失。

当事人一方违约后，对方应当采取适当措施防止损失的扩大；没有采取适当措施致使损失扩大的，不得就扩大的损失要求赔偿。当事人因防止损失扩大而支出的合理费用，由违约方承担。

（四）支付违约金

为了保证合同的履行，保护自己的利益不受损失，合同当事人可以约定一方违约时应当根据情况向对方支付一定数额的违约金，也可以约定因违约产生的损失赔偿额的计算方法。

违约金是指合同当事人一方由于不履行合同或者履行合同不符合约定时，按照合同的约定，向对方支付的一定数额的货币。违约金是对不能履行或者不能完全履行合同行为的一种带有惩罚性质的经济补偿手段，不论违约的当事人一方是否已给对方造成损失，都应当支付。

约定的违约金低于造成的损失的，当事人可以请求人民法院或者仲裁机构予以增加；约定的违约金过分高于造成的损失的，当事人可以请求人民法院或者仲裁机构予以适当减少。当事人就迟延履行约定违约金的，违约方支付违约金后，还应当履行债务。

（五）定金

定金是合同当事人一方为了担保合同的履行而预先向对方支付的一定数额的金钱。当事人可以依照《担保法》约定一方向对方给付定金作为债权的担保。债务人履行债务后，定金应当抵作价款或者收回。给付定金的一方不履行约定的债务的，无权要求返还定金;收受定金的一方不履行约定的债务的,应当双倍返还定金。

三、违约责任形式的竞合

在一个具体的合同纠纷中,往往要同时运用几种合同责任形式追究违约方的违约责任,这样违约责任形式的运用就出现了竞合问题。

1. 违约金与定金的竞合

《合同法》第116条规定:“当事人既约定违约金,又约定定金的,一方违约时,对方可以选择适用违约金或者定金条款。”按照这一规定,同时约定定金和违约金,只能请求违约方承担这两种责任中的一种违约责任,或者是给付违约金,或者是执行定金条款。选择权在未违约的一方,不能合并适用违约金和定金条款。

2. 违约金与损害赔偿的竞合

违约金具有多种性质,但其最主要的性质是违约赔偿金的性质,违约金的主要性质与违约损害赔偿是一致的。适用违约金,在没有造成损害的时候,就是惩罚性违约金;造成损害,就是赔偿性违约金。既然是赔偿性违约金,就应当与违约的损失相结合。《合同法》确定的原则是:第一,约定违约金的,就应当按照违约金的约定执行。第二,约定的违约金低于造成损失的,可以请求增加,就是俗称的“找齐”。这是因为,违约金具有损害赔偿性质,只要是低于实际损失,就应当找齐。第三,约定的违约金过分高于造成的损失的,可以请求适当减少,“过分高于”应当是达到显失公平的程度。

四、违约责任的免责事由

一般来说,在合同订立之后,如果一方当事人没有履行合同或者履行合同不符合约定,不论是自己的原因,还是第三人的原因,均应当向对方承担违约责任。但是,当当事人一方违约是由于不可抗力造成的,则可以根据情况免除违约方的违约责任。不可抗力是指不能预见、不能避免且不能克服的客观情况。

因不可抗力不能履行合同的,根据不可抗力的影响,部分或者全部免除责任;当事人迟延履行后发生不可抗力的,不能免除责任。不可抗力造成违约的,违约方虽然没有过错,但法律规定因不可抗力造成的违约也要承担违约责任的,违约方也要承担无过错的违约责任。当事人一方因不可抗力不能履行合同的,应当及时通知对方,以减轻可能给对方造成的损失,并应当在合理期限内提供证明。

此外,关于违约责任,实践中应注意下列3个问题:一是双方违约问题。当事人双方都违反合同的,应当各自承担相应的责任。二是第三人造成违约的问题。当事人一方因第三人的原因造成违约的,应当向对方承担违约责任。当事人一方和第三人之间的纠纷,依照法律规定或者按照约定解决。三是违约责任与侵权责任竞合问题。当事人一方的违约行为侵害对方人身、财产权益的,受损害方有权选择依照合同法要求其承担违约责任或者依照其他法律要求其承担侵权责任。

本章小结

合同是市场经济社会联系市场主体之间关系的最重要的方式,它是一种以确立当事人权利义务为内容的协议。订立合同，首先要严格审查订约人是否具有订约资格。自然人、法人或其他组织，都应具备相应的民事权利能力和民事行为能力，才能成为合格的订约主体。其次，要保证合同的内容和形式的合法。合同在订立过程中，要严格遵循要约、承诺两大步骤，按平等、自愿、公平、诚实信用和合法原则，确定双方当事人的权利义务。双方当事人一旦就合同的主要条款达成合意，合同即告成立。依法成立的合同受法律保护，合同成立之后，进入履行阶段。合同当事人应遵循合同履行的原则，严格按照合同规定或双方约定切实全面地履行合同义务。为确保合同的全面履行，双方当事人还可以为合同设立保证、抵押、质押、留置、定金作为主合同的担保。《合同法》还赋予了债权人在特定情况下可以享有同时履行抗辩权、后履行抗辩权、不安抗辩权、代位权、撤销权等权利。

合同在成立之后，尚未履行完毕之前，可以发生变更或转让。当双方当事人按约定全面履行了合同义务或者出现了合同解除、债务抵销、债务人依法将标的物提存、债权人免除债务、债权债务同归一人等情况，合同的权利义务即告终止。

合同当事人在合同履行过程中履行合同义务或不完全履行合同义务，除当事人具有不可抗力等法定免责条件或双方当事人约定的免责条件外，应承担违约责任，赔偿受损害当事人的损失。合同当事人在合同的内容或履行方面发生了争议，可以通过和解、调解、仲裁、诉讼四种途径进行解决。

基本概念

合同　要约　要约邀请　承诺　代位权　撤销权　先履行抗辩权　同时履行抗辩权　后履行抗辩权　保证　抵押　质押　留置　定金

思考与训练

1. 简述要约与要约邀请的区别。
2. 简述合同权利的含义与特点。
3. 简述同时履行抗辩权的含义、构成要件与效力。
4. 简述撤销权的概念、特征和要件。
5. 简述合同转让的含义与类型。
6. 简述合同解除的含义、特征与主要类型。
7. 简述我国《合同法》中的违约金制度。
8. 简述合同的担保形式。

案例分析

(1) 甲公司因转产致使一台价值 1000 万元的精密机床处于闲置状态，为此，该公司董事长与乙公司签订了一份机床转让合同。合同规定，精密机床作价 950 万元，甲公司于本年度 10 月 31 日前交货。乙公司于收到货物后 10 日内付清款项。但在交货前，甲公司发现乙公司经营状况恶化，于是通知乙公司停止交货并要求乙公司提供担保，乙公司予以拒绝。1 个月后，乙公司的经营状况进一步恶化，于是甲公司决定解除合同。乙公司遂向法院起诉，要求甲公司赔偿损失并继续履行合同。

根据以上资料，回答下列问题：

① 甲公司终止履行合同的理由是否成立？为什么？

② 甲公司能否单方解除合同？为什么？

(2) 2001 年 1 月 20 日，甲建材公司与乙建筑公司签订了一份钢材买卖合同。合同约定甲建材公司向乙建筑公司销售建筑用钢筋 4000 吨。分三批供货，交货时间分别为 3 月 30 日、4 月 30 日和 5 月 30 日，其中前两批各为 1000 吨，最后一批为 2 000 吨；每吨价格为 4000 元。货款总额为 1600 万元；交货方式为乙方自提；违约金为违约价款的 5%。

合同订立后，前两批双方均按照约定履行了合同，5 月 30 日，当乙方第三批提货时，甲方声称公司已经无货，愿意支付违约金。但乙公司了解到，甲公司并非无货，而是因为社会上传闻钢材价格要大幅度上涨，比较涨价后可获得利润与支付违约金的利益差距，宁愿支付违约金也不愿意履行合同。乙公司也听到了钢材即将涨价的信息。因此坚决要求履行合同，不要违约金。而甲公司认为，只要支付违约金，就可以不履行合同，于是乙公司将双方争执诉至法院。

根据以上资料，回答下列问题：

① 甲公司宁愿支付违约金，也不愿意按照合同交货的做法是否符合法律规定？

② 本案应如何处理？

(3) 2003 年 6 月，甲公司将一台价值 900 万元的机床委托乙公司保管，双方为此签订了一份保管合同。合同约定：保管期限为 4 个月。从 2003 年 6 月 21 日至 10 月 20 日。保管费用为 2 万元，由甲公司在提取保管物的时候一次付清。

2003 年 8 月，甲公司欲从 A 公司购买一批原材料，但因资金紧张，暂时无法付款。经 A 公司同意，甲公司以委托乙公司保管的机床为抵押担保，购入 A 公司材料。双方约定，如果甲公司不能在本年 12 月 8 日前支付全部货款，A 公司有权将机床变卖，以变卖所得价款抵偿原材料款。

10 月 10 日，甲公司在提前通知乙公司并告知了 B 公司该机床已设置抵押的前提下，与 B 公司签订了机床转让合同。该合同约定，甲公司以 860 万元的价格将机床卖给 B 公司，甲公司于 10 月 31 日前交货，B 公司在收到货物后 10 日内付清全部货款。

10 月下旬，甲公司发现 B 公司经营状况恶化(已经获得证据)，于是通知 B 公司中止交货并要求 B 公司提供担保，B 公司没有给予任何答复。到 11 月上旬，甲公司发现 B 公司经营状况进一步恶化，于是决定解除合同，并通知了 B 公司。B 公司则向人民法院提起诉讼，要求甲公司履行合同并赔偿损失。

根据以上情况以及合同法的相关规定，回答下列问题：

① 如果甲公司不能向乙公司支付仓库保管费，则乙公司可以行使什么权利？

② 甲公司将已经设置抵押担保的合同转让给 B 公司，双方签订的转让合同是否有效，为什么？

③ 甲公司能否中止履行与 B 公司签订的机床转让合同？为什么？

④ 甲公司能否解除与 B 公司签订的机床转让合同？为什么？

(4) 湖南省甲公司到四川省收购一批干辣椒准备用于出口，并支付了价款 5 万元人民币。由于联系的车皮不能按期发货，于是将货物存放在当地的一家储运公司，并签订了仓储保管合同。合同约定，甲公司将货物在储运公司存放7天(8月20—26日)，8月23日夜间，该储运仓库因遭到雷击而导致火灾，致使保管的干辣椒被烧掉一部分，剩余部分被抢救出来后，放到露天中，工作人员也各自回家睡觉了，但凌晨天降暴雨，又将剩余的干辣椒全部湿透，不能食用。于是储运公司立即和湖南方面联系，要求对方来人处理。湖南方面来人了解情况后，要求储运公司赔偿损失，储运公司则以不可抗力为理由予以拒绝。湖南方面于是向人民法院起诉，请求法院依法判决。

根据以上资料，回答下列问题：

① 本案中的火灾和暴雨是否构成不可抗力？试说明理由。

② 不可抗力发生后，当事人享有什么权利？应承担哪些义务？

③ 本案应如何处理？法律依据是什么？

(5) A公司向B公司购买价值100万元的钢材，双方约定，A公司先预付40万元的货款，另外60万元货款在提货后两个月内付清，由C公司提供保证担保，未约定保证方式和范围。提货一个月后，A公司在征得B公司同意后，将60万元债务转移给尚欠其30万元货款的D公司，对此C公司并不知情。至债务清偿期届满时，B公司要求C公司偿还60万元货款及利息，而D公司因破产清算，公司的账户被冻结。于是，B公司找到C公司，要求其承担保证责任。C公司至此才知道A公司已将其债务转让给D公司，遂以此为由拒绝承担责任。双方为此发生争议，B公司诉至法院。

根据案情，分析下列问题：

① C公司保证担保的范围应如何确定？

② A公司转让债务的行为是否有效？为什么？

③ C公司是否应继续承担保证责任？为什么？

(6) 甲乙签订一份房屋租赁合同，甲将房屋租赁给乙，租期3年。合同订立后，甲向丙借款6万元，并以其已出租房屋作抵押，双方签订了抵押协议。规定如甲在一年内不能还清借款，则将房屋作价转让给乙。后甲不能还清借款，将房屋过户给丙，并要求乙从房屋中搬走，丙认为甲在租期未满前将房屋出卖或抵押给他人，损害了他的利益，要求法院判定房屋抵押和买卖合同无效。

问：甲能否将租赁的房屋抵押或出卖？

第七章

工业产权法律制度

第一节　工业产权法律制度概述

一、工业产权的概念与特征

工业产权是指人们依法对应用于商品生产和流通中的创造发明和显著标记等智力成果,在一定地区和期限内享有的专有权。依照《保护工业产权巴黎公约》的相关规定,工业产权包括发明、实用新型、外观设计、商标、服务标记、厂商名称、货源标记、原产地名称以及制止不正当竞争的权利。一般来说,工业产权和版权(著作权)统称为知识产权。

"工业产权"一词最早于 1791 年由法国专利法起草人德布运捷首先使用。主要包括商标权和专利权,是知识产权的重要组成部分。

工业产权作为一项民事权利,具有以下特征:

1. 专有性

工业产权与所有权一样,具有排他性和绝对性的特点。也就是说,这种权利为权利人所专有,权利人垄断这种专有权并受到严格保护;权利人以外的人不得侵犯这种权利,未经权利人的同意,不能享受或使用这种权利,否则,构成侵权行为,要依法受到惩罚和制裁,权利人对这种权利可自己行使,也可转让他人行使,并从中收取报酬。

2. 地域性

一国保护的工业产权只在本国生效,其他国家对这种权利没有保护的义务。一国主管部门授予、拒绝授予、变更或消灭工业产权的决定,只在本国范围内有效,对其他国家不发生法律效力。但签有国际公约或双边互惠协定的国家,则必须在相互范围内保护工业产权的存在。

3. 时间性

工业产权的保护具有一定的时间性。工业产权在法律规定的时间内受法律保护,一旦超过法律规定的有效期限,这一权利就自行消灭。其产品即成为整个社会的共同财富,为全人类所共同使用。

二、工业产权法的概念

工业产权法是调整在工业产权的申请、确认、保护、使用和管理过程中所发生的各种社会关系的法律规范的总称。工业产权法通常包括商标法和专利法。迄今为止,我国已相继颁布和实施了《中华人民共和国商标法》(以下简称《商标法》)、《中华人民共和国商标法实施细则》(以下简称《商标法实施细则》)、《中华人民共和国专利法》(以下简称《专利法》)、《中华人民共和国专利法实施细则》(以下简称《专利法实施细则》)等法律、法规。

三、工业产权的国际保护

有关工业产权国际保护的世界性或地区性的国际条约很多,最主要的有《巴黎公约》、《专利合作公约》、《商标注册马德里协定》和《商标注册公约》等。此外,国际上还成立了政府间的国际机构——世界知识产权组织。

《巴黎公约》是1883年在巴黎签订的,后经多次修改,它是目前保护工业产权方面影响最大的国际公约。该公约组织有100多个成员国,我国第六届全国人大会常委会第八次会议于1984年11月14日决定加入《巴黎公约》,自1985年3月19日起该公约对我国生效。

下面介绍《巴黎公约》的主要原则和制度。

1. 国民待遇原则

在工业产权的国际保护方面,每一缔约国必须把它给予本国国民的待遇同等地给予其他缔约国国民;非缔约国国民如在缔约国国内有住所或营业场所,也应得到同样的保护。

2. 优先权制度

缔约国国民第一次向一个缔约国提出专利或商标注册申请后,又在一定期限内就同一发明创造和商标向另一缔约国申请时,其第二次的申请日应视同第一次申请日。在优先权期限内,即使有任何第三人就相同的发明或商标提出申请或已实施了该发明或使用了该商标,申请人仍因享有优先权而获得专利权或商标专用权。

3. 独立性原则

各缔约国独立地视本国的法律规定是否给予专利权或商标专用权,不受该专利或商标专用权在其他缔约国规定的影响。就是说,同一发明创造或商标在一个成员国取得专利权或商标专用权,并不意味着在其他成员国也一定可以取得专利权或商标专用权;专利权或商标专用权在一个成员国被撤销或终止,也不意味着在其他成员国一定要被撤销或终止。

4. 强制许可原则

对已获得工业产权法律保护的权利人,自申请日起满4年,或从专利批准日起满3年,无正当理由没有实施或没有充分实施的,各成员国可以在不征得权利人同意的情况下,对该工业产权实行强制许可。

第二节 专 利 法

一、专利的含义

“专利”一词,英文为Patent,除垄断、专有的意思外,还有明显公开的意思,反映了现代专利制度中专利的基本内容。现代“专利”一词，不仅是一种法律用语，在生产、科技开发以及管理方面也常常涉及专利。“专利”从不同的角度论述，通常有三种含义：

第一，专利是专利权的简称。专利权是指专利机关代表国家依法授予发明人、设计人或其所属单位对某项发明创造在法律规定的期限内享有的专有权。它具有独占性、时间性和地域性的特点。所谓独占性是指专利权人对取得专利权的发明创造在法律规定的期限内享有独占实施权，未经许可，他人不得使用其专利技术，否则，就构成侵权；所谓时间性是指在法律规定的有效期限内，专利权人享有该项发明创造的专利权，有效期届满，专利权不再受法律保护，进入公有领域；所谓地域性是指专利人所取得的专利权，只能得到授予该项权利的国家法律保护。

第二，专利是受法律保护的发明创造。我国专利法保护的发明创造包括发明、实用新型和外观设计三种。所谓发明专利，是指对产品、方法或其改进提出的新的技术方案所授予的专利；所谓实用新型专利，是指对产品的形状、构造或其结合提出的适于实用的新的技术方案所授予的专利，又称“小发明”；所谓外观设计专利，是指对产品的形状、图案、色彩或其结合所作出的富有美感并适合于工业上应用的新设计所授予的专利。

第三，专利是专利文献。指专利申请人向国务院专利行政管理部门提交的有关专利申请的各种申请文件。

二、专利权和专利法

专利权指专利权人在法律规定的期限内对其发明创造所享有的一种独占权或专有权。专利法是指确认、保护发明创造专有权和调整利用发明创造过程中所发生的各种社会关系的法律规范的总称。

根据我国《专利法》，专利保护的意义在于：保护专利权人合法权益，鼓励发明创造，推动发明创造的应用，提高创新能力，促进科学进步和经济社会发展。几次修改后，我国终于在 2008 年 12 月 27 日，第十一届全国人民代表大会常务委员会第六次会议通过《全国人民代表大会常务委员会关于修改〈中华人民共和国专利法〉的决定》，形成了我国现行专利法的基本制度。我国已加入的《巴黎公约》、《专利合作条约》和 TRIPS 等有关专利的国际公约。

三、专利权的主体、客体和内容

(一) 专利权的主体

专利权的主体是指有权提出专利申请并获得专利权的单位和个人。根据《专利法》的规定，发明人或者设计人、职务发明创造的单位、外国人和外国企业或者外国其他组织都可以成为专利权的主体。

1. 非职务发明创造的发明人或设计人

《专利法》所称发明人(设计人)，是指真正完成发明创造的人，对发明创造的实质性特点做出创造性贡献的人。我国专利法将实用新型和外观设计的完成人称为设计人。所谓非职务发明是指在本职工作之外，用自己的设备、资金做出的发明创造。

2. 职务发明创造的发明人或者设计人所在的单位

职务发明创造分为执行本单位的任务所完成的职务发明创造以及利用本单位的物质技术条件所完成的发明创造。

企业、事业单位、社会团体、国家机关等单位的工作人员执行本单位的任务或者主要利用本单位的物质技术条件完成的发明创造，是职务发明创造。职务发明创造申请专利的权利属于该单位。申请被批准后，该单位为专利权人。除上述两种情况，非职务发明创造，专利申请权利属于发明人或设计人；申请被批准后，该发明人或设计人为专利权人。利用本单位的物质技术条件所完成的发明创造，单位与发明人或设计人如果有合同约定从其约定。

这里执行本单位的任务是指：①从事本职工作中作出的发明创造。这里所称本职工作，是指发明人或者设计人的职务范围，即工作责任的范围，而不是指单位的业务范围，也不是指个人所学专业的业务范围。②履行本单位交付的本职工作之外的任务所作出的发明创造。这里所称本单位交付的任务，是指本职工作之外的任务，主要是工作人员根据单位领导的要求承担的短期或临时的任务。属于领导一般性的同意或赞成，不能作为本单位交付的任务。③退职、退休或者调动工作后 1 年内做出的，与其在原单位承担的本职工作或者原单位分配的任务有关的发明创造。④主要利用本单位的物质技术条件完成的发明创造。这里所称本单位的物质技术条件，是指本单位的资金、设备、原材料或者不对外公开的技术资料等。

3. 共同发明创造的发明人和设计人

两个以上单位或者个人合作完成的发明创造、一个单位或者个人接受其他单位或者个人委托所完成的发明创造，除另有协议外，申请专利的权利属于完成或者共同完成的单位或者个人；申请被批准后，申请单位或者个人为专利权人。

4. 发明创造的合法受让人

我国《专利法》明确规定：专利申请权和专利权可以转让。依法转让后，申请专利的权利属于合法受让人；申请被批准后，合法受让人为专利权人。

5. 外国人

外国人包括具有外国国籍的自然人和法人。主要有两种情况：在我国境内有经常居所或者营业所的外国人、外国企业或者外国其他组织；在我国境内没有经常居所或者营业所的外国人、外国企业或者外国其他组织。前者在我国申请专利享有与我国国民同等待遇；后者在我国申请专利的，如果该外国人、外国企业或者外国其他组织是《巴黎公约》成员国，则都可以来我国申请专利并获得专利权；对于非《巴黎公约》成员国的外国人、外国企业或者外国其他组织，依照其所属国与中国鉴定的协议或者依照互惠原则，可以依照专利法申请专利并取得专利权。

（二）专利权的客体

专利权的客体即专利法保护的对象，是指可以获得专利法保护的发明创造，我国《专利法》规定的发明创造是指发明、实用新型和外观设计。

1. 发明

(1) 发明的概念及特征。发明是指对产品、方法或者其改进所提出的新的技术方案。

它具有以下3个特征：

① 发明必须是利用自然规律和自然现象而进行的创造。自然规律是脱离人的思维而独立存在的客观事物，发明则是在利用自然规律的基础上进行的一种创造。发明与发现不同，发现是对自然规律本身的新的认识，并不是利用。

② 发明指与现有技术相比是前所未有的，并且有一定难度或者进步。

③ 发明是具体的技术方案。发明应能够解决特定的技术难题，必须产生一定的技术效果，具有一定的实用性。

(2) 发明按其表现形式可分三类：产品发明、方法发明和改进发明。产品发明是指人们通过研究开发出来的关于各种新产品、新材料、新物质等的技术方案。方法发明是指人们为制造产品或者解决某个技术课题而研究开发出来的操作方法、制造方法以及工艺流程等技术方案。改进发明是指对已知的物品或方法提出实质性的新的技术方案。

2. 实用新型

实用新型是指对产品的形状、构造或其结合所提出的适于实用的新的技术方案。实用新型具有以下特征：

(1) 实用新型必是具有一定形状或者构造的产品，它必须是实物，是有形可见的实物，而且它必须经过一定的生产制造过程。

(2) 实用新型必须具有实用价值，能够实施，可以用工业方法再现。

(3) 实用新型必须具有一定的创新性，与现有的技术方案相比，它必须具有创造性。

3. 外观设计

外观设计是指对产品的形状、图案或者其结合以及色彩与形状、图案的结合所作出的富有美感并适于工业应用的新设计。外观设计具有如下特征。

(1) 外观设计必须与产品相结合。外观设计是产品的外观设计，外观设计必须以产品的外表为依托，构成产品与设计的组合。

(2) 外观设计必须能在产业上应用。外观设计必须能够用于生产经营目的的制造或生产。如果设计不能用工业的方法复制出来，或者达不到批量生产的要求，就不是专利法意义上的外观设计。

(3) 外观设计富有美感。外观设计包含的是美术思想，即解决产品的视觉效果问题，而不是技术思想。这一点与实用新型相区别。

(4) 外观设计以产品的形状、图案、色彩或者其结合为要素。

(三) 专利权的内容

专利权的内容是指专利权人按照专利法规定所享有的权利和应当履行的义务。

1. 专利权人的权利

按照《专利法》的规定，专利权人享有以下权利：

(1) 独占权。发明和实用新型专利权被授予后，除专利法另有规定外，任何单位和个人未经专利权人许可，都不得实施其专利，即不得以生产经营目的的制造、使用、许诺销售、销售、进口其专利产品，或者使用其专利方法以及使用、许诺销售、销售、进口依照该专利方法直接获得的产品。

外观设计专利权被授予后，任何单位和个人未经专利权人许可，都不得实施其专利，即不得以生产经营为目的制造、销售、进口其外观设计专利产品。

(2) 转让权。我国《专利法》明确规定,专利权可以转让。因此,一项发明创造的专利权人可以依法转让专利权,但要符合国家法律规定。专利权的转让必须登记才能生效。

(3) 实施许可权。一项发明创造被授予专利权以后,任何单位或个人要想实施他人专利,必须经过专利权人的同意。未经专利权人许可,实施其专利,即侵犯其专利权。因此,任何单位和个人实施他人专利的,应当与专利权人订立实施许可合同,向专利权人支付专利使用费,并应当于合同生效之日起 3 个月内向国务院专利行政部门备案。

(4) 专利标志权。发明人或者设计人有在专利文件中写明自己发明人或者设计人的权利。

2. 专利权人的义务

(1) 专利权人有缴纳年费的义务。专利权人应从授予专利权的当年开始缴纳专利年费,不按规定缴纳年费的,专利权应予终止。

(2) 职务发明创造取得专利后,作为专利权人的单位有向发明人或设计人给予报酬奖励的义务。发明创造专利实施后,根据其推广应用的范围和取得的经济效益,对发明人或者设计人给予合理的报酬。

四、专利权的申请原则和取得条件

(一) 专利权申请的原则

1. 一发明一专利的原则

属于一个总的发明构思的两项以上的发明或者实用新型;用于某一类别并且成套出售或者使用的产品的两项以上的外观设计,可以作为一个申请提出。

2. 申请在先原则

如果发生两个以上的申请人在同一日分别就同样的发明创造申请专利的,应当在收到国务院专利行政部门的通知后自行协商确定申请人。国务院专利行政部门只对协商确定的人授予专利权。如果协商意见不一致,或者一方拒绝协商,则对任何一方都不授予专利权。

3. 优先权原则

该原则是工业产权国际保护的《巴黎公约》在专利领域的运用。我国专利申请的优先权可以分为外国优先权和本国优先权。

外国优先权是指申请人自发明或者实用新型在外国第一次提出专利申请之日起 12 个月内,或者自外观设计在外国第一次提出申请之日起 6 个月内,又在中国就相同主题提出专利申请的,依照该外国与中国签订的协议或者共同参加的国际条约,或者依照相互承认优先权的原则,可以享有优先权。即把该申请人第一次提出专利申请的申请日,作为我国的申请日。

本国优先权是指申请人自发明或者实用新型在中国第一次提出专利申请之日起 12 个月内,又向国务院专利行政部门就相同主题提出专利申请的,可以享有优先权。

(二) 专利权取得的条件

《专利法》规定,授予专利权的发明和实用新型,应当具备新颖性、创造性和实用性。

1. 新颖性

新颖性是指在申请日以前没有同样的发明或者实用新型在国内外出版物上公开发表过、在国内公开使用过或者以其他方式为公众所知,也没有同样的发明或者实用新型由他人向国务院专利行政部门提出过申请并且记载在申请日以后公布的专利申请文件中。新颖性的判断标准如下:

(1) 已有技术的范围。已有技术是指申请日(有优先权的,指优先权日)前在国内外出版物上公开发表、在国内公开使用或者以其他方式为公众所知的技术。

(2) 公开。技术公开的方式有三种:一是出版物公开或书面公开。即把发明创造的内容在出版物上予以描述。这里的出版物是指以书面形式描述并公开出版和发行的有形物,它可以是印刷品、胶片、磁带、电子出版物等。二是使用公开。使用公开是指由于使用将发明或实用新型的技术内容公开,公众可以从技术的应用中得知其技术内容。使用公开包括产品的制造、使用、销售、公开演示、展览等。三是其他方式的公开。包括口头公开、广播公开等。但如果是以其他方式公开,要求公开的内容完整、清楚,公众能够根据其公开的内容实现发明或实用新型。

公开的地域标准。目前有三种标准:一是世界性标准,即凡是在世界任何一个地方公开过的技术,都不具备新颖性。二是本国标准,即凡是在本国公开过的技术,都不具备新颖性。三是混合标准,即关于出版物的公开采用世界性的标准,而其他方式的公开,采用本国标准。从《专利法》的规定看,我国采用的是混合标准。

公开的时间标准。目前有两种:一是以发明日为标准,即只要在发明创造完成时该发明创造是新的,就具有新颖性。二是以申请日为标准,即发明创造在申请日时是新的便具有新颖性。从《专利法》的规定看,我国采取的是申请日的时间标准,即以国务院专利行政部门收到专利申请文件之日为申请日。

(3) 抵触申请。所谓抵触申请是指由于在先申请的存在,使得在后申请的同一发明创造不具备新颖性。如果出现抵触申请,必须把后申请的发明创造的技术内容与先申请的发明创造的技术内容进行比较。只要后申请的内容在先申请的内容中已经有所披露,则后申请不能获得专利权。需要指出的是,如果先申请在被公布以前撤回、放弃或者被视为撤回或者被驳回,则不能构成抵触申请。

对于不符合上述标准的发明或实用新型则丧失新颖性,但是也有例外。丧失新颖性的例外是指在某些特殊情况下,尽管申请专利的发明或者实用新型在申请日或者优先权日前公开,但在一定期限内提出专利申请的,则不丧失新颖性。

我国《专利法》规定,申请专利的发明创造在申请日以前 6 个月内,有下列情形之一的,不丧失新颖性:①在中国政府主办或者承认的国际展览会上首次展出的;②在规定的学术会议或者技术会议上首次发表的;③他人未经申请人同意泄露其内容的。

2. 创造性

创造性是指同申请日以前已有的技术相比,该发明有突出的实质特点和显著的进步,该实用新型有实质性特点和进步。创造性的衡量标准可以从该发明或者实用新型是否存在“实质性特点”和“进步”而得到判断。

所谓实质性特点是指发明创造具有一个或几个技术特征,与现有技术相比有本质的区别。因此,凡是发明创造所属技术领域的普通技术人员都不能直接从现有的技术中得出构成的全部必要技术特征,都应认为具有实质性特点。在评定一项发明创造是否具有实质性特点时,不仅要考虑技术方案本身的内容,还要考虑它的目的和效果,并把它们作为一个整体来理解。

所谓进步是指与现有技术相比有所发展和进步,克服了现有技术存在的缺点和不足,或者具有新的优点或效果,或者代表了某种新的技术趋势。

3. 实用性

实用性是指该发明或实用新型能够制造或者使用,并且能够产生积极的效果。实用性体现在下列三个方面:

(1) 具有可实施性。即发明创造必须能够解决技术问题,并且能够在产业中应用,能够制造或者使用。

(2) 具有再现性。即所属技术领域的技术人员根据公开的技术内容,能够重复实施专利申请中为解决技术问题所采用的技术方案。

(3) 具有有益性。即发明创造能够在经济、技术和社会等领域产生积极和有益的效果。

(三) 授予外观设计专利的实质条件

《专利法》规定,授予专利权的外观设计,应当同申请日以前在国内外出版物上公开发表过或者国内公开使用过的外观设计不相同和不相近似,并不得与他人在先取得的合法权利相冲突。

由于外观设计是产品的一种新设计,是产品外在的东西,其本身并不涉及技术上的创造,因此,对于外观设计授予专利权的条件更多地体现在与同类产品的比较上是否具有新颖性。根据我国法律规定,外观设计的新颖性在判断标准上与发明、实用新型的新颖性基本相同。

(四) 不授予专利权的发明创造

1. 科学发现

科学发现是指人们通过自己的智力活动对客观世界已经存在的但未被揭示出来的规律、性质和现象等的认识。与发明创造相比,两者存在本质区别,科学发现指对前所未知的自然规律的认识,而发明创造则是前所未有的东西。

2. 智力活动的规则和方法

智力活动的规则和方法是指人们进行推理、分析、判断、记忆等思维活动的规则和方法。如体育竞赛规则、游戏规则、计算方法、生产管理方法等。虽然智力活动的规则和方法本身不能被授予专利权,但进行智力活动的设备、装置或者根据智力活动的规则和方法而设计制造的仪器、用具等,如果具备专利条件,可以被授予专利权。

3. 疾病的诊断和治疗方法

由于疾病的诊断和治疗方法不能用工业的方法制造和使用,因此不适用于专利法保护。但是对于血液、毛发、尿样等脱离了人体的物质的化验方法则不属于疾病的诊断和治疗方法,因此如果具备专利条件,可以被授予专利权。另外,对于用于诊断或者治疗疾病方法的仪器、设备或者器械等，如果具备专利条件，可以被授予专利权。

4. 动物和植物品种

动物和植物品种(不包括动物和植物品种的生产方法)分为天然生长和人工培养两种。天然生长的动植物品种不是人类智力活动的发明创造，因此不能被授予专利权。人类培养动植物品种，虽然是人类智力活动的成果，但其不是用工业的方法进行制造、生产出来的，而是通过动植物母体培养出来的，有其自身的发生和成长规律，套用产品发明的模式保护不太合适，因此，我国专利法明确对动植物品种不授予专利权。但对动植物品种的生产方法，可以依照专利法的规定授予专利权。

5. 用原子核变换方法获得的物质

这种方法获得的物质，关系国防和国家重大利益，涉及科研和公共生活的各个方面，不宜为人垄断，因此不授予专利权。

此外，我国《专利法》规定，对违反国家法律，社会公德或者妨害公共利益的发明创造，不授予专利权。如专用于伪造货币的方法或者工具等。若发明创造的本身目的并不违法，但其实施可能破坏社会公德或者妨害公共利益，如万能钥匙等，这样的发明创造也不能授予专利权。

五、专利权取得的程序

(一) 专利的申请

专利权并不是自动生成的，需要经过法定程序才能取得。一般情况下，在国内申请专利，需要履行以下手续：

首先，确定申请日。由于我国申请专利实行申请在先原则，申请专利时，首先要确定申请日。我国专利法规定，国务院专利行政部门收到专利申请文件之日为申请日(有优先权的，指优先权日)。如果申请文件是邮寄的，以寄出的邮戳日为申请日。

其次，提交申请专利文件。申请发明或者实用新型专利的，应当提交请求书、说明书以及其摘要和权利要求书等文件。

申请外观设计专利的，应当提交请求书以及该外观设计的图片或者照片等文件，并且应当写明使用该外观设计的产品及其所属的类别。

专利申请可以修改，并在被授予专利权之前随时撤回其专利申请。

(二) 专利的审查、批准

国务院专利行政部门受理专利申请后，还要根据我国专利法的规定，在授予专利权之前，对专利申请进行一定的审核。但在审核的内容和程序上，发明专利申请和实用新型、外观设计专利申请不同。

1. 发明专利申请

(1) 初步审查(形式审查)。所谓初步审查，是指对专利申请是否符合法律规定的形式要求所进行的审查。主要包括保密审查、形式审查、合法性审查和明显的实质性缺陷审查。

(2) 早期公开。国务院专利行政部门收到发明专利申请后，经初步审查(包括经过补正或者陈述意见)，认为符合专利法要求的，自申请日(有优先权的，自优先权)起满18个月，即行公布。国务院专利行政部门可以根据申请人的请求早日公布其申请。

(3) 实质审查。所谓实质审查，是国务院专利行政部门对申请专利的发明是否符合新颖性、创造性、实用性等授予专利权的实质条件进行的审查。

发明专利申请自申请日起3年内，国务院专利行政部门可以根据申请人随时提出的请求，对其申请进行实质审查；申请人无正当理由逾期不请求实质审查的，该申请即视为被撤回。另外，国务院专利行政部门认为必要时，可以自行对发明专利申请进行实质审查。

(4) 通知申请人陈述或者修改申请书。国务院专利行政部门对发明专利申请进行实质审查后，认为不符合专利法规定的，应当通知申请人，要求其在指定的期限内陈述意见，或者对其申请进行修改；无正当理由逾期不答复的，该申请即被视为驳回。

(5) 驳回申请或授予专利权。发明专利经申请人陈述意见或者进行修改后，国务院专利行政部门认为仍然不符合专利法规定的，应当予以驳回。

发明专利申请经实质审查没有发现驳回理由的，由国务院专利行政部门作出授予发明专利权的决定，在国务院专利行政部分作出授予发明专利权的决定后，应当通知专利申请人在收到通知之日起两个月内办理登记手续。申请人按期办理登记手续的，国务院专利行政部门应当授予专利权，颁发专利证书，并予以公告。期满未办理登记手续的视为放弃专利权的权利。

2. 实用新型和外观设计专利申请

对实用新型和外观设计专利申请经初步审查没有发现驳回理由的，由国务院专利行政部门作出授予实用新型专利权或者外观设计专利权的决定，发给相应的专利证书，同时予以登记和公告。实用新型专利权和外观设计专利权自公告之日起生效。

(三) 对驳回专利申请决定不服的复审

国务院专利行政部门设立专利复审委员会。专利申请人对国务院专利行政部门驳回申请的决定(包括对发明、实用新型和外观设计专利申请在初步审查中被驳回的决定和对发明专利申请在实质审查最后中被驳回的决定)不服的，可以自收到通知之日起3个月内向人民法院起诉。

六、专利权的期限、终止和无效

(一) 专利权的期限

这是指专利权具有法律效力的时间。专利权都是有一定期限的，只有在有效期限内，才受到法律保护，超过了这段时间，便失去了法律效力。发明专利权的期限为20年，实用新型专利权和外观设计专利权的期限为10年，均自申请日起计算。

(二) 专利权的终止

这是指专利权在有效期限届满或在届满前失去法律效力，不再受法律保护。专利权在以下情况下终止：①期限届满；②没有按照规定缴纳年费的；③专利权人以书面声明放弃其专利权的；④专利权人死亡，无继承人或受遗赠人的。专利权的终止，由专利局登记和公告。

(三) 专利权的无效

1. 专利权无效的情形

专利权无效是指已经取得的专利权,因不符合专利法的规定,根据有关单位或个人的请求,经专利复审委员会审核后被宣告无效。专利权无效的情形有:

(1) 授予专利权的发明创造不符合专利法规定的授予专利权的实质性条件。

(2) 授予专利权的发明创造不符合专利法规定的关于专利申请文件的撰写要求或专利申请文件修改范围的规定。

(3) 授予专利权的发明创造不属于专利法规定的发明、实用新型和外观设计。

(4) 授予专利权的发明创造不符合先申请原则和单一性原则。

(5) 授予专利权的发明创造属于专利法规定的不授予专利权的项目,或者属于依照专利法关于申请在先取得专利权的规定而不能取得专利权的项目。

2. 专利权宣告无效的程序

请求宣告专利权无效的单位或个人,应当向专利复审委员会提出请求书,并说明理由。专利复审委员会收到请求宣告专利权无效的请求书后,应当及时审查和作出决定,并通知请求人和专利权人。宣告专利权无效的决定,由国务院专利机关登记和公告。对专利复审委员会宣告专利权无效或者维持专利权的决定不服的,可以自收到通知之日起3个月内向人民法院起诉。人民法院应当通知无效宣告请求程序的对方当事人作为第三人参加诉讼。

3. 专利权宣告无效的法律效力

(1) 宣告无效的专利权视为自始即不存在。

(2) 宣告专利权无效的决定,对在宣告专利权无效前人民法院作出并已执行的专利侵权的判决、裁定,已经履行或者强制执行的专利侵权纠纷处理决定,以及已经履行的专利实施许可合同和专利权转让合同,不具有追溯力。但是因专利权人的恶意给他人造成的损失,应当给予赔偿。

(3) 如果依照上述规定,专利权人或者专利权转让人不向被许可实施专利人或者专利权受让人返还专利使用费或者专利权转让费明显违反公平原则,专利权人或者专利权转让人应当向被许可实施专利人或者专利权受让人返还全部或者部分专利使用费或者专利权转让费。

七、专利的实施

专利实施是指专利权人许可他人为了生产经营的目的,制造、使用和销售专利产品或使用专利的方法。专利的实施,既是专利权人的权利,又是专利权人的义务。专利的实施有以下几种情况。

1. 专利权人实施

专利权人取得权利后,可以自己单独实施,也可以将专利作为投资与他人合资经营或合作经营进行实施。

2. 许可他人实施

专利权人可以通过订立许可合同的方式,许可他人实施其权利,获得使用费。

3. 指定实施

国务院有关主管部门和省、自治区、直辖市人民政府根据国家计划,有权决定本系统内或者所管辖的全民所有制单位持有的重要发明创造专利,允许指定的单位实施,由实施单位按照国家规定向持有专利权的单位支付使用费。

我国集体所有制单位和个人的专利,对国家利益或者公共利益具有重大意义,需要推广应用的,由国务院有关主管部门报国务院批准后,可参照上述规定实施。

4. 强制许可实施

所谓强制许可实施,是指国家专利机关依法颁发的强制专利权人允许请求人利用其专利的许可。它是为了防止专利权人滥用其权利而规定的一种制度。我国《专利法》规定,在下列情况下,专利局可以实施强制许可:①自专利授权之日起满3年后,专利权人不实施其专利的,任何单位均可依法请求专利局予以强制许可;②在国家出现紧急状态或者非常情况时,或者为了公共利益的目的,专利局可以给予实施发明专利或者实用新型专利的强制许可;③一项取得专利权的发明或者实用新型比以前已经取得专利权的发明或者实用新型在技术上先进,其实施又有赖于前一发明或者实用新型的实施的,专利局根据后一专利权人的申请,可以给予实施前一发明或者实用新型的强制许可,申请实施强制许可的单位和个人应当提出未能以合理条件与专利权人签订实施许可合同的证明。专利局作出的给予实施强制许可的决定,应当予以登记和公告。取得实施强制许可的单位或者个人不享有独占的实施权,并且无权允许他人实施。取得实施强制许可的单位或者个人应当付给专利权人合理的使用费,其数额由双方商定;双方不能达成协议的,由专利局裁决。

专利权人对专利局关于实施强制许可的决定或者关于实施强制许可的使用费的裁决不服的,可以在收到通知之日起3个月内向人民法院起诉。

八、专利权的保护

(一) 侵权行为

专利侵权行为是指未经专利权人的许可为生产经营目的实施其专利的行为。所谓实施专利的行为是指:当专利权的对象是产品时,实施专利的行为指任何未经专利权人许可的制造、使用、销售或者进口该产品的行为;当专利权的对象是方法时,实施专利的行为指任何未经专利权人许可使用该方法的行为;当专利权的对象是制造产品的方法,并且当专利权的效力延及由该方法直接制造出的产品时,实施专利的行为还包括任何未经许可使用、销售或者进口由该方法所直接制造出的产品的行为。此外,假冒他人专利,即违背专利权人的意愿,以欺骗他人获得高额利润为目的而冒充获得专利权的发明创造的行为,也属侵权行为。

(二) 法律责任

1. 民事责任

民事责任主要包括停止侵害、赔偿损失、消除影响、恢复名誉等。其中,侵犯专利权的赔偿数额，按照权利人因被侵权所受到的损失或者侵权人因侵权所获得的利益确定；被侵权人的损失或者侵权人获得的利益难以确定的参照该专利许可使用费的倍数合理确定。

2. 行政责任

(1) 对未经专利权人许可实施其专利的行为，管理专利工作的部门认定侵权行为成立的，可以责令侵权人立即停止侵权行为。

(2) 对假冒他人专利的行为，除依法承担民事责任外，由管理专利工作的部门责令改正并予以公告，没收违法所得，可以并处违法所得 3 倍以下的罚款，没有违法所得的，可以处 5 万元以下的罚款。

(3) 对以非专利产品冒充专利产品、以非专利方法冒充专利方法的行为，由管理专利工作的部门责令改正并予以公告，可以处 5 万元以下的罚款。

(4) 对侵夺发明人或者设计人的非职务发明创造专利申请权以及其他权益的行为，由所在单位或者上级主管机关给予行政处分等。

3. 刑事责任

《刑法》第 216 条规定，假冒他人专利，情节严重的，处 3 年以下有期徒刑或者拘役，并处或者单处罚金。

最高人民检察院、公安部 2001 年 4 月在《关于经济犯罪案件追诉标准的规定》里将假冒专利罪的追诉标准确定为：

(1) 违法所得数额在 10 万元以上的；

(2) 给专利权人造成直接经济损失数额在 50 万元以上的；

(3) 虽未达到上述数额标准，但因假冒他人专利，受到行政处罚两次以上，又假冒他人专利的；

(4) 造成恶劣影响的。

(三) 专利侵权诉讼时效

根据《专利法》的规定，侵犯专利权的诉讼时效为两年，自专利权人或者利害关系人得知或者应当得知侵权行为之日起计算。

发明专利申请公布后至专利权授予前使用该发明未支付适当使用费的，专利权人要求支付使用费的诉讼时效为两年，自专利权人得知或者应当得知他人使用其发明之日起计算，但是，专利权人于专利权授予之日前即已得知或者应当得知的，自专利权授予之日起计算。

第三节 商 标 法

一、商标的概念、特征及其分类

(一) 商标的概念及特征

商标是生产经营者在其商品或者服务项目上使用的特定标志。由文字、图形、字母、数字、三维标志、颜色和组合声音等，以及上述要素的组合，使用于一定的商品或者服务项目上，用以区别商标使用者与同类商品的生产经营者或者同类服务业经营者的显著标记。

（二）商标的分类

根据不同的角度划分，可以将商标分成以下的种类：

(1) 根据商标的构成分类，可以分为平面商标和立体商标。平面商标是指使用文字、图形、字母、数字、色彩和声音组合，或者上述要素的相互组合构成的商标。立体商标是指由产品的容器、包装、外形以及其他具有立体外观的三维标志构成的商标。

(2) 按照商标的适用对象分类，可以分为商品商标和服务商标。商品商标是指用于各种商品上，用来区别不同生产者和经营者的商标，如“海信”、SONY 等。服务商标指使用于服务项目，用来区别服务提供者的商标。

(3) 根据商标的作用，可以分为集体商标和证明商标。集体商标是指以团体、协会或者其他组织名义注册，供该组织成员在商事活动中使用，以表明使用者在该组织中的成员资格的标志。证明商标是指由对某种商品或者服务具有监督能力的组织所控制，而由该组织以外的单位或者个人使用于其商品或者服务，用以证明该商品或者服务的原产地、原料、制造方法、质量或者其他特定品质的标志。

(4) 按照是否注册分类，可以分为注册商标和未注册商标。注册商标是指由当事人申请，经国家主管机关审查核准，予以注册的商标。没有经过注册的商标不受到商标法的保护。

（三）商标的功能

一般认为，现代的商标具有如下的功能。

(1) 识别功能。是商标的标识功能，可以区别自己和他人，是商品的生产者、经营者或服务的提供者为了自己区别他人在自己商品或者服务上使用的标志。

(2) 品质保证功能。也是质量保证或担保功能，指同一商标所标识的商品或者服务具有同样的品质，即具有品质的同一性。

(3) 广告及竞争功能。商标是经营者与消费者联系的纽带和桥梁。每个生产者或服务者自己的商标也是在市场中生存竞争的关键，主导着自己在市场中的生死存亡。

二、商标法的概念

商标法是调整因商标的注册、使用、转让、保护和管理及保护所发生的各种社会关系的法律规范的总称。1982 年 8 月 23 日第五届人民代表大会常委会第二十四次会议通过了《中华人民共和国商标法》（以下简称《商标法》），该法自 1983 年 3 月 1 日起施行（1993、2001、2013 年三次修正），现行的《商标法》是 2014 年 5 月 1 日起开始施行。1983 年 3 月 10 日国务院发布《中华人民共和国商标法实施细则》，2002 年 8 月 3 日国务院公布《中华人民共和国商标法实施条例》，该条例自 2002 年 9 月 15 日起施行，同时废止《中华人民共和国商标法实施细则》，同时为了切实保护驰名商标注册人的合法权益，维护社会经济秩序，促进经济发展，国家工商行政管理局于 1996 年 8 月 14 日制定了《驰名商标认定和管理暂行规定》（1996 年修正，2003 年废止）；2003 年 4 月 17 日国家工商行政管理局另行发布了《驰名商标认定和保护规定》(2003 年 6 月 1 日起施行)。

三、商标注册

(一) 商标注册的概念

商标注册是商标使用人依照法律规定的程序,将自己使用的商标向国家商标局申请注册,经审查核准注册,并取得商标专用权的活动。

商标注册是《商标法》的核心,只有经过注册的商标才享有商标专用权,受法律保护;没有经过注册的商标可以依法使用,但不得侵犯已经注册的商标的专用权。

(二) 商标注册的原则

1. 自愿注册为主与强制注册相结合的原则

所谓自愿原则,又称自愿注册原则,主要指商标所有人对其所有的商标是否申请注册,可根据情况自行决定。商标注册实行自愿原则,表明商标所有人也可以不申请商标注册。但由于只有经过注册的商标才能取得商标专用权,才能受到法律的保护,所以商标所有人在不申请商标注册的情况下,不受法律保护,也就不能禁止他人使用自己未经注册的商标。

实行商标自愿注册原则,也有一定的例外,即某些特定的商品必须申请商标注册,否则不能在市场上销售。按照目前的规定,人用药品和烟草制品必须申请商标注册。人用药品包括中成药(含药酒)、化学原料及其制剂、抗生素、生化药品、放射性药品、血清疫苗、血液制品和诊断药品;烟草制品包括卷烟、雪茄烟和有包装的烟丝。上述商品必须使用注册商标,这实际上是一种商标强制注册制度,是商标自愿注册原则的一个例外。

2. 申请在先和使用在先的原则

申请在先原则是指两个或两个以上相同或者相近似的商标都提出了注册的申请,只给申请在先的商标予以注册。同一天申请的,按照使用在先的原则,初步审定并公告使用在先的商标,驳回其他人的申请。同日使用或均未使用的,申请人应当进行协商解决,超过 30 天达不成协议的,由商标局裁定,或者抽签裁定。

我国《商标法》在坚持申请在先原则的同时,还强调申请在先的正当性,防止不正当的抢注。

3. 多类商品,一个商标,一份申请的原则

申请人应当根据国家工商局公布的《商标注册商品和服务国际分类表》规定的名称、类别号,按照“多类商品,一个商标,一份申请”的原则提出申请。申请人可以通过一份申请就多个类别的商品申请注册同一商标。

(三) 注册商标的条件

1. 申请人的条件

申请人必须拥有与商标相适应的商品或者服务,应对其使用商标的商品或者服务负责。

(1) 自然人、法人或者其他组织。自然人、法人或者其他组织对其生产制造、加工、拣选或者经销的商品或提供的服务项目,需要取得商标专用权的,应当向商标局申请商品

商标注册。

(2) 共同申请人。两个以上的自然人、法人或者其他组织可以共同向商标局申请注册同一商标,共同享有和行使该商标专用权。

(3) 外国人或外国企业。外国人或外国企业在中国申请注册的,应按其所属国和我国签订的协议或共同参加的国际条约办理,或按照对等的原则办理。

2. 商标的构成条件

(1) 商标的必备条件。商标的必备条件包括:①商标应具有可识别性,包括文字、图形、字母、数字、三维标志、颜色和组合声音等,以及上述要素的组合,均可作为商标申请注册;②商标应具有显著性,商标是区别商品的标志,无论是以什么样的形式出现的,都要有自己的个性和创新,能够充分代表自己的标志;③商标不得与他人的商标相同或者近似。

(2) 商标的限制性或禁止性规定。《商标法》第 10 条规定,下列标志不得作为商标使用:①同中华人民共和国的国家名称、国旗、国徽、军旗、勋章相同或者近似的,以及同中央国家机关所在地特定地点的名称或者标志性建筑物的名称、图形相同的;②同外国的国家名称、国旗、国徽、军旗相同或者近似的,但该国政府同意的除外;③同政府间国际组织的名称、旗帜、徽记相同或者近似的,但经该组织同意或者不易误导公众的除外;④与表明实施控制、予以保证的官方标志、检验印记相同或者近似的,但经授权的除外;⑤同"红十字"、"红新月"的名称、标志相同或者近似的;⑥仅有本商品的通用名称、图形、型号的;⑦直接表示商品的质量、主要原料、功能、用途、重量、数量及其他特点的;⑧带有民族歧视性的;⑨夸大宣传并带有欺骗性的;⑩有害于社会主义道德风尚或者有其他不良影响的。

县级以上行政区划的地名或者公众知晓的外国地名,不得作为商标。但是,地名具有其他含义或者作为集体商标、证明商标组成部分的除外;已经注册的使用地名的商标继续有效。

《商标法》第 11 条规定,下列标志不得作为商标注册:①仅有本商品的通用名称、图形、型号的;② 仅仅直接表示商品的质量、主要原料、功能、用途、重量、数量及其他特点的;③其他缺乏显著特征的。

以三维标志申请注册商标的,仅由商品自身的性质产生的形状、为获得技术效果而需有的商品形状或者使商品具有实质性价值的形状,不得注册。

为相关公众所熟知的商标,持有人认为其权利受到侵害时,可依照本法请求驰名商标保护。就相同或者类似商品申请注册的商标是复制、摹仿或者翻译他人未在中国注册的驰名商标,容易导致混淆的,不予注册并禁止使用。就不相同或者不相类似商品申请注册的商标是复制、摹仿或者翻译他人已经在中国注册的驰名商标,误导公众,致使该驰名商标注册人的利益可能受到损害的,不予注册并禁止使用。

未经授权,代理人或者代表人以自己的名义将被代理人或者被代表人的商标进行注册,被代理人或者被代表人提出异议的,不予注册并禁止使用。就同一种商品或者类似商品申请注册的商标与他人在先使用的未注册商标相同或近似,申请人与该他人具有前款规定的以外的合同业务往来关系而明知该他人商标存在,该他人提出异议的,不予注册。

商标中有商品的地理标志,而该商品并非来源于该标志所标示的地区,误导公众的,不予注册并禁止使用;但是,已经善意取得注册的继续有效。这里所称地理标志,是指标示某商品来源于某地区,该商品的特定质量、信誉或者其他特征,主要由该地区的自然因素或者人文因素所决定的标志。

(四) 商标注册的程序

1. 注册申请

申请人向所在地的市、县工商行政管理局提出商标注册申请,经其初步审核认可后,由其向国家商标局转递申请人的申请。每一个商标注册申请提交商标申请书一份,商标图样10份,商标黑白墨稿一份及有关证明文件。申请人提出商标注册申请时,应当按规定要求进行。

2. 审查

国家商标局接到地方工商行政管理局核转的商标注册申请后,依照《商标法》的规定,应当自收到商标注册申请文件之日起9个月内审查完毕,符合法律规定的,予以初步审定公告。对初步审定公告的商标,自公告之日起3个月内无人提出异议,或虽有异议,但经商标局裁定异议不能成立的,商标局予以核准登记注册,向申请人颁发《商标注册证》,并进行第二次公告,异议裁定应自公告期满之日起12个月内作出,并书面通知异议人和被异议人。有特殊情况需要延长的,经国务院工商行政管理部门批准,可以延长6个月。对驳回申请、不予公告的商标,商标局应当书面通知商标注册申请人。商标注册申请人不服的,可以自收到通知之日起15日内向商标评审委员会申请复审。商标评审委员会应当自收到申请之日起9个月内作出决定,并书面通知申请人。有特殊情况需要延长的,经国务院工商行政管理部门批准,可以延长3个月。当事人对商标评审委员会的决定不服的,可以自收到通知之日起30日内向人民法院起诉。

四、商标权及对商标权的保护

商标权是指商标注册人在法定的期限内对其注册商标所享有的受国家保护的各种权利,商标权是商标法的核心。商标权的主体是注册商标所有人,客体是注册商标。

(一) 商标权人的权利

(1) 商标专用权,是注册商标的所有人对注册商标享有的独占使用权。一是商标使用权,商标权人有权在其注册核准范围内使用注册商标并获得合法的经济利益,以及利用注册商标进行广告宣传;二是禁止权,商标权人有权排除其他任何人在相同或者类似的商品或服务上,使用与其注册商标相同或者相近似商标。

(2) 商标许可权,是商标权人可以通过签订商标使用许可合同,许可他人使用其注册商标的权利。

(3) 商标转让权,是商标权人依法将其注册商标转让给他人的权利。

(4) 请求保护权,商标权人有权在自己的商标权受到侵害时请求国家机关予以保护。

(二) 商标权人的义务

(1) 依法使用注册商标。连续三年不使用或停止使用的，商标局有权撤销其注册商标。使用注册商标时应在商标上注明注册标记，即"注册商标"字样或者简化的注册标记。在商品上不便标记的，应当在商品包装或者说明书及其附着物上标明。

(2) 保证商品和服务的质量。

(3) 按时缴纳各项费用。

(三) 商标权的保护范围

商标法规定，注册商标的专用权，以核准注册的商标和核定使用的商品为限。

(四) 商标的保护期限

注册商标只有在有效的期限内才受到法律保护。根据我国《商标法》的规定，注册商标的有效期为 10 年，自核准注册之日起开始计算。注册商标有效期满，需要继续使用的，应当在期满前 6 个月内申请续展注册。在此期间未能提出申请的，可以给予 6 个月的宽展期。宽展期满仍未提出申请的，注销其注册商标。续展注册的次数不限，但每次续展注册的有效期仍为 10 年。

(五) 注册商标的变更

注册商标需要改变文字、图形的以及需要变更注册人的名称、地址或者其他注册事项的，应提出变更申请。

(六) 商标侵权行为及处理

我国商标法将商标侵权归为以下几种：

(1) 未经商标注册人的许可，在同一种商品或类似商品上使用与其注册商标相同或近似的商标的；

(2) 未经商标注册人的许可，在同一种商品上使用与其注册商标近似的商标，或者在类似商品上使用与其注册商标相同或者近似的商标，容易导致混淆的；

(3) 销售侵犯商标专用权的商品的；

(4) 伪造、擅自制造他人注册商标标识或销售伪造、擅自制造的注册商标标识的；

(5) 未经商标注册人同意，更换其注册商标并将该更换商标的商品又投入市场的；

(6) 故意为侵犯他人商标专用权行为提供便利条件，帮助他人实施侵犯商标专用权行为的；

(7) 给他人的注册商标专用权造成损害的其他的侵权行为。

根据《商标法》规定，对商标侵权行为，国家机关应视情节轻重追究责任人的民事责任、行政责任直至刑事责任。其中，承当民事责任的方式主要有停止侵害、消除影响、赔偿损失；承担行政责任方式主要是罚款、收缴或销毁物品、责令停止侵权；承担刑事责任的方式主要有有期徒刑、拘役、管制、罚金。

侵犯商标专用权的赔偿数额，按照权利人因被侵权所受到的实际损失确定；实际损失难以确定的，可以按照侵权人因侵权所获得的利益确定；权利人的损失或者侵权人获得的利益难以确定的，参照该商标许可使用费的倍数合理确定。对恶意侵犯商标专用权，情节严重的，可以在按照上述方法确定数额的一倍以上三倍以下确定赔偿数额。赔偿数额应当包括权利人为制止侵权行为所支付的合理开支。权利人因被侵权所受到的实际损失、侵权人因侵权所获得的利益、注册商标许可使用费难以确定的，由人民法院根据侵权行为的情节判决给予300万元以下的赔偿。

（七）驰名商标的保护

驰名商标是在市场上具有一定知名度和美誉度并为相关公众知晓的商标。

1. 对驰名商标的认定

（1）认定机关。商标局、商标评审委员会、人民法院均可根据审查处理案件需要，对商标驰名情况予以认定。

（2）认定原则。认定驰名商标应遵循公开、公平的原则。认定时应当询问有关部门和专家的意见。

（3）认定驰名商标应当考虑的因素：①相关公众对该商品的知晓程度；②该商标使用的持续时间；③该商标的任何宣传工作的持续时间、程度和地理范围；④该商标作为驰名商标受保护的记录；⑤该商标驰名的其他因素。

2. 特殊保护

（1）禁止他人在相同或类似商品及其他类别商品上使用该驰名商标相同或近似的商标。

（2）对恶意注册的驰名商标，驰名商标所有人可以请求商标评审委员会裁定撤销该注册商标，并且不受5年的时间限制。

五、商标管理

商标管理是国家商标主管机关依法对注册商标和未注册商标的使用所进行的管理活动。在我国，商标主管机关是国家和地方各级工商行政管理局商标局。

（一）注册商标的使用管理

1. 注册商标争议

对已经注册商标产生争议的，可以在该商标注册之日起5年内，向商标评审委员会申请裁定，由商标评审委员会在12个月内依法作出裁定，撤销或维持被争议的注册商标。当事人对裁定不服的，可以自收到通知之日起30日内向人民法院起诉。人民法院应当通知商标裁定的对方当事人作为第三人参加诉讼。

2. 注册商标的撤销

凡使用注册商标的，有下列行为之一的，由商标局责令限期改正或撤销其注册商标：①自行改变注册商标的，自行改变注册商标的主持人名义、地址和其他注册事项的；②注册商标成为其核定使用的商品的通用名称；③无正当理由连续三年停止使用注册商标的。

对商标局撤销或者不予撤销注册商标的决定，当事人不服的，可以自收到通知之日起15日内向商标评审委员会申请复审。商标评审委员会应当自收到申请之日起9个月内做出决定，并书面通知当事人。有特殊情况需要延长的，经国务院工商行政管理部门批准,可以延长3个月。当事人对商标评审委员会的决定不服的,可以自收到通知之日起30日内向人民法院起诉。

被撤销的注册商标,由商标局予以公告,该注册商标专用权自公告之日起终止。

3. 注册商标的注销

注销商标是因商标权主体消灭或者商标权人自愿放弃商标权等原因,而由商标局采取的终止其商标权的一种形式。经商标局注销的注册商标,其专用权随之消失。

为了保护消费者的权利,在注销一年内,他人不得以相同或近似商标再进行注册。

(二) 未注册商标的使用管理

未注册商标如果不是法律规定必须注册的,可以使用,但使用人不具有商标专用权,因而也不受到法律保护。使用未注册商标,有下列行为之一的,由地方工商行政管理部门予以制止,限期改正,并可予以通报并处以罚款:①冒充注册商标的;②商标的文章、图形及组合违反商标标志禁用规定的;③粗制滥造,以次充好,欺骗消费者的。

此外,凡使用未注册商标不标明企业名称和地址的商品,不得在市场上销售。

本章小结

工业产权是指人们依法对应用于商品生产和流通中的创造发明和显著标记等智力成果,在一定地区和期限内享有的专有权,包括商标权和专利权,是知识产权的重要组成部分。

它是一种无形资产,具有专有性、地域性、时间性等特征。工业产权法是调整在工业产权的申请、确认、保护、使用和管理过程中所发生的各种社会关系的法律规范的总称。

专利是指专利机关代表国家依法授予发明人、设计人或其所属单位对某项发明创造在法律规定的期限内享有的专有权。专利法是调整因专利权的申请、取得、管理、使用和保护而产生的各种社会关系的法律规范的总称。对于职务发明创造,申请专利的权利属于该单位,申请被批准后,该单位为专利权人。对于非职务发明创造,申请专利的权利属于发明人或者设计人。专利权的客体包括发明、实用新型和外观设计。要取得发明和实用新型专利必须同时具备新颖性、创造性和实用性,要取得外观设计专利只要具备新颖性即可。在申请专利的时候要遵循先申请原则和单一性原则,并提交规定的申请文件,专利主管机关经过初步审查、早期公开、实质审查、撤回与驳回等程序,对符合条件的作出授予专利权的决定,发给专利证书,登记和公告。发明专利的保护年限是20年,实用新型和外观设计专利的保护年限是10年,在此期间专利权受法律保护。

商标是指由文字、图形、字母、数字、三维标志和颜色组合,以及上述要素的组合,使用于一定的商品或者服务项目上,用以区别商标使用者与同类商品的生产经营者或者同类服务业经营者的显著标记。申请商标注册时应该遵循自愿注册为主、强制注册例外原则,申请在先原则,防止误导公众原则和禁止恶意注册原则。商标注册后取得商标权,包括商标专用权、许可权、转让权和请求保护权等。同时,商标权人也应该履行法定义务。商标权的保护期限为10年,期满可以申请续展。对于侵犯商标的行为法律给予制裁。

基本概念

工业产权　专利法　发明　实用新型　外观设计　商标　商标法

思考与训练

1. 工业产权有哪些法律特征?
2. 专利权取得的条件有哪些?
3. 简述发明、实用新型和外观设计的特征。
4. 专利申请的原则有哪些?
5. 申请注册商标应当具备什么条件?
6. 商标注册应遵循哪些原则?

案例分析

(1) 为解决世界能源危机问题,科技人员试图搞出一些发明创造,但都未成功。科研人员李某提出了一种从未有人提出过的设想,如能在太阳和地球之间建立一个直径10000公里的圆壳体,就可以将太阳的能量反射到地球上,这样,地球能量将会增加100亿倍,能源危机问题就会得到解决。问题:李某这一设想是否是《专利法》所称的发明?

(2) 甲工厂于2003年3月20日完成了一种铸件球磨新工艺,并于3月31日向国家专利局提交了专利申请。4月21日甲厂将新工艺投入生产并在其生产的球磨产品上使用"新世纪"商标。4月30日甲工厂向商标局提出了商标注册申请。乙工厂在未参考甲工厂任何有关技术资料的情况下,于2003年3月25日独立地研制出与甲工厂基本相同的球磨工艺,并且于3月31日向专利局递交了有关专利申请,4月15日乙工厂将该工艺投入生产,4月25日开始在其球磨产品上使用"新世纪"商标,并且于4月30日向商标局递交了有关商标注册申请。

问题:

① 哪一个工厂将取得专利权?并简要分析。

② 哪一家工厂可以进行商标注册?并简要分析。

(3) 张某在甲研究所任工程师期间,研究所安排其开发一种高压阀门产品,1994年10月5日张某退休时尚未完成此项产品的开发。退休后,乙工厂协助张某完成了此项产品的开发,并与其订立了协议:产品开发成功后,乙工厂有制造该产品的权利,专利申请权归张某。该产品开发成功后,张某于1995年10月5日申请实用新型专利并获得授权。甲研究所得知此情况后,以该产品系职务发明为由,要求张某与之签订专利权转让合同,张某怕影响与甲研究所的关系,遂签订了专利权转让合同,经过登记、公告,甲研究所成为该发明创造的专利权人。当乙工厂按张某开发的成果制造高压阀门产品并进行广告宣传时,甲研究所遂向有关单位发送材料,声明该产品是其专利产品,阻止他人与乙工厂签订产品订货合同,乙工厂的生产受到严重的阻碍。在此情况下,乙工厂遂向法院起诉,以与张某签订的协议为依据,认为其享有该产品的生产权,甲研究所的诋毁宣传给其造成损失,要求停止侵害并赔偿损失。甲研究所提起反诉,主张该产品是其专利产品,乙工厂应当停止侵权并赔偿损失。

试问:

① 该高压阀门产品的发明属于职务还是非职务发明创造？

② 张某就该高压阀门产品与乙工厂签订的合同是否有效力？

③ 张某与甲研究所签订的专利权转让合同是否有效力？

④ 乙工厂诉甲研究所对其实施不正当竞争能否成立？

⑤ 甲研究所的反诉能否成立？

(4) 某纺织品公司在其经销的丝绸衬衣上镶了一朵荷花，并用“荷花”作为其商标，2000 年 4 月 28 日向商标局提出注册申请，商标局经审核后于 5 月 15 日予以公告。2000 年 8 月 14 日某丝绸公司向商标局提出异议，认为公告的某纺织品公司的“荷花”商标与其在丝绸内衣上使用的“莲花牌”注册商标极为相似，图形都是一朵花，看上去一模一样。商标局经过审查后，裁定异议成立，驳回了某纺织品公司的申请。该公司对裁定不服，准备以某丝绸公司提出异议时已超过规定的时间为由向商标评审委员会提出复议的请求。

根据以上资料，回答下列问题：

① 假设某纺织品公司与某丝绸公司是在同一天提出了商标注册申请，那么商标局该如何处理？

② 某丝绸公司提出异议的时间是否超过了规定的时间？

③ 某纺织品公司请求复审的申请应该在什么时候提出？

(5) 甲卷烟厂使用注册商标蓝鸟牌香烟，一年后发现乙乡政府卷烟厂未经商标注册，也生产销售蓝鸟香烟，且质量较差。甲厂认为乙厂的行为严重损害了自己的产品信誉，就委托某律师事务所丙律师，意诉请法院求偿。乙厂得知后找到甲厂，申明：本厂使用该商标已有两年之久，并无假冒侵权之意，并主张通过许可协议，取得甲厂的使用权。甲厂同意并订立了商标许可协议，但坚持要求乙厂先行赔偿。后，双方找到律师进行咨询，问：

① 乙厂的行为属于何种性质？违反了我国商标管理的哪些规定？其法律后果如何？

② 如果甲乙双方达成了使用许可协议，当事人应遵行我国商标法的哪些规定？

第八章 经济竞争法律制度

第一节 反不正当竞争法

一、反不正当竞争法概述

（一）反不正当竞争法的概念和调整对象

反不正当竞争法是由国家制定的，为保护国家和人民的利益、保护社会主义竞争秩序，制裁生产经营活动中不正当竞争行为的法律规范的总称。我国于1993年9月2日通过了《中华人民共和国反不正当竞争法》（以下简称《反不正当竞争法》），自1993年12月1日起施行。我国反不正当竞争法的立法目的就是为了保证社会主义市场经济健康发展，鼓励和保护正当竞争，制止不正当竞争，保护经营者和消费者的合法权益。

（二）反不正当竞争法的基本原则和作用

1. 反不正当竞争法的基本原则

市场经济条件下的竞争，体现了市场经济规律的内在要求，而这一要求决定了竞争的准则。同时，我国的市场竞争是社会主义条件下的竞争，因此，我国的《反不正当竞争法》遵循了以下几项基本原则：

（1）自愿、平等、公平竞争的原则

参与社会主义市场经济的一切经营者，不论其所有制形式如何、营销方式如何，都应当遵循自愿、平等、公平的原则，合法地进行竞争。竞争主体，不论是法人、其他经济组织或个人，都应完全依据自己的意愿设立、变更或终止民事法律关系，都有表达自己真实意志的权利，也有尊重他人表达自己真实意志的义务。

（2）诚实信用的原则

经营者在市场交易中应当严格依据法律的规定和合同的约定行事，尊重实际情况，讲求商业信誉，应以善意的方式进行交易，不得采取虚假欺诈手段。竞争必须遵守公认的商业道德，不正当竞争行为的本质特征就是违背了诚实信用的商业竞争规则。

（3）参照国际惯例、国际条约的原则

随着我国对外开放的扩大，不正当竞争也愈来愈多地涉及国际经济贸易关系。《反不正当竞争法》体现了国际惯例、国际条约的有关规定，特别是我国已参加的国际条约，如《保护工业产权巴黎公约》等，以适应处理不正当竞争案件的实际需要。

2. 反不正当竞争法的作用

(1) 建立统一的社会主义市场经济秩序，保障社会主义市场经济健康发展；

(2) 规范经营者的竞争行为，提高经济效益；

(3) 保护经营者的合法权益；

(4) 保护消费者的合法权益，体现社会主义制度的优越性。

二、不正当竞争行为

(一) 不正当竞争的概念

《反不正当竞争法》第 2 条第 2 款规定："本法所称的不正当竞争，是指经营者违反本法规定，损害其他经营者的合法权益，扰乱社会经济秩序。"经营者是指从事商品经营或营利性服务的法人、其他经济组织和个人。经营者的特征是具有营利性，即只有向社会、向他人提供商品或服务并取得利润的才是经营者，没有从事商品经营或营利性服务的，就不能构成不正当竞争的主体。不正当竞争主体的范围是很广的，既可以是法人，也可以是其他经济组织，还可以是个人(不但包括中国公民，而且包括在中国境内从事商品经营或营利性服务的外国人)。

(二) 法律对不正当竞争行为的规定

《反不正当竞争法》第二章专章规定了不正当竞争行为，具体表现为 11 种，其中 4 种属于限制竞争行为，另外 7 种属于不正当竞争行为。

1. 限制竞争行为

限制竞争行为是指妨碍甚至完全阻止、排除市场主体进行竞争的协议和行为。在我国限制竞争行为的实施者通常有两类主体：一是公用企业和其他依法具有独占地位的经营者；二是政府及其所属部门。限制竞争行为有以下 4 种形式：

(1) 公用企业或其他依法具有独占地位的经营者的限制竞争行为。"公用企业"是指城镇中为适应公众的生活需要而经营的具有公共利益性质的企业组织，如提供自来水、电力、煤气或天然气的供应，电话、电报等通信服务，城市公共交通以及公共道路、住宅等的企业。这些公用企业通常具有垄断的性质。"其他依法具有独占地位的经营者"是指除上述公用企业外，法律、行政法规规定而具有独占地位的企业。以上两类经营者凭借其特殊地位，限定他人购买自己指定的经营者的商品，利用独占地位安排他人之间进行交易。

(2) 政府及其所属部门限制竞争行为。《反不正当竞争法》第 7 条规定，政府及其所属部门不得滥用行政权力，限定他人购买其指定的经营者的商品，限制其他经营者正当的经营活动。政府及其所属部门不得滥用行政权力，限制外地商品流入本地市场，或者本地商品流向外地市场。

(3) 搭售或附加其他不合理条件的行为。该行为是指经营者销售商品时，违背购买者的意愿，强行搭售商品或者附加其他不合理条件。搭售行为是经营者用具有市场优势的商品搭售市场地位较低、销路较差、不受消费者欢迎的商品，通过这种手段扩大销售量。

(4) 招标投标中的串通行为。该行为是指投标者和招标者为排挤对手,相互勾结,串通投标,故意抬高或压低标价的不正当竞争行为。所谓招标,就是买方通过公告或寄招标单的形式,说明交易条件,邀请供货人或承包人前来承卖或承包工程的行为。投标是指卖方(供货人或承包人)按招标人的要求,报出竞争条件,争取达成交易的行为。

2. 不正当竞争行为的含义

不正当竞争行为是指经营者在市场竞争中,采取非法的或者有悖于公认的商业道德的方式,与其他经营者竞争的行为。

(1) 混淆行为。混淆行为是指经营者在市场经营活动中,以种种不法手段排挤他人商品,而以不实手法对自己的商品或服务作虚假表示、说明或者承诺,或不当利用他人的智力劳动成果推销自己的商品或者服务,使用户或者消费者产生误解,扰乱社会市场秩序,损害同业或者消费者利益的行为。体现为:①假冒他人的注册商标;②擅自使用知名商品特有的名称、包装、装潢,造成和他人的知名商品相混淆,使购买者误认为是该知名商品;③擅自使用他人的企业名称或者姓名,使人误认为是他人的商品;④在商品上伪造或者冒用认证标志、名优标志等质量标志,伪造产地,对商品质量作引人误解的虚假表示。

(2) 商业贿赂行为。该行为是指经营者采用财物或其他手段进行贿赂以销售或购买商品。经营者采用贿赂手段推销商品违背了诚实信用的商业道德,对正当经营者来说是一种打击,是不公正的。经营者在销售或者购买商品时,可以以明示的方式给对方折扣,给中间人佣金,但买卖双方包括中间人必须将其如实入账。国家鼓励经营者采取多种形式促销和购买,同时要求这些方式必须在法律、法规规定以及政策许可的范围内进行。否则,如果在账外暗中给对方单位或者个人回扣的,以行贿论处;对方单位或个人在账外暗中收受回扣的,以受贿论处。

(3) 虚假的广告宣传行为。该行为是指经营者利用广告或其他方法,对商品的质量、制作成分、性能、用途、生产者、有效期限、产地等作引人误解的虚假宣传,以及广告的经营者在明知或应知的情况下,代理、设计、制作、发布虚假广告。

(4) 侵犯商业秘密的不正当竞争行为。商业秘密是指不为公众所知悉、能为权利人带来经济效益、具实用性并经权利人采取保密措施的技术信息和经营信息。商业秘密是一种与知识产权最相邻的财产权,它可以给商业秘密所有人或使用权人带来经济利益,造成经济优势。用不正当的手段侵犯他人的商业秘密也是一种法律所禁止的不正当竞争行为。这种行为主要表现为:①以盗窃、利诱、胁迫或者其他不正当竞争手段获取权利人的商业秘密;②披露、使用或者允许他人使用以上述手段获取的权利人的商业秘密;③违反约定或者违反权利人有关保守商业秘密的要求,披露、使用或者允许他人使用其所掌握的商业秘密;④第三人明知或应知前面所列违法行为,获取、使用或者披露他人的商业秘密。

(5) 以排挤竞争对手为目的的低价销售的行为。价格高低应当由市场决定,法律不宜干预企业的定价权。但是,以低于成本的价格销售商品对于经营者来说,实际上实行的是一种亏损性经营,这种异常的价格选择以排挤竞争对手为目的,以牺牲自身的暂时经济利益为代价，最终损害竞争对手的经济利益，因此，同样是一种不正当竞争行为。但有下列行为之一的，不属于不正当竞争行为：①销售鲜活商品；②处理有效期限即将到期的商品或者其他积压的商品；③季节性降价；④因清偿债务、转产、歇业降价销售商品。

(6) 违反规定的有奖销售行为。有奖销售是指经营者为扩大商品销路、吸引顾客，通过把售出的商品所得全部利润的一部分拿出来设立资金或奖品进行推销的行为。不正当竞争的有奖销售行为表现形式有三种：一是经营者采用谎称有奖或者故意让内定人员中奖的欺骗方式进行有奖销售；二是利用有奖销售的手段推销质次价高的商品；三是抽奖式的有奖销售，最高奖的金额超过 5000 元。对于消费者来说，这种方法具有一定的吸引力，使他们在正常的消费过程中可能意外地得到获奖机会。但某些经营者却利用消费者的盲目性和投机心理促销，利用有奖销售来坑害消费者和其他经营者的合法权益，制造不公平竞争，对我国社会主义市场经济的健康发展造成了极大的破坏。

(7) 损害竞争对手的商业信誉、商品声誉的行为。商业信誉是指经营者以公平、公正、公开的方法，遵守法律、法规和商业道德，通过诚实劳动所取得的“精神成果”。商品声誉是指经营者通过诚实劳动，走提高质量、降低成本、增加效益的道路，从而使生产出的商品质量高、价格合理、性能齐全、用户信得过。一种商品的声誉如何，直接影响到这个企业的商业信誉。商业信誉是企业的生命，需经过长时间的艰苦努力才能得以建立，它可以使企业拥有广大的市场和顾客，并具有强大的市场竞争优势。如果某个经营者为了竞争的目的，不是通过诚实劳动提高自己的商业信誉和竞争能力，而通过制造谣言的方式损害竞争对手长期建立的商业信誉，在广大购买者不知情的情况下，就有可能使竞争对手遭受难以挽回的巨大损失，广大消费者同时也将会受到购物选择的损失。这种不惜要手段败坏他人信誉、声誉的严重破坏公平竞争的违法行为，是极为恶劣的。只有坚决打击这种不正当竞争行为，经营者的商业信誉和商品声誉才能在市场竞争中得到法律保护，经营者才能有从事正常经营活动的安全感。

三、不正当竞争行为的监督检查

(一) 不正当竞争行为的监督检查部门

所谓监督检查，是指法定机关依照法定程序对涉嫌违法行为的经营者采用的了解、取证、督促措施以及必要的行政强制措施。

《反不正当竞争法》第 3 条第 2 款规定：“县级以上人民政府工商行政管理部门对不正当竞争行为进行监督检查；法律、行政法规规定由其他部门监督检查的，依照其规定。”“县级以上”包括县级在内，但不包括乡、民族乡、镇一级。即国家工商行政管理局，省、市、区、县的工商行政管理局都可以对不正当竞争行为进行监督检查。如果是受县工商行政管理局委托，由乡、镇工商所实施的监督检查，则应视为县工商行政管理局的具体行政行为。

监督检查部门受理案件应当按照管辖分工，既不能互相争抢，也不能互相推诿。

(二) 监督检查部门在监督检查不正当竞争行为中的职权

监督检查部门在监督检查不正当竞争行为时有权行使下列职权：①按照规定程序询

问被检查的经营者、利害关系人、证明人,并要求提供证明材料或者与不正当竞争行为有关的其他资料;②查询、复制与不正当竞争行为有关的协议、账册、单据、文件、记录、业务函电和其他资料;③检查与《反不正当竞争法》第5条规定的不正当竞争行为有关的财物,必要时可以责令被检查的经营者说明该商品的来源和数量,暂停销售,听候检查,不得转移、隐匿、销毁该财物;④对有不正当竞争行为的经营者依法给予处罚。

(三)被监督检查的当事人的义务和权利

监督检查部门在监督检查不正当竞争行为时,被检查的经营者、利害关系人和证明人应当如实提供有关资料或者情况。

当事人对监督检查部门作出的处罚决定不服的,可以自收到处罚决定之日起15日内向上一级主管机关申请复议;对复议决定不服的,可以自收到复议决定之日起15日内向人民法院提起诉讼;也可以直接向人民法院提起诉讼。

(四)对不正当竞争行为的社会监督

《反不正当竞争法》第4条第1款规定:“国家鼓励、支持和保护一切组织和个人对不正当竞争行为进行社会监督。”由于不正当竞争行为可能涉及社会经济生活的各个方面,专靠政府机构的监督检查是不够的,这就需要社会各界、一切组织和个人对不正当竞争行为进行广泛的社会监督。所谓社会监督,包括批评、建议、申诉、控告或者检举以及各种形式的舆论督促。国家对上述社会监督予以鼓励、支持和保护。

四、不正当竞争行为的法律责任

不正当竞争行为的法律责任是指经营者违反《反不正当竞争法》,实施不正当竞争行为,在法律上应当承担的责任。其责任形式有三种:行政责任、民事责任和刑事责任。

(一)行政责任

承担行政责任的方式主要有以下几种。

1. 宣布行为无效

经营者所采取的不正当竞争行为在法律上被宣布为无效,该行为所产生的法律后果无效。例如,串通投标的不正当竞争行为,其法律责任首先是该行为被宣布为无效,投标招标的结果相应也是无效的。

2. 责令停止违法行为

监督检查部门对不正当竞争行为宣布为违法后,首先责令停止违法行为。例如,经营者违法进行有奖销售的,监督检查部门应当责令停止违法行为,即责令进行违法有奖销售的经营者立即停止该项有奖销售,并处理好善后事宜。

3. 责令改正

经营者违反法律规定,实施不正当竞争行为,有关部门应责令其改正违法行为。例如,政府及其所属部门违反《反不正当竞争法》第7条规定,限定他人购买其指定的经营者的商品,限制其他经营者的正当的经营活动,或者限制商品在地区之间正常流通的,应当由其上级机关责令其改正。

4. 没收违法所得

经营者违法实施不正当竞争行为，监督检查部门可以对其作出没收违法所得的处罚。例如，构成商标侵权的不正当竞争行为，贿赂销售的不正当竞争行为，限定专购的不正当竞争行为，虚假广告宣传的不正当竞争行为，均应负没收违法所得的法律责任。

5. 罚款

经营者违法实施不正当竞争行为，监督检查部门可以对其作出罚款的处罚。如商标侵权、贿赂销售、限定专购、虚假广告宣传、侵犯商业秘密、违法进行的有奖销售、串通投标等不正当竞争行为以及经营者违反行政强制措施的行为，都可由监督检查部门对其作出罚款的处罚。罚款的数额，有违法所得的一至三倍的规定，也有一至二十万元的数额规定。例如，对商标侵权的不正当竞争行为，可处违法所得的一倍以上三倍以下的罚款，贿赂销售的不正当竞争行为可罚款一万元以上二十万元以下。

6. 行政处分

经营者违法实施不正当竞争行为，可由同级或上级机关对直接责任人员给予行政处分的处罚。例如，政府及其所属部门限定专购的行为，情节严重的，由同级或者上级机关对直接责任人员给予行政处分。

7. 吊销营业执照

经营者违法擅自使用知名商品特有的名称、包装、装潢或者与知名商品近似的名称、包装、装潢，造成和他人的知名商品相混淆，使购买者误认为是该知名商品的不正当竞争行为，情节严重的，有关部门可对其作出吊销营业执照的处罚。

（二）民事责任

1. 停止侵害

经营者正在实施不法侵害的不正当竞争行为，一经查出，首先责令停止侵害。例如，假冒他人注册商标的不正当竞争行为，一经查出，侵权者应当立即停止侵权行为，停止侵害。

2. 消除影响

经营者利用广告或其他办法，对商品作引人误解的虚假宣传，或是实施假冒商标的不正当竞争行为，损害了他人信誉、商业信誉，应承担消除影响的法律责任。

3. 赔偿损失

经营者违法实施不正当竞争行为，给被侵害的经营者造成损害的，应当承担损害赔偿责任，被侵害的经营者的损失难以计算的，赔偿额为侵权人在侵权期间因侵权所获得的利润；并应当承担被侵害的经营者因调查该经营者侵害其合法权益的不正当竞争行为所支付的合理费用。

（三）刑事责任

经营者违法实施商标侵权的不正当竞争行为、贿赂销售的不正当竞争行为，以及监督检查不正当竞争行为的国家机关工作人员滥用职权、玩忽职守，构成犯罪的，依法追究刑事责任。监督检查不正当竞争行为的国家机关工作人员徇私舞弊，对明知有违法构成犯罪的行为的经营者故意包庇不使其受追诉的，依法追究刑事责任。

五、违反《反不正当竞争法》的具体法律责任

(1) 给被侵害的经营者造成损害的，应当承担损害赔偿责任，被侵害的经营者的损失难以计算的，赔偿额为侵权人在侵权期间侵权所获得的利润；并应当承担被侵害的经营者因调查该经营者侵害其合法权益的不正当竞争行为所支付的合理费用，被侵害的经营者的合法权益受到不正当竞争行为损害的，可以向人民法院提起诉讼。

(2) 经营者假冒他人的注册商标，擅自使用他人的企业名称或者姓名，伪造或者冒用认证标志、名优标志等质量标志，伪造产地，对商品质量作引人误解的虚假表示的，依照《中华人民共和国商标法》、《中华人民共和国产品质量法》的规定处罚。

经营者擅自使用知名商品特有的名称、包装、装潢，或者使用与知名商品近似的名称、包装、装潢，造成和他人的知名商品相混淆，使购买者误认为是该知名商品的，监督检查部门应当责令停止违法行为，没收违法所得，可以根据情节处以违法所得一倍以上三倍以下的罚款；情节严重的可以吊销营业执照；销售伪劣商品，构成犯罪的，依法追究刑事责任。

(3) 经营者采用财物或者其他手段进行贿赂以销售或者购买商品，构成犯罪的，依法追究刑事责任；不构成犯罪的，监督检查部门可以根据情节处以一万元以上二十万元以下的罚款，有违法所得的，予以没收。

(4) 公用企业或者其他依法具有独占地位的经营者，限定他人购买其指定的经营者的商品，以排挤其他经营者的公平竞争的，省级或者设区的市的监督检查部门应当责令停止违法行为，可以根据情节处以五万元以上二十万元以下的罚款。被指定的经营者借此销售质次价高商品或者滥收费用的，监督检查部门应当没收违法所得，可以根据情节处以违法所得一倍以上三倍以下的罚款。

(5) 经营者利用广告或者其他方法，对商品作引人误解的虚假宣传的，监督检查部门应当责令停止违法行为，消除影响，可以根据情节处以一万元以上二十万元以下的罚款。

广告的经营者，在明知或者应知的情况下，代理、设计、制作、发布虚假广告的，监督检查部门应当责令停止违法行为，没收违法所得，并依法处以罚款。

(6) 侵犯商业秘密的，监督检查部门应当责令停止违法行为，可以根据情节处以一万元以上二十万元以下的罚款。

(7) 经营者违法进行有奖销售的，监督检查部门应当责令停止违法行为，可以根据情节处以一万元以上十万元以下的罚款。

(8) 投标者串通投标，抬高标价或者压低标价；投标者和招标者相互勾结，以排挤竞争对手的公平竞争的，其中标无效。监督检查部门可以根据情节处以一万元以上二十万元以下的罚款。

(9) 经营者有违反被责令暂停销售，不得转移、隐匿、销毁与不正当竞争行为有关的财物的行为的，监督检查部门可以根据情节处以被销售、转移、隐匿、销毁财物的价款的一倍以上三倍以下的罚款。

当事人对监督检查部门作出的处罚决定不服的，可以自收到处罚决定之日起 15 日内向上一级主管机关申请复议；对复议决定不服的，可以自收到复议决定书之日起 15 日

内向人民法院提起诉讼；也可以直接向人民法院提起诉讼。

政府及其所属部门违反本法第 7 条规定，限定他人购买其指定的经营者的商品、限制其他经营者正当的经营活动，或者限制商品在地区之间正常流通的，由上级机关责令其改正；情节严重的，由同级或者上级机关对直接责任人员给予行政处分。被指定的经营者借此销售质次价高商品或者滥收费用的，监督检查部门应当没收违法所得，可以根据情节处以违法所得一倍以上三倍以下的罚款。

监督检查不正当竞争行为的国家机关工作人员滥用职权、玩忽职守，构成犯罪的，依法追究刑事责任；不构成犯罪的，给予行政处分。监督检查不正当竞争行为的国家机关工作人员徇私舞弊，对明知有违反本法规定构成犯罪的经营者故意包庇，致使不受追诉的，依法追究刑事责任。

第二节 产品质量法

一、产品质量法概述

(一) 产品质量法的概念

产品质量法是调整因产品质量所发生的经济关系的法律规范的总称。

产品质量包括两方面的内容，即产品问题和质量问题。广义的产品指凡与自然物相对的一切劳动生产物。法律上所讲的产品，其范围则给以具体的规定。我国《产品质量法》所讲的产品，是指“经过加工、制作，用于销售的产品”。建设工程不适用本法规定；但是，建设工程使用的建筑材料、建筑构配件和设备，属于前款规定的产品范围的，适用本法规定。这一规定，指明了《产品质量法》的调整范围不包括初级农产品和不动产。

产品质量是指国家有关法规、质量标准，以及合同规定的对产品适用性、安全性和其他特征的要求。

产品质量由下列要素构成：①产品外观，包括产品的包装；②产品的原材料品质；③产品的适用性能、适用范围；④产品的安全性能；⑤产品的经济性能，即不会给使用者造成不应有的浪费。

近几年来，我国大力加强质量法制建设。1993 年 2 月 22 日第七届全国人大常委会第三十次会议通过了我国第一部全面、系统地规定产品质量的《中华人民共和国产品质量法》(以下简称《产品质量法》)。2000 年 7 月 8 日第九届全国人民代表大会第十六次会议通过了《关于修改中华人民共和国产品质量法的决定》，自 2000 年 9 月 1 日起实施。

《产品质量法》的立法目的是为了加强对产品质量的监督管理，提高产品质量水平，明确产品质量责任，保护消费者合法权益，维护社会主义经济秩序。

(二) 产品质量法的原则

1. “质量第一”的原则

严格保证产品质量，保证产品的安全性、可靠性和适用性。国家采取各种措施贯彻这一原则：其一，加强对产品质量的行政监督管理；其二，推行先进的企业质量体系认证制度和产品质量认证制度；其三，全面具体地规定生产者、销售者在保证产品质量方面所承担的义务；其四，对不履行产品质量义务的责任人员予以法律制裁。

2. 保护消费者合法权益的原则

在我国，生产的目的是最大限度地满足人们日益增长的物质和文化生活的需要，即要不断满足广大消费者的要求。要实现这一目的，首先必须使消费者的合法权益得以保障。对此，我国《产品质量法》也有明确的规定。

3. 过错责任与严格责任并行原则

过错责任与严格责任是指法律的归责原则，即依据什么要求主体来承担法律责任。我国《产品质量法》对生产者采用严格责任原则，即缺陷产品如果造成了他人人身、财产损害，生产者即使没有过错，也要承担民事侵权赔偿责任。而对销售者，则采用过错责任原则。

4. 全额赔偿原则

因产品缺陷造成消费者损失，损失多少就应赔偿多少。

二、产品质量的监督管理

(一) 产品质量管理体制

国务院产品质量监督管理部门(国家质量检验和检疫局)，主管全国的产品质量监督工作。县级以上地方人民政府管理产品质量监督工作的部门，主管本行政区域内的产品质量监督管理工作。国务院和县级以上地方人民政府设置的有关行业主管部门，其主要职责是按照同级人民政府赋予的职权，负责本行政区、本行业关于产品质量的行政监督工作。如：卫生部门对仪器质量进行监督管理，工商部门对产品商标进行管理，标准化部门对质量标准进行管理等。

法律对产品质量的监督部门另有规定的依照有关法律的规定执行。

县级以上产品质量监督部门根据已经取得的违法嫌疑证据或者举报，对涉嫌违反本法规定的行为进行查处时，可以行使下列职权：

(1) 对当事人涉嫌从事违反本法的生产、销售活动的场所实施现场检查；

(2) 向当事人的法定代表人、主要负责人和其他有关人员调查、了解与涉嫌从事违反本法的生产、销售活动有关的情况；

(3) 查阅、复制当事人有关的合同、发票、账簿以及其他有关资料；

(4) 对有根据认为不符合保障人体健康和人身、财产安全的国家标准、行业标准的产品或者有其他严重质量问题的产品，以及直接用于生产、销售该项产品的原辅材料、包装物、生产工具，予以查封或者扣押。

县级以上工商行政管理部门按照国务院规定的职责范围，对涉嫌违反《产品质量法》规定的行为进行查处时，可以行使上述规定的职权。

产品质量检验机构必须具备相应的检测条件和能力，经省级以上人民政府产品质量监督部门或者其授权的部门考核合格后，方可承担产品质量检验工作。法律、行政法规对产品质量检验机构另有规定的，依照有关法律、行政法规的规定执行。从事产品质量检验、认证的社会中介机构必须依法设立，不得与行政机关和其他国家机关存在隶属关系或者其他利益关系。

（二）产品质量的宏观管理

1. 企业质量体系认证制度

企业质量体系认证制度是指国务院产品质量监督管理部门或者由它授权的部门认可的认证机构，依据国际通用的“质量管理和质量保证”系列标准，以企业的质量体系和质量保证能力进行审核，颁发给合格企业质量体系认证证书，对兹证明的制度。开展企业质量体系认证的目的是，在有合同的条件下，提高供方的质量信誉，向需方提供质量担保，以增强企业在市场的竞争能力；在没有合同的条件下，加强企业内部的质量管理，实现质量方针和质量目标。目前，企业质量体系认证采取自愿原则。

2. 产品质量认证制度

产品质量认证制度是指依据具有国际水平的产品标准和技术要求，经过认证机构确认，并通过颁发认证证书和产品质量认证标志的形式，证明产品符合相应标准和技术要求的制度。产品质量认证标准的种类按照层级不同，可以分为国际标准、区域性或国家集团标准、国家标准、行业标准、地方标准、企业标准。按照实施强制的程度不同，可以分为强制性标准和推荐性标准。产品质量认证种类有安全认证和合格认证。根据我国产品质量法规定，产品质量认证标志为：①方圆标志分为合格认证标志和安全认证标志；②长城标志为电工产品专用认证标志；③PRC 标志为电子元器件专用认证标志。产品质量认证制度采取强制和自愿相结合的原则。对于涉及人体健康和人身、财产安全的工业产品，以及重要的工业产品实行强制认证，未经认证的产品不能销售。

3. 工业产品许可证制度

国家对于具备生产条件并且产品检验合格的工业企业，发给其许可生产该项产品的凭证。其适用范围是重要的工业产品，特别是可能危及人体健康，人身、财产安全和公共利益的工业产品。

4. 产品质量抽查制度

国家对于产品质量实行以抽查为主要方式的监督检查制度，对可能危及人体健康和人身、财产安全的产品，影响国计民生的重要工业产品，以及用户、消费者和有关组织反映质量问题的产品进行抽查。监督抽查工作由产品质量监督管理部门规划和组织，抽查的结果应当公布，接受社会监督。国家监督抽查的产品，地方不得另行重复抽查；上级监督抽查的产品，下级不得另行重复抽查。

根据监督抽查的需要，可以对产品进行检验。检验抽取样品的数量不得超过检验的合理需要，并不得向被检查人收取检验费用。监督抽查所需检验费用按照国务院规定列支。

生产者、销售者对抽查检验的结果有异议的，可以自收到检验结果之日起 15 日内向实施监督抽查的产品质量监督部门或者其上级产品质量监督部门申请复检，由受理复检的产品质量监督部门作出复检结论。

对依法进行的产品质量监督检查，生产者、销售者不得拒绝。

依照本法规定进行监督抽查的产品质量不合格的，由实施监督抽查的产品质量监督部门责令其生产者、销售者限期改正。逾期不改正的，由省级以上人民政府产品质量监督部门予以公告；公告后经复查仍不合格的，责令停业，限期整顿；整顿期满后经复查产品质量仍不合格的，吊销营业执照。

三、生产者、销售者的产品质量责任和义务

（一）生产者的产品质量责任和义务

生产者必须建立严格、全面的质量管理制度，从产品的设计、试制、生产到售后服务都要实行质量管理，明确规定各个环节的质量责任。

（1）生产者生产的产品应当符合法定质量标准。

① 不存在危及人身、财产安全的不合理的危险，有保障人体健康和人身、财产安全的国家标准、行业标准的，应当符合该标准；

② 具备产品应当具备的使用性能，但是，对产品存在使用性能的瑕疵作出说明的除外；

③ 符合在产品或者其包装上注明采用的产品标准，符合以产品说明、实物样品等方式表明的质量状况。

（2）产品或者其包装上的标识必须符合法定要求。《产品质量法》第27条规定，产品或者其包装上的标识必须真实，并符合下列要求：

① 有产品质量检验合格证明。

② 有中文标明的产品名称、生产厂厂名和厂址。

③ 根据产品的特点和使用要求，需要标明产品规格、等级、所含主要成分的名称和含量的，用中文相应予以标明；需要事先让消费者知晓的，应当在外包装上标明，或者预先向消费者提供有关资料。

④ 限期使用的产品，应当在显著位置清晰地标明生产日期和安全使用期或者失效日期。

⑤ 使用不当，容易造成产品本身损坏或者可能危及人身、财产安全的产品，应当有警示标志或者中文警示说明。裸装的食品和其他根据产品的特点难以附加标识的裸装产品，可以不附加产品标识。易碎、易燃、易爆、有毒、有腐蚀性、有放射性等危险物品以及储运中不能倒置和其他有特殊要求的产品，其包装质量必须符合相应要求，依照国家有关规定作出警示标志或者中文警示说明，标明储运注意事项。

（3）生产者不得生产国家明令淘汰的产品。

（4）生产者不得伪造产地，不得伪造或者冒用他人的厂名、厂址。

（5）生产者不得伪造或者冒用认证标志等质量标志。

（6）生产者生产产品，不得掺杂、掺假，不得以假充真、以次充好，不得以不合格产品冒充合格产品。

（二）销售者的产品质量责任和义务

销售者对其销售的产品应当采取措施，保证质量，并承担下列责任和义务：

（1）销售者应当建立并执行进货检查验收制度，验明产品合格证明和其他标识。

（2）销售者应当采取措施，保持销售产品的质量。

（3）销售者不得销售国家明令淘汰并停止销售的产品和失效、变质的产品。

(4) 销售者销售的产品的标识应当符合本法第 27 条的规定。

(5) 销售者不得伪造产地，不得伪造或者冒用他人的厂名、厂址。

(6) 销售者不得伪造或者冒用认证标志等质量标志。

(7) 销售者销售产品，不得掺杂、掺假，不得以假充真、以次充好，不得以不合格产品冒充合格产品。

四、损害赔偿

(一) 销售者应当承担的损害赔偿责任

(1) 售出的产品有下列情形之一的，销售者应当负责修理、更换、退货；给购买产品的消费者造成损失的，销售者应当赔偿损失：

① 不具备产品应当具备的使用性能而事先未作说明的；

② 不符合在产品或者其包装上注明采用的产品标准的；

③ 不符合以产品说明、实物样品等方式表明的质量状况的。

销售者依照前款规定负责修理、更换、退货、赔偿损失后，属于生产者的责任或者属于向销售者提供产品的其他销售者(以下简称供货者)的责任的，销售者有权向生产者、供货者追偿。

销售者未按照第 1 款规定给予修理、更换、退货或者赔偿损失的，由产品质量监督部门或者工商行政管理部门责令改正。生产者之间，销售者之间，生产者与销售者之间订立的买卖合同、承揽合同有不同约定的，合同当事人按照合同约定执行。

(2) 由于销售者的过错使产品存在缺陷，造成人身、他人财产损害的，销售者应当承担赔偿责任。销售者不能指明缺陷产品的生产者也不能指明缺陷产品的供货者的，销售者应当承担赔偿责任。

(二) 生产者应当承担的损害赔偿责任

因产品存在缺陷造成人身、缺陷产品以外的其他财产(以下简称他人财产)损害的，生产者应当承担赔偿责任。如果生产者能够证明有下列情形之一的，不承担赔偿责任：

(1) 未将产品投入流通的；

(2) 产品投入流通时，引起损害的缺陷尚不存在的；

(3) 将产品投入流通时的科学技术水平尚不能发现缺陷的存在的。

(三) 受害人要求赔偿的对象、范围和程序

1. 受害人要求赔偿的对象

因产品存在缺陷造成人身、他人财产损害的，受害人可以向产品的生产者要求赔偿，也可以向产品的销售者要求赔偿。属于产品的生产者的责任，产品的销售者赔偿的，产品的销售者有权向产品的生产者追偿。属于产品的销售者的责任，产品的生产者赔偿的，产品的生产者有权向产品的销售者追偿。

2. 受害人要求赔偿的范围

因产品存在缺陷造成受害人人身伤害的，侵害人应当赔偿医疗费、治疗期间的护理费、因误工减少的收入等费用；造成残疾的，还应当支付残疾者生活自助用具费、生活补

助费、残疾赔偿金以及由其抚养的人所必需的生活费等费用;造成受害人死亡的,并应当支付丧葬费、死亡赔偿金以及由死者生前抚养的人所必需的生活费等费用。

因产品存在缺陷造成受害人财产损失的,侵害人应当恢复原状或者折价赔偿。受害人因此遭受其他重大损失的,侵害人应当赔偿损失。

3. 受害人要求赔偿的程序

因产品质量发生民事纠纷时,当事人可以通过协商或者调解解决。当事人不愿通过协商、调解解决或者协商、调解不成的,可以根据当事人各方的协议向仲裁机构申请仲裁;当事人各方没有达成仲裁协议或者仲裁协议无效的,可以直接向人民法院起诉。

4. 受害人要求赔偿的时效

我国《产品质量法》规定如下:

(1) 因产品存在缺陷造成损害要求赔偿的诉讼时效期间为两年,自当事人知道或者应当知道其权益受到损害时起计算。

(2) 因产品存在缺陷造成损害要求赔偿的请求权,在造成损害的缺陷产品交付最初消费者满 10 年丧失;但是,尚未超过明示的安全使用期的除外。

本法所称缺陷,是指产品存在危及人身、他人财产安全的不合理的危险;产品有保障人体健康和人身、财产安全的国家标准、行业标准的,是指不符合该标准。

五、对违反产品质量行为的处罚

(一) 对生产者、销售者违反产品质量行为的处罚

(1) 生产、销售不符合保障人体健康和人身、财产安全的国家标准、行业标准的产品的,责令停止生产、销售,没收违法生产、销售的产品,并处违法生产、销售产品(包括已售出和未售出的产品,下同)货值金额等值以上三倍以下的罚款;有违法所得的,并处没收违法所得;情节严重的,吊销营业执照;构成犯罪的,依法追究刑事责任。

(2) 生产者、销售者在产品中掺杂、掺假,以假充真,以次充好,或者以不合格产品冒充合格产品的,责令停止生产、销售,没收违法生产、销售的产品,并处违法生产、销售产品货值金额百分之五十以上三倍以下的罚款;有违法所得的,并处没收违法所得;情节严重的,吊销营业执照;构成犯罪的,依法追究刑事责任。

(3) 生产国家明令淘汰的产品的,销售国家明令淘汰并停止销售的产品的,责令停止生产、销售,没收违法生产、销售的产品,并处违法生产、销售产品货值金额等值以下的罚款;有违法所得的,并处没收违法所得;情节严重的,吊销营业执照。

(4) 销售失效、变质的产品的,责令停止销售,没收违法销售的产品,并处违法销售产品货值金额两倍以下的罚款;有违法所得的,并处没收违法所得;情节严重的,吊销营业执照;构成犯罪的,依法追究刑事责任。

(5) 伪造产品产地的,伪造或者冒用他人厂名、厂址的,伪造或者冒用认证标志等质量标志的,责令改正,没收违法生产、销售的产品,并处违法生产、销售产品货值金额等值以下的罚款;有违法所得的,并处没收违法所得;情节严重的,吊销营业执照。

(6) 产品标识不符合本法第 27 条规定的,责令改正;有包装的产品标识不符合本法第 27 条第(四)项、第(五)项规定,情节严重的,责令停止生产、销售,并处违法生产、销售

产品货值金额百分之三十以下的罚款；有违法所得的，并处没收违法所得。

(7) 销售者销售《产品质量法》规定禁止销售的产品，有充分证据证明其不知道该产品为禁止销售的产品并如实说明其进货来源的，可以从轻或者减轻处罚。

(8) 拒绝接受依法进行的产品质量监督检查的，给予警告，责令改正；拒不改正的，责令停业整顿；情节特别严重的，吊销营业执照。

(9) 隐匿、转移、变卖、损毁被产品质量监督部门或者工商行政管理部门查封、扣押的物品的，处被隐匿、转移、变卖、损毁物品货值金额等值以上三倍以下的罚款；有违法所得的，并处没收违法所得。

(10) 社会团体、社会中介机构对产品质量作出承诺、保证，而该产品又不符合其承诺、保证的质量要求，给消费者造成损失的，与产品的生产者、销售者承担连带责任。

在广告中对产品质量作虚假宣传，欺骗和误导消费者的，依照《中华人民共和国广告法》的规定追究法律责任。

(11) 对生产者专门用于生产不符合《产品质量法》所列的产品或者以假充真的产品的原辅材料、包装物、生产工具，应当予以没收。

(12) 知道或者应当知道属于《产品质量法》规定禁止生产、销售的产品而为其提供运输、保管、仓储等便利条件的，或者为以假充真的产品提供制假生产技术的，没收全部运输、保管、仓储或者提供制假生产技术的收入，并处违法收入百分之五十以上三倍以下的罚款；构成犯罪的，依法追究刑事责任。

(13) 服务业的经营者将《产品质量法》规定禁止销售的产品用于经营性服务的，责令停止使用；对知道或者应当知道所使用的产品属于本法规定禁止销售的产品的，按照违法使用的产品(包括已使用和尚未使用的产品)的货值金额，依照本法对销售者的处罚规定处罚。

违反《产品质量法》规定，应当承担民事赔偿责任和缴纳罚款、罚金，其财产不足以同时支付时，先承担民事赔偿责任。

(二) 对产品质量监督部门或者其他国家机关以及国家工作人员违法行为的处罚

(1) 产品质量检验机构、认证机构伪造检验结果或者出具虚假证明的，责令改正，对单位处五万元以上十万元以下的罚款，对直接负责的主管人员和其他直接责任人员处一万元以上五万元以下的罚款；有违法所得的，并处没收违法所得；情节严重的，取消其检验资格、认证资格；构成犯罪的，依法追究刑事责任。

(2) 产品质量检验机构、认证机构出具的检验结果或者证明不实，造成损失的，应当承担相应的赔偿责任；造成重大损失的，撤销其检验资格、认证资格。

(3) 产品质量认证机构违反《产品质量法》的规定，对不符合认证标准而使用认证标志的产品，未依法要求其改正或者取消其使用认证标志资格的，对因产品不符合认证标准给消费者造成的损失，与产品的生产者、销售者承担连带责任；情节严重的，撤销其认证资格。

(4) 各级人民政府工作人员和其他国家机关工作人员有下列情形之一的，依法给予

行政处分;构成犯罪的,依法追究刑事责任:

① 包庇、放纵产品生产、销售中违反本法规定行为的;

② 向从事违反《产品质量法》规定的生产、销售活动的当事人通风报信,帮助其逃避查处的;

③ 阻挠、干预产品质量监督部门或者工商行政管理部门依法对产品生产、销售中违反《产品质量法》规定的行为进行查处,造成严重后果的。

(5) 产品质量监督部门在产品质量监督抽查中超过规定的数量索取样品或者向被检查人收取检验费用的,由上级产品质量监督部门或者监察机关责令退还;情节严重的,对直接负责的主管人员和其他直接责任人员依法给予行政处分。

(6) 产品质量监督部门或者其他国家机关违反《产品质量法》的规定,向社会推荐生产者的产品或者以监制、监销等方式参与产品经营活动的,由其上级机关或者监察机关责令改正,消除影响,有违法收入的予以没收;情节严重的,对直接负责的主管人员和其他直接责任人员依法给予行政处分。

(三) 处罚的决定

(1) 产品质量检验机构有前款所列违法行为的,由产品质量监督部门责令改正,消除影响,有违法收入的予以没收,可以并处违法收入一倍以下的罚款;情节严重的,撤销其质量检验资格。产品质量监督部门或者工商行政管理部门的工作人员滥用职权、玩忽职守、徇私舞弊,构成犯罪的,依法追究刑事责任;尚不构成犯罪的,依法给予行政处分。以暴力、威胁方法阻碍产品质量监督部门或者工商行政管理部门的工作人员依法执行职务的,依法追究刑事责任;拒绝、阻碍未使用暴力、威胁方法的,由公安机关依照治安管理处罚条例的规定处罚。

(2)《产品质量法》规定的吊销营业执照的行政处罚由工商行政管理部门决定,其他行政处罚由产品质量监督部门或者工商行政管理部门按照国务院规定的职权范围决定。法律、行政法规对行使行政处罚权的机关另有规定的,依照有关法律、行政法规的规定执行。

第三节　消费者权益保护法

一、消费者权益保护法概述

(一) 消费者的概念及消费的特征

消费者是指为生活消费需要购买、使用商品或者接受服务的个人和单位。国际标准化组织把消费者定义为以个人消费为目的而购买或使用商品和服务的个体社会成员。

消费有以下特征:消费的性质专指生活消费,不包括生产消费;消费的方式包括购买、使用商品和接受服务;消费者对商品和服务的消费既包括自己出钱获得的消费,也包括他人出钱获得的消费;消费的主体包括公民个人和单位;消费的客体是商品和服务。这里的商品指经营有偿提供的与生活消费有关的商品,包括经过加工、制作的商品和未经过加工、制作的商品;这里的服务指经营者有偿提供的各种服务,包括金融、保险、交通运输、加工、食、宿、娱乐、提供信息等。应当强调的是，这里的商品和服务不包括法律、行政法规禁止消费的商品和服务，如毒品、枪支弹药、色情服务等。

(二) 消费者权益保护法的概念

消费者权益保护法是调整在保护消费者权益过程中发生的经济关系的法律规范的总称。该法适用于生活消费，农民购买农用生产资料时参照适用本法。

(三) 消费者权益保护法的原则

(1) 经营者应依法提供商品或者服务。

(2) 经营者与消费者进行交易，应当遵循自愿、平等、公平、诚实信用的原则。

(3) 国家保护消费者的合法权益不受侵害。

(4) 一切组织和个人对损害消费者合法权益的行为进行社会监督。

二、消费者的权利和经营者的义务

(一) 消费者的权利

在消费者权益保护制度中，消费者的权利作为消费者权益在法律上的体现，是各国消费者权益保护法的核心。我国《消费者权益保护法》第二章专门规定了消费者的权利。

1. 安全保障权

安全保障权是消费者最基本的权利，指消费者在购买、使用商品和接受服务时享有人身、财产安全不受损害的权利。消费者有权要求经营者提供的商品和服务，符合保障人身、财产安全的要求。

2. 知悉真情权

知悉真情权是指消费者享有知悉其购买、使用的商品或者接受的服务的真实情况的权利。具体地说，消费者有权根据商品或者服务的不同情况，要求经营者提供商品的价格、产地、生产者 、用途、性能、规格、等级、主要成分、生产日期、有效期限、检验合格证明、使用方法说明书、售后服务，或者服务的内容、规格、费用等有关情况。

3. 自主选择权

自主选择权是指消费者享有自主选择商品或者服务的权利。该权利包括以下几个方面：自主选择提供商品或者服务的经营者，自主选择商品品种或者服务方式，自主决定购买或者不购买任何一种商品、接受或者不接受任何一项服务，在自主选择商品或者服务时，有权进行比较、鉴别和挑选。

4. 公平交易权

公平交易权指消费者在购买商品或者接受服务时，有权获得质量保障、价格合理、计量正确等公平交易条件，有权拒绝经营者的强制交易行为。

5. 求偿权

求偿权指消费者因购买、使用商品或者接受服务受到人身、财产损害的，享有依法获得赔偿的权利。求偿权是弥补消费者所受损害的必不可少的救济性权利。

6. 结社权

结社权指消费者享有依法成立维护自身合法权益的社会团体的权利。政府及其职能部门对合法的消费者团体应给予支持，接受消费者团体的合理化建议，在制定有关消费者方面的法律、法规时，要考虑消费者团体的意见和要求，以便更好地保护消费者的权益。

7. 求教获知权

求教获知权指消费者享有获得有关消费和消费者权益保护方面的知识的权利。消费者应当努力掌握所需商品或者服务的知识和使用技能，正确使用商品，提高自我保护意识。

8. 受尊重权

受尊重权指消费者在购买、使用商品和接受服务时，享有其人格尊严、民族风俗习惯得到尊重的权利。内容为：

(1) 人格尊严，指人的自尊、自重和自爱不允许别人侮辱、诽谤。名誉权是消费者重要的人格权，名誉和尊严是名誉权的客体。名誉是社会对公民的思想品德、信誉、才干等方面的评价；尊严指个人根据社会所给予的评价对自己在社会中的地位和个人品质等方面的自我评价；侮辱指用暴力或其他公然方式欺负他人，贬损他人人格的行为。比如经营者强迫消费者当众脱光衣服以查其被盗商品等。诽谤指捏造事实、造谣污蔑，恶意中伤他人。

(2) 民族风俗习惯。各民族在饮食、服饰、居住、婚葬、娱乐、礼节等方面都有不同的风俗习惯。比如：回族人不食猪肉，忌讳猪；印度教人不食牛肉等。这就要求经营者在销售商品、提供服务时要充分考虑这些风俗习惯。

9. 监督权

监督权指消费者享有对商品和服务以及保护消费者权益工作进行监督的权利。消费者有权检举、控告侵害消费者权益的行为和国家机关及其工作人员在保护消费者权益工作中的违法失职行为，有权对保护消费者权益工作提出批评、建议。

(二) 经营者的义务

1. 履行法定或约定的义务

经营者向消费者提供商品或者服务，应当依照《中华人民共和国产品质量法》和其他有关法律、法规的规定履行义务。经营者和消费者有约定的，应当按照约定履行义务，但双方的约定不得违背法律、法规的规定。

2. 听取意见和接受监督

经营者应当听取消费者对其提供的商品或者服务的意见，接受消费者的监督。经营者生产经营的目的就是要满足用户、消费者的需要，创造经济效益和社会效益。消费者至上应成为经营者的经营方针。对于经营者的商品和服务提出意见，不管是正面的还是负面的，经营者都应认真对待。消费者有权对经营者的商品或服务问题进行监督，不管是向经营者直接提出，还是向有关组织、机关提出，经营者都应积极处理。事实上，经营者的经营过程是一个不断听取消费者意见、改进经营质量的过程。目前，一些精明的企业家设立了消费赔偿基金，公布了投诉电话，甚至花钱买意见，这一切都方便了消费者行使监督权，也为经营者树立了良好的企业形象。

3. 保障安全

经营者应当保证其提供的商品或者服务符合保障人身、财产安全的要求。对可能危及人身、财产安全的商品和服务，应当向消费者作出真实的说明和明确的警示，并说明和标明正确使用商品或者接受服务的方法以及防止危害发生的方法。经营者发现其提供的商品或者服务存在严重缺陷，即使正确使用商品或者接受服务仍然可能对人身、财产安全造成危害的，应当立即向有关行政部门报告和告知消费者，并采取防止危害发生的措施。

4. 提供真实信息

经营者应当向消费者提供有关商品或者服务的真实信息，不得作引人误解的虚假宣传。经营者对消费者就其提供的商品或者服务的质量和使用方法等问题提出的询问，应当作出真实、明确的答复。商店提供商品应当明码标价。

5. 标明真实名称和标记

经营者应当标明其真实名称和标记。租赁他人柜台或者场地的经营者，应当标明其真实名称和标记。这一方面有利于消费者了解经营的真实情况，从而作出合乎真实意愿的消费决定；另一方面有利于国家对经营者的监督管理，便于消费者在其权益受到侵害时，实现求偿权。

6. 出具购货凭证或服务单据

经营者提供商品或者服务，应当按照国家有关规定或者商业惯例向消费者出具购货凭证或者服务单据；消费者索要购货凭证或者服务单据的，经营者必须出具。

7. 提供符合要求的商品或服务

经营者应当保证在正常使用商品或者接受服务的情况下其提供的商品或者服务应当具有的质量、性能、用途和有效期限；但消费者在购买该商品或者接受该服务前已经知道其存在瑕疵的除外。经营者以广告、产品说明、实物样品或者其他方式表明商品或者服务的质量状况的，应当保证其提供的商品或者服务的实际质量与表明的质量状况相符。经营者提供商品或者服务，按照国家规定或者与消费者的约定，承担包修、包换、包退或者其他责任的，应当按照国家规定或者约定履行，不得故意拖延或者无理拒绝。

我国于 1995 年 8 月 25 日颁布实施《部分商品修理更换退货责任规定》，根据该规定，在以下两种情况下，消费者可以断然提出退货的要求，商品的提供者不得拒绝：

(1) 产品自售出之日起 7 日内，发生性能故障；

(2) 在三包有效期(整机一年，主要部件三年)内，符合换货条件，但销售者提供不了同型号、同规格的产品。

上述"符合换货条件"是指产品自售出之日起 15 日内发生性能故障；在三包有效期内，修理两次，仍不能正常使用；在三包有效期内，因生产者未供应零配件，自送修之日起超过 90 日仍未修好。

8. 保证交易的公平性

经营者不得以格式合同、通知、声明、店堂告示等方式作出对消费者不公平、不合理的规定，或者减轻、免除其损害消费者合法权益应当承担的民事责任。格式合同、通知、声明、店堂告示等含有前款所列内容的，其内容无效。

9. 尊重消费者的人格权和自由权

经营者不得对消费者进行侮辱、诽谤,不得搜查消费者的身体及其携带的物品,不得侵犯消费者的人身自由。

三、消费者合法权益的保护

对消费者的合法权益进行保护不仅是维护社会正常经济秩序、促进生产发展的需要,而且是提高人民生活质量、满足人民日益增长的物质文化生活的需要,而这一目标的实现是一个系统工程,需要通过国家、社会团体和消费者个人的共同努力。

(一) 消费者权益的国家保护

消费者权益的国家保护是消费者权益保护最重要的形式,它主要表现为国家综合运用立法、行政、司法等手段实现对消费者权益的保护。

1. 国家通过立法保护消费者的合法权益

通过立法手段实现对消费者权益的保护是当今世界各国使用的方法,也是最重要的方法。目前,国外消费者权益保护立法大致分为两类:一类是以美国为代表,这些国家未制定消费者权益保护的基本法,而是通过众多的单行法规,共同构筑起消费者权益保护的法律体系;另一类是以日本、韩国、英国为代表,这些国家不仅制定了消费者权益保护的基本法,还颁布了许多相关的单行法规。我国消费者权益保护立法采用了后一种模式。在现行法律中,《消费者权益保护法》属于这方面的基本法,而其他法律,如《食品卫生法》、《产品质量法》、《标准化法》、《药品管理法》等法规,同样发挥着规范生产经营、打击违法犯罪、保护消费者权益的作用。另外,国务院还颁布了一系列相关的行政法规。应该说,我国已经建立了一个比较完善的保护消费者权益的法律、法规体系。

2. 国家通过行政手段保护消费者的合法权益

目前,世界各国一般都设有消费者权益保护机构。这些机构是政府为管理国民经济而设立的,它们在各自的管辖范围内承担着保护消费者权益的工作。我国《消费者权益保护法》规定,各级人民政府应当加强领导,组织、协调、督促有关行政部门做好保护消费者合法权益的工作。各级人民政府应当加强监督,预防危害消费者人身、财产安全行为的发生,及时制止危害消费者人身、财产安全的行为。各级人民政府工商行政管理部门和其他有关行政部门应当依照法律、法规的规定,在各自的职责范围内,采取措施,保护消费者的合法权益。有关行政部门应当听取消费者及其社会团体对经营者交易行为、商品和服务质量问题的意见,及时调查处理。有关国家机关应当依照法律、法规的规定,惩处经营者在提供商品和服务中侵害消费者合法权益的违法犯罪行为。

3. 国家通过司法手段来保护消费者的合法权益

我国《消费者权益保护法》第30条规定:"人民法院应当采取措施,方便消费者提起诉讼。对符合《中华人民共和国民事诉讼法》起诉条件的消费者权益争议,必须受理,及时审理。"只有加强司法工作,才能使已经制定的法律、法规得到切实的执行,否则消费者的合法权益难以得到切实的保护。

(二) 消费者权益的社会保护

消费者权益的社会保护主要是指社会监督。所谓社会监督,一般是指社会组织和公民通过各种渠道和方式对经营者和政府执法部门损害消费者合法权益的行为的监督。这主要包括以下两个方面。

1. 社会舆论监督

社会舆论监督是指通过报刊、广播和电视等新闻媒体，依照国家的有关规定，对产品质量或服务进行报道，表扬质量上乘产品的生产者或经营者，披露质量低劣产品的生产者或经营者，以维护消费者的合法权益。

2. 消费者协会的监督

消费者协会和其他消费者组织是依法成立的对商品和服务进行社会监督的保护消费者合法权益的社会团体。

消费者协会履行下列职能：

(1) 向消费者提供消费信息和咨询服务；

(2) 参与有关行政部门对商品和服务的监督、检查；

(3) 就有关消费者合法权益的问题，向有关行政部门反映、查询，提出建议；

(4) 受理消费者的投诉，并对投诉事项进行调查、调解；

(5) 投诉事项涉及商品和服务质量问题的，可以提请鉴定部门鉴定，鉴定部门应当告知鉴定结论；

(6) 就损害消费者合法权益的行为，支持受损害的消费者提起诉讼；

(7) 对损害消费者合法权益的行为，通过大众传播媒介予以揭露、批评。

(三) 消费者权益的自我保护

自我保护是指消费者依法维护自身合法权益的活动。一个人的衣食住行，无时无刻都离不开消费，其合法权益随时都会被侵害。作为消费者，要切实保护自己的合法权益，必须做到两点：一是要深入地学习和了解消费者有哪些权利；二是在合法权益受到侵害后要正确、及时地保全证据，并向消费者协会或相关国家机关进行申诉。

四、争议的解决和法律责任的确定

(一) 争议的解决途径

消费者和经营者发生消费者权益争议的，可以通过下列途径解决：

(1) 与经营者协商和解；

(2) 请求消费者协会调解；

(3) 向有关行政部门申诉；

(4) 根据与经营者达成的仲裁协议提请仲裁机构仲裁；

(5) 向人民法院提起诉讼。

(二) 损害赔偿责任主体的确定

(1) 消费者在购买、使用商品时，其合法权益受到损害的，可以向销售者要求赔偿。销售者赔偿后，属于生产者的责任或者向销售者提供商品的其他销售者的责任的，销售者有权向生产者或者其他销售者追偿。

(2) 消费者或者其他受害人因商品缺陷造成人身、财产损害的，可以向销售者要求赔偿,也可以向生产者要求赔偿。属于生产者责任的,销售者赔偿后,有权向生产者追偿。属于销售者责任的,生产者赔偿后,有权向销售者追偿。

(3) 消费者在接受服务时,其合法权益受到损害的,可以向服务者要求赔偿。

(4) 消费者在购买、使用商品或者接受服务时,其合法权益受到损害,因原企业分立、合并的,可以向变更后承受其权利义务的企业要求赔偿。

(5) 使用他人营业执照的违法经营者提供商品或者服务,损害消费者合法权益的,消费者可以向其要求赔偿,也可以向营业执照的持有人要求赔偿。

(6) 消费者在展销会、租赁柜台购买商品或者接受服务,其合法权益受到损害的,可以向销售者或者服务者要求赔偿。展销会结束或者柜台租赁期满后,也可以向展销会的举办者、柜台的出租者要求赔偿。展销会的举办者、柜台的出租者赔偿后,有权向销售者或者服务者追偿。

(7) 消费者因经营者利用虚假广告提供商品或者服务,其合法权益受到损害的,可以向经营者要求赔偿。广告的经营者发布虚假广告的,消费者可以请求行政主管部门予以惩处。广告的经营者不能提供经营者的真实名称、地址的,应当承担赔偿责任。

(三) 法律责任的确定

1. 民事法律责任的确定

经营者提供商品或者服务有下列情形之一的,除本法另有规定外,应当依照《中华人民共和国产品质量法》和其他有关法律、法规的规定,承担民事责任:

(1) 商品存在缺陷的;

(2) 不具备商品应当具备的使用性能而出售时未作说明的;

(3) 不符合在商品或者其包装上注明采用的商品标准的;

(4) 不符合商品说明、实物样品等方式表明的质量状况的;

(5) 生产国家明令淘汰的商品或者销售失效、变质的商品的;

(6) 销售的商品数量不足的;

(7) 服务的内容和费用违反约定的;

(8) 对消费者提出的修理、重作、更换、退货、补足商品数量、退还货款和服务费用或者赔偿损失的要求,故意拖延或者无理拒绝的。

法律、法规规定的其他损害消费者权益的情形的责任。具体包括:

(1) 经营者提供商品或者服务,造成消费者或者其他受害人人身伤害的,应当支付医疗费、治疗期间的护理费、因误工减少的收入等费用;造成残疾的,还应当支付残疾者生活自助用具费、生活补助费、残疾赔偿金以及由其抚养的人所必需的生活费等费用。

(2) 经营者提供商品或者服务,造成消费者或者其他受害人死亡的,应当支付丧葬费、死亡赔偿金以及由死者生前抚养的人所必需的生活费等费用。

(3) 经营者违反本法第 25 条规定,侵害消费者的人格尊严或者侵犯消费者人身自由的,应当停止侵害、恢复名誉、消除影响、赔礼道歉,并赔偿损失。

(4) 经营者提供商品或者服务,造成消费者财产损害的,应当按照消费者的要求,以修理、重作、更换、退货、补足商品数量、退还货款和服务费用或者赔偿损失等方式承担民事责任。消费者与经营者另有约定的,按照约定履行。

(5) 对国家规定或者经营者与消费者约定包修、包换、包退的商品，经营者应当负责修理、更换或者退货。在保修期内两次修理仍不能正常使用的，经营者应当负责更换或者退货。对包修、包换、包退的大件商品，消费者要求经营者修理、更换、退货的，经营者应当承担运输等合理费用。

(6) 经营者以邮购方式提供商品的，应当按照约定提供。未按照约定提供的，应当按照消费者的要求履行约定或者退回货款，并承担消费者必须支付的合理费用。

(7) 经营者以预收款方式提供商品或者服务的，应当按照约定提供。未按照约定提供的，应当按照消费者的要求履行约定或者退回预付款，并承担预付款的利息、消费者必须支付的合理费用。

(8) 依法经有关行政部门认定为不合格的商品，消费者要求退货的，经营者应当负责退货。

(9) 经营者提供商品或者服务有欺诈行为的，应当按照消费者的要求增加赔偿其受到的损失，增加赔偿的金额为消费者购买商品的价款或者接受服务的费用的一倍。

2. 行政责任的确定

经营者有下列情形之一，《中华人民共和国产品质量法》和其他有关法律、法规对处罚机关和处罚方式有规定的，依照法律、法规的规定执行；法律、法规未作规定的，由工商行政管理部门责令改正，可以根据情节单处或者并处警告、没收违法所得、处以违法所得一倍以上五倍以下的罚款，没有违法所得的，处以一万元以下的罚款；情节严重的，责令停业整顿、吊销营业执照：

(1) 生产、销售的商品不符合保障人身、财产安全要求的；

(2) 在商品中掺杂、掺假，以假充真，以次充好，或者以不合格商品冒充合格商品的；

(3) 生产国家明令淘汰的商品或者销售失效、变质的商品的；

(4) 伪造商品的产地，伪造或者冒用他人的厂名、厂址，伪造或者冒用认证标志、名优标志等质量标志的；

(5) 销售的商品应当检验、检疫而未检验、检疫或者伪造检验、检疫结果的；

(6) 对商品或者服务作引人误解的虚假宣传的；

(7) 对消费者提出的修理、重作、更换、退货、补足商品数量、退还货款和服务费用或者赔偿损失的要求，故意拖延或者无理拒绝的；

(8) 侵害消费者人格尊严或者侵犯消费者人身自由的；

(9) 法律、法规规定的对损害消费者权益应当予以处罚的其他情形。

经营者对行政处罚决定不服的，可以自收到处罚决定之日起 15 日内向上一级机关申请复议，对复议决定不服的，可以自收到复议决定书之日起 15 日内向人民法院提起诉讼；也可以直接向人民法院提起诉讼。

3. 刑事责任的确定

依据我国《消费者权益保护法》的有关规定，追究刑事责任的情况主要包括以下几种：

(1) 经营者提供的商品或者服务，造成消费者或者其他受害人人身伤害，构成犯罪的依法追究刑事责任。经营者提供的商品或者服务，造成消费者或者其他受害人伤亡，构成犯罪的,依法追究刑事责任。

(2) 以暴力、威胁等方法阻碍有关行政部门工作人员依法执行职务的,依法追究刑事责任;拒绝、阻碍有关行政部门工作人员依法执行职务,未使用暴力、威胁方法的,由公安机关依照《中华人民共和国治安管理处罚条例》的规定处罚。

(3) 国家机关工作人员玩忽职守或者包庇经营者侵害消费者合法权益的行为的,由其所在单位或者上级机关给予行政处分;情节严重,构成犯罪的,依法追究刑事责任。

本章小结

为了保证公平合理的竞争制度和更好地促进经济的繁荣和市场的发展,我国出台了一系列规范市场竞争行为的法律,包括反不正当竞争法、产品质量法、消费者权益保护法等。

反不正当竞争法是由国家制定的,为保护国家和人民的利益、保护社会主义竞争秩序,制裁生产经营活动中不正当竞争行为的法律规范的总称。它主要规定了经营者不得从事的各种不正当竞争行为,包括欺骗性交易行为、限定专购的不正当竞争行为、以权经商和地区封锁行为、商业贿赂行为、虚假的广告宣传行为、侵犯商业秘密的不正当竞争行为、以排挤竞争对手为目的的低价销售的行为、搭售商品或附加其他不合理条件的销售行为、违反规定的有奖销售行为、损害竞争对手的商业信誉及商品声誉的行为和通谋投标的行为。此外,本章还明确了反不正当竞争法的基本原则和不正当竞争行为的法律责任。

产品质量法是调整因产品质量所发生的经济关系的法律规范的总称。产品质量应当符合相应的质量要求。生产者必须建立严格、全面的质量管理制度,从产品的设计、试制、生产到售后服务都要实行质量管理,明确规定各个环节的质量责任。销售者对其销售的产品应当采取措施,保证质量。对于违法生产和销售产品的行为应当承担相应的责任。

消费者权益保护法是调整在保护消费者权益过程中发生的经济关系的法律规范的总称。该法适用于生活消费,农民购买农用生产资料时参照适用本法,主要规定了消费者的各项权利和经营者的义务。对消费者的合法权益进行全面保护是一个系统工程,需要国家、社会团体和消费者个人的共同努力。

基本概念

反不正当竞争　经营者　商业贿赂　产品质量管理体制　企业质量体系认证制度　产品质量认证制度　消费者　社会监督

思考与训练

1. 不正当竞争行为的表现形式有哪些?
2. 试述违反《反不正当竞争法》的法律责任。
3. 简述产品质量管理的法律制度。

4. 产品出现质量缺陷，哪些情况下生产者可以不承担赔偿责任？

5. 消费者权益保护法的基本原则是什么？

6. 发生消费者权益争议的时候，可以采取什么方法解决？

案例分析

(1) 刘某伙同王某从某电扇厂仓库盗窃未经检验的轮船用小型电扇两台，二人各分得一台。刘某将电扇以 60 元的价格卖给高某。高某在使用时，被飞出的扇叶削掉半个左耳。高某以扇叶及保护网设计及制造有瑕疵为由向电扇厂提出索赔。

问题：高某是否有权向电扇厂索赔？其法律依据是什么？

(2) 任某在一次展销会上看中一套有肯特公司生产的组合家具，计 5600 元。销售人员刘某称：该公司是中外合资企业，生产出口系列产品。于是双方签定了订货合同，任某预交了 560 元定金。在按约定时间交货时，任某发现货品与样品不符，且存在质量问题，可交货人员表示可上门修理。于是，任某交了 4400 元，余下的 640 元待家具修好后付清。半个月后，家具不但没修好，还出现了更严重的质量问题。在多次与销售人员刘某交涉无效的情况下，任某找到家具展销会主办单位兴华公司反映情况，要求协商解决，并提出退货。兴华公司许诺 1 个月内解决。十几天后，任某被告知肯特公司已撤出展销会，兴华公司无法履行退货承诺。于是，任某来到消费者协会寻求支持。经查，刘某不是肯特公司的业务人员，且售出的家具中只有一种是肯特产品。在消费者协会的支持下，任某诉至法院，要求兴华公司返还货款 4960 元并加倍赔偿 5600 元，承担经济损失 2800 元。

问题：任某的要求是否合理？为什么？

(3) 王某于 2009 年 2 月到某市百货大楼购物，在卖手表的柜台看了几块新款手表。经挑选，觉得并不满意，即将手表交还给营业员。当王某转身欲离去时，营业员声称手表少了一块，遂将王某请到经理办公室。经理提出搜查王某的外衣及皮包，遭到王某的拒绝。后王某考虑到不让搜查无法脱身，只好同意。经搜查，并无发现手表，经理便让王某离去。事后。王某觉得精神受到极大伤害，向法院起诉。

根据以上资料，回答下列问题：

① 百货大楼侵犯了王某的哪些权利？

② 此案应如何处理？

(4) 2001 年 5 月 16 日，在北方某城市，即将参加高考的中学生张某和家人在一火锅城就餐时，餐桌上的卡式燃气罐意外爆炸，造成张某脸部和双手深度烧伤，虽经治疗，但面部仍然受到损害，并导致不能如期参加高考，给张某身心均造成严重伤害。后张某的父亲向该市人民法院提起诉讼，要求饭店和燃气罐生产厂家共同赔偿张某所造成的损失。该市的新闻媒体也十分关注案件的进展情况，对此进行了系列报道。

根据以上资料，回答下列问题：

① 本案生产厂家和提供服务的饭店侵害了张某的哪些消费权利？

② 张某能得到哪些损害赔偿？

第九章

劳动法律制度

第一节 劳动法概述

《中华人民共和国劳动法》(以下简称《劳动法》)于 1994 年 7 月 5 日由第八届全国人民代表大会常务委员会第八次会议通过，自 1995 年 1 月 1 日施行。该劳动法初步建立了劳动关系协调制度、劳动争议处理制度、劳动保障监察制度，切实维护了劳动者的合法权益。

一、劳动法的概念和调整对象

(一) 劳动法的概念

劳动法是调整劳动关系以及与劳动关系密切联系的其他社会关系的法律规范的总和。劳动法是以劳动者权益保护为宗旨，融实体法与程序法为一体的独立法律部门。我国的劳动法的内容包括促进就业法、劳动合同法、集体合同法、工作时间和休息休假法、工资法、劳动安全卫生法、女职工和未成年工特殊保护法、职业培训法、劳动纪律法、社会保险和福利法、工会和职工民主管理法、劳动争议处理法、劳动监督检查法。

(二) 劳动法的调整对象

这包括两方面的关系：一是劳动关系，即实现集体劳动过程中劳动者与用人单位之间所发生的关系，这是劳动法调整最基本的、最重要的关系。二是与劳动者关系密切相关的其他关系，主要包括：①因处理劳动争议而发生的关系；②因执行社会保险而发生的关系；③因有关部门的监督检查劳动法律法规的执行而发生的关系；④因工会组织的活动而发生的关系；⑤因劳动行政部门管理劳动工作而发生的关系等。

二、我国劳动法的适用范围

《劳动法》第 2 条明确规定：“在中华人民共和国境内的企业、个体经济组织(以下统称用人单位)、民办非企业单位和与之形成劳动关系的劳动者，适用本法。国家机关、事业单位、社会团体和与之建立劳动合同关系的劳动者，依照本法执行。”根据这一规定及有关劳动行政法规和劳动规章的规定，《劳动法》对人的适用范围如下：

（一）中国境内的企业、个体经济组织、民办非企业单位与之形成劳动关系的劳动者

这里的“企业”包括国有企业、集体所有制企业、中外合资企业、中外合作企业、外商独资企业、股份制企业、混合性企业、港澳台企业、私营企业、联营企业、乡镇企业等。个体经济组织是指雇工在7人以下的个体工商户。在中国境内的企业、个体经济组织与劳动者之间，只要形成劳动关系，即劳动者事实上已成为企业、个体经济组织的成员，并为其提供有偿劳动，不论他们之间是否订立劳动合同都适用《劳动法》。

（二）国家机关、事业单位、社会团体实行劳动合同制度的以及按规定实行劳动合同制度的工勤人员

其他通过劳动合同与国家机关、事业单位、社会团体建立劳动关系的劳动者，适用《劳动法》。“工勤人员”即是我国传统人事体制中“工人”编制的人员。实行劳动合同制度的以及按照规定应当实行劳动合同制度的国家机关、事业组织、社会团体与其工勤人员之间，无论是否存在劳动合同关系均适用《劳动法》。建立劳动合同关系的非工勤人员与国家机关、事业组织、社会团体之间，也适用《劳动法》。未建立劳动合同关系的工勤人员与国家机关、事业组织、社会团体之间的关系，不适用《劳动法》。

（三）实行企业化管理的事业单位的人员

实行企业化管理的事业组织是指国家不再拨经费，实行独立核算、自负盈亏的事业单位。但是公务员和比照公务员制度的事业组织，例如教师和社会团体的工作人员、农村劳动者、现役军人和家庭保姆享有外交特权与豁免权的外国人，不适用《劳动法》。

劳动者在试用期内、退休后都享受我国《劳动法》调整。

三、劳动法的体系

劳动法体系是指构成劳动法律部门中不可缺少的相互间有内在联系的法律规范的统一整体。

劳动法体系应根据各项劳动法律制度构成一个较为完整的体系。根据劳动法律内容，劳动法体系的结构如下：

（1）就业促进法。主要包括公平就业法、就业服务和管理法、职业教育和培训法以及就业援助法。

（2）劳动关系协调法。主要包括劳动合同法、集体合同法和工会法。

（3）劳动基准法。主要包括工资法、工时休假法、职业安全卫生法、女工和未成年工特殊保障法、劳动保障监察法。

（4）社会保险法。主要包括养老保险法、医疗保险法、失业保险法、工伤保险法和生育保险法。

（5）处理劳动争议程序法。主要包括劳动争议调解仲裁法、劳动争议诉讼法。

除以法律内容为分类体系外，还可以从不同角度对劳动法进行分类。比如，根据法律性质，可以分为劳动实体法、劳动程序法；根据法律职能，可以分为劳动基准法、劳动关

系法、就业保障法等；根据部门与行业，可分为私营部门劳动法和公共部门劳动法。

四、劳动者和用人单位的基本权利和义务

（一）劳动者的基本权利和义务

劳动者的基本权利是：平等就业和选择职业的权利、获得劳动报酬的权利、休息休假的权利、获得劳动安全卫生保护的权利、接受职业技能培训的权利、享受社会保险和福利、提请劳动争议处理的权利、享有结社和集体协商权以及民主管理权。

劳动者的基本义务是：按时完成劳动任务、提高职业技能、执行劳动安全卫生规程、遵守劳动纪律和职业道德、爱护和保卫公共财产、保守国家秘密、保守用人单位商业秘密。

（二）用人单位的基本权利和义务

用人单位的基本权利是：①招工权，根据本单位需要招用职工的权利；②用人权，依照法律和合同的规定，使用和管理劳动者的权利；③奖惩权，依照法律和本单位的劳动纪律，决定对职工奖惩的权利；④分配权，在法律和合同规定的范围内，决定劳动报酬分配方面的权利。

用人单位的基本义务是：依法支付与调整劳动者报酬、告知职业病危害、防治职业病、采取措施防性骚扰、为劳动者缴纳社会保险费用、为劳动者办理养老保险、大病统筹、失业保险、对被裁减职工支付经济补偿金、依法办理退工手续、依法处理职工除名以及及时为失业人员出具终止或者解除劳动关系的证明等。

第二节　劳动合同法

一、劳动合同的概念和特征

劳动合同是劳动者与用人单位之间确立劳动关系，明确双方权利和义务的书面协议。用人单位应当如实告知劳动者工作内容、工作条件、工作地点、工作危害、安全生产状况、劳动报酬以及劳动者希望了解的其他与订立和履行劳动合同直接相关的情况；用人单位有权了解劳动者与订立和履行劳动合同直接相关的年龄、身体状况、工作经历、知识技能以及就业现状等情况。劳动合同除具有一般合同的特征外，还有其独有的特征。

（一）劳动合同主体具有特定性

即劳动合同的主体一方是劳动者，另一方是用人单位。

（二）劳动合同是劳动者与用人单位确立劳动关系的法律形式，其内容明确了劳动权利和劳动义务

我国《劳动法》第 16 条规定："建立劳动关系应当订立劳动合同。"这表明劳动合同是确立劳动关系的普遍性法律形式。

（三）劳动合同具有较强的法定性

即劳动合同内容等主要以劳动法律、法规为依据，且均有强制性规定，法律虽允许双方当事人协商签定劳动合同，但协商的内容不得违反或排斥强制性规范，否则无效。

（四）劳动合同的客体具有单一性

劳动合同的客体是劳动行为，双方权利义务的指向对象是劳动行为。

二、劳动合同的种类

（一）按照劳动合同的有效期限划分

1. 固定期限劳动合同

固定期限劳动合同又称定期劳动合同，是指用人单位与劳动者约定合同终止时间的劳动合同。用人单位与劳动者协商一致，可以订立固定期限劳动合同，合同期限届满双方当事人的劳动法律关系即行终止。

2. 无固定期限劳动合同

无固定期限劳动合同又称不定期劳动合同，是指企业等用人单位与劳动者约定无终止时间的劳动合同。用人单位与劳动者协商一致，可以订立无固定期限劳动合同。有下列情况之一，劳动者提出或者同意续订、订立劳动合同的，除劳动者提出订立固定期限劳动合同外，还应当订立无固定期限劳动合同：①劳动者在该用人单位连续工作满10年的，包括劳动合同法实施前的工作年限，也包括原单位的工作年限；②用人单位初次实行劳动合同制度或者国有企业改制重新订立劳动合同时，劳动者在该用人单位连续工作满10年且距法定退休年龄不足10年的；③连续订立两次固定期限劳动合同又续订劳动合同的，除具有重大过失、患病不能工作，经考核不能胜任工作外；④用人单位自用工之日起满1年不与劳动者订立劳动合同的，视为用人单位与劳动者已订立无固定期限劳动合同。

3. 以完成一定工作任务为期限的劳动合同

它是指用人单位与劳动者约定以某项工作的完成为合同期限的劳动合同，是一种特殊的固定期限劳动合同。如以项目承包方式完成承包任务的劳动合同、因季节原因临时用工的劳动合同等。该合同适用于建筑业、铁路交通和水利工程等。

（二）按照劳动合同产生的方式划分

1. 录用合同

录用合同是指用人单位在国家劳动部门下达的劳动指标内，通过公开招收、择优录用的方式订立的劳动合同。录用合同一般适用于招收普通劳动者。用人单位招用尚未解除劳动合同的劳动者，给原用人单位造成经济损失的，劳动者对直接经济损失承担赔偿责任，用人单位承担连带赔偿责任。目前，全民所有制企业、国家机关、事业单位、社会团体等用人单位招收录用劳动合同的特点是：用人单位按照预先规定的条件，面向社会，公开招收劳动者；应招者根据用人单位公布的条件，自愿报名；用人单位全面考核、择优录用劳动者；双方签订劳动合同。

2. 聘用合同

聘用合同也称聘任合同，它是指用人单位通过向特定的劳动者发聘书的方式，直接建立劳动关系的合同。这种合同一般适用于招聘有技术业务专长的特定劳动者。如企业聘请技术顾问、法律顾问等。

3. 借调合同

借调合同也称借用合同，它是借调单位、被借调单位与借调职工个人之间，为借调职工从事某种工作，明确相互责任、权利和义务的协议。借调合同一般适用于借调单位急需使用的工人或职工。当借调合同终止时，借调职工仍然回原单位工作。

三、劳动合同的形式与内容

（一）劳动合同的形式

劳动合同的形式是指劳动合同的订立方式。劳动合同的形式一般有书面形式和口头形式两种。我国《劳动法》第16条第2款规定，建立劳动关系应当订立劳动合同。第19条规定，劳动合同应当以书面形式订立。《劳动合同法》第10条第1款规定，建立劳动关系，应当订立书面劳动合同。已建立劳动关系，未同时订立书面劳动合同的，应当自用工之日起1个月内订立书面劳动合同。用人单位与劳动者在用工前订立劳动合同的，劳动关系自用工之日起建立。第69条规定，非全日制用工双方当事人可以订立口头协议。因此，除非全日制用工外，用人单位与劳动者建立劳动合同关系，应当采用书面形式，签订书面劳动合同。

（二）劳动合同的内容

劳动合同的内容由必备条款与可备条款构成。根据《劳动合同法》规定，劳动合同应当具备以下条款：

（1）用人单位的名称、住所和法定代表人或者主要负责人；

（2）劳动者的姓名、住址和居民身份证或者其他有效身份证件号码；

（3）劳动合同期限；

（4）工作内容和工作地点；

（5）工作时间和休息休假；

（6）劳动报酬；

（7）社会保险；

（8）劳动保护、劳动条件和职业危害防护；

（9）法律、法规规定应当纳入劳动合同的其他事项。

劳动合同对劳动报酬和劳动条件等标准约定不明确，引发争议的，用人单位与劳动者可以重新协商；协商不成的，适用集体合同规定；没有集体合同或者集体合同未规定劳动报酬的，实行同工同酬；没有集体合同或者集体合同未规定劳动条件等标准的，适用国家有关规定。

可备条款是除法定的生效劳动合同可以具备的条款，当事人可以协商约定可备条款。根据《劳动合同法》规定，劳动合同除前款规定的必备条款外，用人单位与劳动者可约定试用期、培训、保守秘密、补充保险和福利待遇等其他事项。

1. 试用期条款

试用期是指用人单位对新招收的职工进行思想品德、劳动态度、实际工作能力、身体情况等方面进一步考察的时间界限。《劳动合同法》规定，劳动合同期限 3 个月以上不满一年的，试用期不得超过 1 个月；劳动合同期限 1 年以上不满 3 年的，试用期不得超过 2 个月；3 年以上固定期限和无固定期限的劳动合同，试用期不得超过 6 个月。同一用人单位与同一劳动者只能约定一次试用期。以完成一定工作任务为期限的劳动合同或者劳动合同期限不满 3 个月的，不得约定试用期。

试用期包括在劳动合同期限内，劳动合同仅约定试用期的，试用期不成立，该期限为劳动合同期限。

劳动者在试用期的工资不得低于本单位相同岗位最低档工资的 80%或者不得低于劳动合同约定工资的 80%，并不得低于用人单位所在地的最低工资标准。

2. 服务期条款

服务期是指用人单位提供专项培训费，对劳动者进行专业技术培训，而由用人单位与劳动者双方在劳动合同或者培训协议中约定劳动者需为该用人单位提供劳动的服务期。

按照《劳动合同法》的规定，劳动者在服务期内解除劳动合同，不再履行劳动合同义务，要向用人单位支付违约金。违约金的数额按照双方在服务期协议中的约定履行，但不得超过用人单位提供的培训费用这一法定的最高数额。劳动者支付的违约金，不得超过服务期尚未履行部分所应分摊的培训费用。如培训费用 10 万元，服务期 5 年，则每年分摊 2 万元。如果已经履行 3 年，则违约金不得超过尚未履行的两年服务期所应分摊的 4 万元培训费用。

根据《劳动合同法》规定，用人单位与劳动者约定服务期的，不影响按照正常工资调整机制提高劳动者在服务期间的劳动报酬，即不能因约定了服务期而不再调整劳动者的工资。工资调整机制是指用人单位根据经营利润状况、自身发展需要、绩效考核结果以及物价上涨等因素，对劳动者的工资级别进行调整的机制。其目的在于防止用人单位由于与劳动者约定了服务期而长期不提高劳动者的工资。

3. 保密义务和竞业限制条款

《劳动合同法》提出用人单位与劳动者可以在劳动合同中约定保守用人单位的商业秘密以及与知识产权相关的保密事项。对负有保密义务的劳动者，用人单位可以在劳动合同或者保密协议中与劳动者约定竞业限制条款，并约定在解除或者终止劳动合同后，在竞业限制期限内按月给予劳动者经济补偿，其数额不得少于劳动者在该用人单位的年工资收入。劳动者违反竞业限制约定的，应当按照约定向用人单位支付违约金，其数额不得超过用人单位向劳动者支付的竞业限制经济补偿的 3 倍。

竞业限制的人员限于用人单位的高级管理人员、高级技术人员和其他负有保密义务的人员。竞业限制的范围、地域、期限由用人单位与劳动者约定，竞业限制的约定不得违反法律、法规的规定。

在解除或者终止劳动合同后，前款规定的人员到与本单位生产或者经营同类产品、从事同类业务的有竞争关系的其他用人单位,或者自己开业生产或者经营同类产品、从事同类业务的竞业限制期限,不得超过两年。

我国《劳动合同法》还规定了禁止规定的条款,即用人单位在与劳动者订立劳动合同时,不得以任何形式向劳动者收取订金、保证金(物)或抵押金(物),不得扣押劳动者的居民身份证或者其他证件。对违反规定的,由公安部门和劳动保障行政部门责令用人单位立即退还给劳动者本人。

四、劳动合同的订立、履行、变更、解除和终止

(一) 劳动合同的订立

订立劳动合同,应遵循合法、公平、平等自愿、协商一致、诚实信用的原则,不得违反法律和行政法规的规定。任何人不得将自己的意志强加给合同对方。同时,订立劳动合同应注意在三方面符合法律要求:①用人单位应是依法成立的单位,劳动者必须年满16周岁、具有劳动权利能力和行为能力;②各项条款不得违背法律规定;③应当采用书面形式。

用人单位与劳动者建立劳动关系,应当订立书面劳动合同。用人单位设立的分支机构,依法取得营业执照或者登记证书的,可以作为用人单位与劳动者订立劳动合同;未依法取得营业执照或者登记证书的,受用人单位委托可以与劳动者订立劳动合同。

自用工之日起1个月内,经用人单位书面通知后,劳动者不与用人单位订立书面劳动合同的,用人单位应当书面通知劳动者终止劳动关系,无须向劳动者支付经济补偿,但是应当依法向劳动者支付其实际工作时间的劳动报酬。

用人单位自用工之日起超过1个月不满1年未与劳动者订立书面劳动合同的,应当依法向劳动者每月支付2倍的工资,起算时间为用工之日起满1个月的次日,截止时间为补订书面劳动合同的前1日,并与劳动者补订书面劳动合同;劳动者不与用人单位订立书面劳动合同的,用人单位应当书面通知劳动者终止劳动关系,并依照劳动合同法的规定支付经济补偿。

用人单位自用工之日起满1年未与劳动者订立书面劳动合同的,自用工之日起满1个月的次日至满1年的前1日应当依法向劳动者每月支付2倍的工资,并视为自用工之日起满1年的当日已经与劳动者订立无固定期限的劳动合同,应当立即与劳动者补订书面劳动合同。

(二) 劳动合同的履行和变更

劳动合同的履行是指劳动合同的双方当事人按照合同规定,履行各自应承担义务的行为。劳动合同依法订立即具有法律约束力,双方当事人应该全面履行合同义务,不得擅自变更或终止,未经对方同意不得让他人代替履行或委托他人履行。对于用人单位而言,必须按照合同的约定向劳动者提供适当的工作场所和劳动安全卫生条件、相关工作岗位,并按照约定的金额和支付方式按时向劳动者支付劳动报酬;对于劳动者而言,必须遵守用人单位的规章制度和劳动纪律,认真履行自己的劳动职责,并且亲自完成劳动合同约定的工作任务。

用人单位变更名称、法定代表人、主要负责人或者投资人等事项，不影响劳动合同的履行。用人单位发生合并或者分立等情况，原劳动合同继续有效，劳动合同由承继其权利和义务的用人单位继续履行。

在合同履行过程中，可能因为具体情况发生变化而需要对合同内容作出变更，此时双方应在平等协商的基础上达成变更协议。变更劳动合同，应当采用书面形式，变更后的劳动合同文本由用人单位和劳动者各执一份。提出变更合同的一方，给对方造成经济损失的，应当承担赔偿责任。

(三) 劳动合同的解除

劳动合同的解除是指劳动合同订立后，尚未履行完毕或者未全部履行以前，由于合同双方或者单方的法律行为导致劳动合同一方或双方当事人提前消灭劳动关系的法律行为。从表面上看，解除劳动合同不利于维护稳定的劳动合同关系，但从实际上看，法律规定劳动合同当事人有权经过平等协商或者依据法定事由单方面解除劳动合同，也是契约自由原则的一种体现。

劳动合同的解除可分为协商解除、用人单位单方解除、劳动者单方解除及自行解除等。

1. 双方协商解除劳动合同

《劳动法》第36条规定："经劳动合同当事人协商一致，劳动合同可以解除。"双方解除劳动合同的条件：一是双方自愿；二是平等协商；三是不得损害另一方利益；四是双方达成解除劳动合同的书面协议。

2. 劳动者单方解除劳动合同

即具备法律规定的条件时，劳动者享有单方解除权，无须双方协商达成一致意见。劳动者单方解除劳动合同有两种情况：

(1) 预告解除。劳动者应当提前30日以书面形式通知用人单位方可解除劳动合同。劳动者无须说明任何法律事由，只需提前书面告知用人单位即可解除劳动合同，超过30日，劳动者可向用人单位提出办理解除劳动合同的手续，用人单位须给予办理。

(2) 无须预告的解除。即劳动者不需提前书面告知用人单位，只要具备法律规定的正当理由，劳动者可随时通知用人单位解除劳动合同，还应对用人单位的违约行为和侵权行为造成的损失要求用人单位给予赔偿，并有权提请有关机关追究用人单位的行政责任、刑事责任。具备下列情形之一者可以随时解除劳动合同：在试用期内的；用人单位未按照劳动合同约定提供劳动条件，未提供合格的安全生产条件的；用人单位未按时足额支付劳动报酬的；用人单位未依法为劳动者缴纳社会保险的；用人单位的规章制度违反法律、行政法规的规定，损害劳动者权益的；法律、行政法规规定的其他情形。用人单位以暴力、威胁或者非法限制人身自由的手段强迫劳动者劳动的，或者用人单位违章指挥、强令冒险作业危及劳动者人身安全的，劳动者可以立即解除劳动合同，无须通知用人单位。

(3) 劳动合同自行解除

劳动合同自行解除是指因法律规定的特殊情况发生而导致劳动合同自行提前终止法律效力。它只适用于法律规定的特殊情况，并且无须履行解除劳动合同的手续。根据有关劳动法法规规定,劳动者被开除、除名或因违纪被辞退,劳动合同自行解除。

3. 用人单位单方解除劳动合同

即具备法律规定的条件时,用人单位享有单方解除权,无须双方协商达成一致意见。用人单位单方解除合同有三种情况:

(1) 随时解除,即用人单位无须以任何形式提前告知劳动者,可随时通知劳动者解除合同。一般适用于《劳动法》第25条的规定:劳动者不符合录用条件;严重失职违反用人单位规章制度,按照用人单位的规章制度应当解除劳动合同的;严重失职,营私舞弊,给用人单位的利益造成重大损害的;劳动者同时与其他用人单位建立劳动关系,对完成工作任务造成严重影响,经用人单位提出,拒不改正的;被依法追究刑事责任的,用人单位可以解除劳动合同。

(2) 需预告的解除,即用人单位应当提前30日以书面形式通知劳动者本人或者额外支付劳动者1个月工资后,可以解除无固定期限劳动合同。适用于《劳动法》第26条的规定:劳动者患病或者非因工负伤,在规定的医疗期满后不能从事原工作,且未能就变更劳动合同与用人单位协商一致的;劳动者被证明不能胜任工作,经过培训或者调整工作岗位,仍不能胜任工作的;劳动合同订立时所依据的客观情况发生重大变化,致使劳动合同无法履行,经用人单位与劳动者协商,未能就变更劳动合同内容或者中止劳动合同达成协议的。

(3) 经济性裁员。《劳动法》第27条规定:用人单位濒临破产进行法定整顿期间或者生产经营状况发生严重困难,确需裁员的,应当提前30日向工会或者全体员工说明情况,听取工会或者职工的意见,经向劳动部门报告后,可以裁减人员。劳动合同订立时所依据的客观情况发生重大变化,致使劳动合同无法履行,需要裁减人员20人以上或者裁减不足20人但占企业职工总数10%以上的,用人单位应当向本单位工会或者全体职工说明情况,并与工会或者职工代表大会协商一致。

裁减人员时,应当优先留用下列人员:与本单位订立较长期限的有固定期限劳动合同以及订立无固定期限劳动合同的;家庭无其他就业人员,有需要抚养的老人或者未成年人的。用人单位依照本条例裁减人员,在6个月内录用人员的,应当优先录用被裁减人员。

为保护劳动者的合法权益,防止用人单位滥用单方解除权,劳动合同法从两方面限制了用人单位的单方解除权,一方面规定了工会的权利 :用人单位解除劳动合同,工会有权处理;劳动者申请仲裁或者提起诉讼的,工会应当依法给予支持和帮助。另一方面规定禁止解除劳动合同的条件,规定劳动者有下列情形之一的,用人单位不得依据《劳动法》第26条、第27条的规定解除劳动合同:①从事接触职业病危害作业的劳动者未进行离岗前职业健康检查,或者疑似职业病病人在诊断或者医学观察期间的;②患职业病或者因工伤并被确认丧失或者部分丧失劳动能力的;③患病或非因工负伤,在规定的医疗期内的;④女职工在孕期、产期、哺乳期内的;⑤在本单位连续工作满15年,且距法定退休年龄不足5年的;⑥法律、行政法法规定的其他情形。

4. 劳动合同解除的经济补偿

经济补偿金是按照劳动法律规定,在法定情况下,用人单位与劳动者解除或终止劳动合同而依法一次性给予劳动者经济上的补助。一般以货币形式支付给劳动者,故称为"经济补偿金"。经济补偿金与经济赔偿金是不同的。经济赔偿金是指用人单位或劳动者因违反合同约定或因自己的故意或过失,给对方造成实际损失即构成侵权行为时,承担给付对方一定数量的金钱的一种责任形式,一般又称为"损害赔偿"。

《劳动合同法》规定,除劳动者自愿、主动辞职或者劳动者有严重过失被解雇的情形外,在劳动合同解除时用人单位都应当支付经济补偿金。

《劳动合同法》规定,有下列情形之一的,用人单位应当向劳动者支付经济补偿。

(1) 劳动者单方解除劳动合同的;

(2) 用人单位与劳动者协商一致解除劳动合同的;

(3) 用人单位依法预告通知劳动者解除劳动合同的;

(4) 用人单位因经济性裁员解除劳动合同的;

(5) 除用人单位维持或者提高劳动合同约定条件续订劳动合同,劳动者不同意续订的情形外,因劳动合同期满终止固定期限劳动合同的;

(6) 因用人单位被依法宣告破产的或被吊销营业执照、责令关闭、撤销或者用人单位决定提前解散的而导致劳动合同终止的;

(7) 法律、行政法规规定的其他情形。

经济补偿按劳动者在本单位工作的年限,以每满 1 年支付 1 个月工资的标准向劳动者支付。6 个月以上不满 1 年的,按 1 年计算;不满 6 个月的,向劳动者支付半个月工资的经济补偿。

劳动者工资高于用人单位所在直辖市、设区的市级人民政府公布的本地区上年度职工月平均工资 3 倍的,向其支付经济补偿的标准按职工月平均工资 3 倍的数额支付,向其支付经济补偿的年限最高不超过 12 年。

劳动者月平均工资是指劳动者在劳动合同解除或者终止前 12 个月的平均工资,具体按照劳动者应得工资计算,包括计时工资或者计件工资以及奖金、津贴和补贴等货币性收入。劳动者在劳动合同解除或者终止前 12 个月平均工资低于当地最低工资标准的,按照当地最低工资标准计算。劳动者工作不满 12 个月的,按照实际工作的月数计算平均工资。

(四) 劳动合同的终止

劳动合同的终止是指符合法律规定或当事人预定的情形时,劳动合同的效力即行终止。我国《劳动法》规定:劳动合同期满或者当事人约定的劳动合同终止条件出现,劳动合同终止。

有下列情形之一的劳动合同终止:

(1) 劳动合同期限届满,或者劳动合同约定的终止条件出现。

(2) 劳动者已开始依法享有基本养老保险待遇的。

(3) 劳动者死亡,或者被人民法院宣告死亡或者宣告失踪的。

(4) 用人单位歇业、解散的。

(5) 用人单位被依法宣告破产、被吊销营业执照或者被责令关闭的。

(6) 法律、行政法规规定的其他情形。另外被人民法院宣告死亡、宣告失踪的劳动者重新出现，劳动合同期限未满的，应当继续履行；因情况变化确实无法履行的，劳动合同解除。

用人单位应当在解除或者终止劳动合同时出具解除或者终止劳动合同的证明，并在15日内为劳动者办理档案和社会保险关系转移手续。用人单位出具的解除、终止劳动合同的证明，应当写明劳动合同期限、解除或者终止劳动合同的日期、工作岗位、在本单位的工作年限。

劳动者应当按照双方约定，办理工作交接。用人单位依照法律规定应当向劳动者支付经济补偿的，在办理工作交接时支付。用人单位对已经解除或者终止的劳动合同的文本，至少保存2年备查。

用人单位违反法律规定未向劳动者出具解除或者终止劳动书面证明，由劳动行政部门责令改正；给劳动者造成损害的，应当承担赔偿责任。

（五）劳动合同的效力

1. 劳动合同的生效

一般情况下，劳动合同依法成立，即双方当事人意思表达一致，签订劳动合同之日，并在合同文本上签字或者盖章成立，即产生法律效力；双方当事人约定须签证或公证的劳动合同，其生效时间是签证或公证之日。劳动合同应当由用人单位和劳动者各执一份。未以书面形式订立劳动合同的，劳动关系自劳动者为用人单位提供劳动之日起成立。用人单位和劳动者对劳动合同的内容理解不一致的，应当按照通常理解予以解释，有两种以上的解释应当采纳最有利于劳动者的解释。

2. 劳动合同的无效

劳动合同的无效是指由于当事人违反法律、行政法规，致使签订的劳动合同不具有法律效力。劳动合同的无效有下列情形：①订立劳动合同的主体不合法。即合同双方的当事人不具备法律规定的主体资格。②订立劳动合同的形式和程序不合法。劳动合同要求采用书面形式，要求经平等协商。③违反法律、行政法规的劳动合同。④采用欺诈、胁迫的手段或者乘人之危，使对方在违背真实意思的情况下订立或者变更的劳动合同。⑤用人单位和劳动者恶意串通，损害国家利益、社会公共利益或者他人合法权益的。⑥用人单位免除自己的法定责任、排除劳动者的权利的。

无效的劳动合同，从订立时起，就没有法律效力。确立劳动合同部分无效的，如果不影响其余部分的效力，其余部分仍然有效。

处理无效劳动合同的方式有：①返还财产。当事人因无效合同而获得的财产，应当返还给因此受损失的对方当事人。②赔偿损失。对于订立劳动合同有过错的一方，当事人应赔偿对方因此而受到的损失。双方都有过错的，应当各自承担相应的责任。③追缴财产。双方当事人恶意串通，损害国家和第三人利益的，追缴双方已经取得或约定取得的财产，收归国家或第三人所有。④其他方式。如劳动部门等行政、司法机关对过错方给予行政处分，对构成犯罪者追究刑事责任等。劳动合同被确认无效或者被撤销，劳动者已付出劳动的，除劳动者本人也有过错的情况下，用人单位应向劳动者支付劳动报酬。

五、劳动合同法的特别规定

(一) 集体合同

1. 集体合同的概念和特征

集体合同是集体协商双方代表根据法律、法规的规定就劳动报酬、工作时间、休息休假、劳动安全卫生、保险福利等事项在平等一致的基础上签订的书面协议。

在我国,集体合同有如下特征:

(1) 集体合同的主体一方是劳动者的集体组织——企事业工会或职工代表,另一方是企业或事业组织。

(2) 集体合同以集体劳动关系中全体劳动者的最低劳动条件、劳动标准和全体职工的主要义务为主要内容,目的是协调用人单位内部劳动关系。

(3) 集体合同是要式合同,我国劳动法规定集体合同必须报送劳动保障行政部门登记、审查、备案,方能发生法律效力。

(4) 集体合同的效力高于劳动合同的效力,其效力及于企业或事业组织及其工会和全体员工。劳动合同规定的劳动者的个人劳动条件和劳动标准不得低于集体合同的规定,否则无效。

(5) 集体合同适用于企事业组织、工会、全体职工。

2. 集体合同的内容和期限

集体内容应包括以下内容:①劳动报酬;②工作时间;③休息休假;④保险福利;⑤劳动安全与卫生;⑥合同期限;⑦变更、解除、终止集体合同的协商程序;⑧双方履行集体合同的权利和义务;⑨履行集体合同发生时协商处理的约定;⑩违反集体合同的责任;⑪双方认为应当协商约定的其他内容。

集体合同的期限:集体合同的期限应当适当,太短不利于劳动关系的稳定,太长难以保证劳动者利益随着社会、经济的发展而同步提高。按照期限形式不同,可分为定期集体合同和以完成一定项目为期限的集体合同。我国现行立法只就定期集体合同作了规定,期限为1～3年。

3. 集合合同纠纷和法律救济

用人单位违反集体合同,侵犯职工劳动权益的,工会可以依法要求用人单位承担责任;因履行集体合同发生争议,经协商解决不成的,工会可以依法申请仲裁、提起诉讼。

(二) 劳务派遣

1. 劳务派遣的概念和特点

劳务派遣又称劳动派遣、劳动力租赁、人才租赁,是指具备劳务派遣资质的派遣机构向用工单位派遣劳动者,劳务派遣机构与该劳动者签订劳动合同,用工单位与劳务派遣机构签订劳务派遣协议,并提供相应劳务费用的用工形式。劳务派遣涉及派遣机构、劳动者和接受单位(实际用工单位)三方之间的关系。一是劳动者与派遣单位之间签订的劳动合同,形成劳动关系,但并不发生劳动力给付的事实;二是派遣单位与用工单位之间签订劳务派遣协议,形成劳务派遣关系;三是劳动者与用工单位形成劳动力给付事实,双方形成劳务关系。其最大特点是劳动力的法律雇用和使用相分离。

2. 劳务派遣关系中各方的权利义务

(1) 劳务派遣单位与用工单位之间

劳务派遣单位派遣劳动者应当与用工单位订立劳务派遣协议。劳务派遣协议应当约定派遣岗位和人员数量、派遣期限、劳动报酬和社会保险费的数额与支付方式以及违反协议的责任。

用工单位应当根据工作岗位的实际需要与劳务派遣单位确定派遣期限,不得将连续用工期限分割订立数个短期劳务派遣协议。

(2) 劳务派遣单位与被派遣劳动者之间

劳务派遣单位应当履行用人单位对劳动者的义务。劳务派遣单位与被派遣劳动者订立的劳动合同,除应当载明劳动合同的一般必备条款外,还应当载明被派遣劳动者的用工单位以及派遣期限、工作岗位等情况。

劳务派遣单位不得以非全日制用工形式招用被派遣劳动者,应当与被派遣劳动者订立两年以上的固定期限劳动合同,按月支付劳动报酬;被派遣劳动者在无工作期间,劳务派遣单位应当按照所在地人民政府规定的最低工资标准,向其按月支付报酬。

劳务派遣单位不得克扣用工单位按照劳务派遣协议支付给被派遣劳动者的劳动报酬,不得向被派遣劳动者收取费用,并应当将劳务派遣协议的内容告知被派遣劳动者。

劳务派遣单位跨地区派遣劳动者的,被派遣劳动者享有的劳动报酬和劳动条件,按照用工单位所在地的标准执行。

劳务派遣中被派遣劳动者与劳务派遣单位之间劳动合同的解除,适用《劳动合同法》关于劳动合同解除的一般规定。

(3) 用工单位与被派遣劳动者之间

在劳务派遣中,用工单位应当履行下列义务:执行国家劳动标准,提供相应的劳动条件和劳动保护;告知被派遣劳动者的工作要求和劳动报酬;支付加班费、绩效资金,提供与工作岗位相关的福利待遇;对在岗被派遣劳动者进行工作岗位所必需的培训;连续用工的,实行正常的工资调整机制。此外,用工单位不得将被派遣劳动者再派遣到其他用人单位。

被派遣劳动者到用工单位工作后,享有与用工单位的劳动者同工同酬的权利,用工单位无同类岗位劳动者的,参照用工单位所在地相同或者相近岗位劳动者的劳动报酬确定;劳动者有权在用工单位依法参加或者组织工会,维护自身的合法权益。

(三) 非全日制用工

1. 非全日制用工的概念

非全日制用工是指以小时计酬为主,劳动者在同一用人单位一般平均每日工作时间不超过 4 小时,每周工作时间不超过 24 小时的用工形式。

2. 非全日制用工的特点

(1) 非全日制用工可以订立口头协议。双方当事人既可以采用口头协议形式,也可以采用书面形式。

(2) 非全日制用工可以形成两个以上的劳动关系。《劳动合同法》第 69 条第 2 款规定:从事非全日制用工的劳动者可以与一个或者一个以上用人单位订立劳动合同;但是,后订立的劳动合同不得影响先订立的劳动合同的履行。

(4) 非全日制用工不得约定试用期。

(5) 非全日制用工,工资最长支付周期不超过15天。

3. 非全日制用工适用范围

用人单位对一些临时性、辅助性、替代性的岗位可以选择招用非全日制劳动者,采用这种较为灵活的用工形式。非全日制用工属于劳动关系。根据《劳动合同法》第2条规定的适用范围,非全日制用工只限于用人单位用工,而不包括个人用工形式。个人用工属于民事雇佣关系,应受民事法律关系调整。

第三节 劳动基准法

劳动基准法主要包括工资法、工时休假法、职业安全卫生法、女工和未成年工特殊保障法以及劳动保障监察法。

一、工作时间

(一) 工作时间的概念

工作时间又称劳动时间,是劳动者在本职工作岗位进行劳动所花费的时间。工作时间并不要求一定是劳动者在工作单位花费的时间,只要是在本职工作岗位上劳动,就算是不在工作单位也属工作时间。

(二) 工作时间的法律范围

工作时间不仅包括实际工作时间,还应包括与本职工作有关的相关活动时间。具体包括:

(1) 劳动者实际完成工作和生产的时间;

(2) 劳动者从事生产或工作必要的准备和结束工作所消耗的时间以及等待工作任务的时间;

(3) 参加与工作有直接联系并有法定义务性质的职业培训和教育时间;

(4) 连续性有害于健康工作的间歇时间;

(5) 女职工哺乳的往返途中时间,孕期检查时间以及未成年人工作中适当的工作休息时间;

(6) 法律规定的其他属于计算作为工作时间的事项。

(三) 工作时间的种类

工作时间的种类是对劳动者工作时间进行安排的制度和形式。我国主要有标准工时和非标准工时两种工时形式。非标准工时形式又包括缩短工时制、延长工时制、不定时工时制、综合计算工时制、非全日制工时制和计件工时制等。

1. 标准工时形式

标准工时形式(又称标准工时制)是指在正常情况下依照法律规定进行工作的时间

制度。标准工时制包括标准工作日和标准工作周。我国现行法律规定的标准工作时间为每个工作日8小时,每周5个工作日。

2. 缩短工时制

缩短工时制是指劳动者从事少于标准工作时间的工时制度。我国目前实行缩短工时制的有4种情况:①特定的岗位;②夜班,夜班工作时间实行缩短1小时;③哺乳期女工;④未成年工和怀孕女工。

3. 延长工时制

延长工时制是指在法定的特殊条件下实行的超过标准工作时间长度的工时形式。《劳动法》第41条规定,用人单位由于生产经营需要,经与工会和劳动者协商后可以延长工作时间,一般每日不得超过1小时;因特殊原因需要延长工作时间的,在保障劳动者身体健康的条件下延长工作时间每日不得超过3小时,但是每月不得超过36小时。

4. 不定时工时制

不定时工时制是对于职责范围不能受固定时数限制的劳动者实行的工作时间形式。经批准实行不定时工作制的职工,不受《劳动法》第41条规定的日延长工作时间标准和月延长工作时间标准的限制。实行不定时工时制度的劳动者,不执行加班加点工时增加工资的制度。

5. 综合计算工时制

综合计算工时制是指分别以周、月、季、年等为周期,综合计算工作时间,但其平均日工作时间和平均周工作时间应与法定标准工作时间基本相同的工时形式。在综合计算周期内,某一具体日(或周)的实际工作时间可以超过8小时(或40小时),但综合计算周期内的总实际工作时间不应超过总法定标准工作时间,超过部分应视为延长工作时间。超过标准时间部分应按《劳动法》第44条第1款的规定支付150%的工资;其中法定休假日安排劳动者工作的,应按《劳动法》第44条第3款的规定支付300%的工资。据此,对于综合计算工时制的职工延时工作不应出现支付200%工资的情况。而且,延长工作时间的小时数平均每月不得超过36小时。

6. 非全日制工时制

非全日制工时制是以小时作为计酬标准。我国规定:劳动者在同一用人单位一般平均每日工作时间不超过4小时,每周工作时间累计不超过24小时。

7. 计件工时制

计件工时制不是以时间作为计算工作量的标准,而是以劳动者实际的生产件数作为衡量劳动者工作量的标准。但在确定劳动者劳动定额和计件报酬标准时要实现与标准工时制度间的换算,标准不能过高或过低。

二、休息休假

(一) 休息休假时间的概念

休息休假时间是指劳动者在国家规定的法定工作时间以外,不从事生产或工作而自行支配的时间。

(二) 休息休假时间的种类

1. 工作日内间歇时间

工作日内间歇时间是指在工作日内给予劳动者休息和用膳的时间。一般为1～2小时,最少不得少于半小时。

2. 工作日之间的休息时间

工作日之间的休息时间,是指两个邻近工作日之间的休息时间,一般不少于16小时。

3. 公休假日

公休假日又称周休息日,是指劳动者在1周内享有不少于24小时的连续休息时间。我国《劳动法》规定,应保证劳动者每天工作不超过8小时、每周工作不超过40小时,每周至少休息1天。国家机关、事业单位实行统一的工作时间,星期六和星期日为周休息日。

4. 法定节日

法定节假日是指根据各国、各民族的风俗习惯或纪念要求,由国家法律统一规定的用以进行庆祝及度假的休息时间。2007年12月14日国务院通过的《全国年节及纪念日放假办法》规定,全民节假日为:①新年,放假1天(1月1日);②春节,放假3天(农历除夕、正月初一、初二);③清明节,放假1天(清明节当日);④劳动节,放假1天(5月1日);⑤端午节,放假1天(农历端午当日);⑥中秋节,放假1天(农历中秋当日);⑦国庆节,放假3天(10月1日、2日、3日)。全民法定节假日由10天增加为11天。部分公民的法定节假日为:①妇女节(限于妇女),3月8日放假半天;②青年节(限于14周岁以上的青年),5月4日放假半天;③儿童节(限于14周岁以下的少年儿童),6月1日放假一天;④中国人民解放军建军纪念日(限于现役军人),8月1日放假半天。上述假日适逢公休假日不补假。

5. 年休假

年休假制度是指员工每年享有的带薪连续休假的制度。2008年1月1日施行的《职工带薪年休假条例》规定,机关、团体、企业、事业单位,民办非企业单位、有雇工的个体工商户等单位的职工连续工作1年以上的,享受带薪年休假。

该《条例》第3条规定:"职工累计工作已满1年不满10年的,年休假5天;已满10年不满20年的,年休假10天;已满20年的,年休假15天。国家法定休假日、休假日不计入年休假的假期。"其中,累计是指职工参加工作起工作时间的累计相加,可在同一单位或不同单位,中间可以间断或不间断。

职工在年休假期间享受与正常工作期间相同的工资收入。单位确因工作需要不能安排职工休年休假的,经职工本人同意,可以不安排职工休年休假。对职工应休未休的年休假天数,单位应当按照该职工日工资收入的300%支付年休假工资报酬。

年休假在1个年度内可以集中安排,也可以分段安排,一般不跨年度安排。单位因生产、工作特点确有必要跨年度安排职工年休假的,可以跨1个年度安排。

6. 探亲假

探亲假是指与父母或配偶分居两地的职工所享有的,在一定时期内与父母或配偶团聚的假期。

7. 婚丧假

国有企业职工本人结婚时，企业应该根据具体情况，酌情给予1～3天的婚假，以及根据实际需要，另外给予职工路程假。我国法定的婚假一般是3天。各地普遍规定的晚婚奖励假，时间有长有短，最短的是1周，最长的是1个月。职工的直系亲属(父母、配偶和子女)死亡时，可以根据具体情况，由本单位行政领导批准，酌情给予1～3天的丧假。

8. 产假

《劳动法》第62条规定："女职工生育享受不少于90天的产假。"

三、工资

工资是用人单位依国家规定或集体合同、劳动合同约定，以法定方式直接支付给劳动者的劳动报酬。通常包括计时工资、计件工资、奖金、津贴等。

有下列情形之一的，用人单位应当按照下列标准支付高于劳动者正常工作时间的工资报酬：①安排劳动者延长工作时间，应当支付不低于工资的150%的工资报酬；②休息日安排劳动者工作又不能安排补休的，支付不低于工资的200%的工资报酬；③法定休假日安排劳动者工作的，支付不低于工资的300%的工作报酬。

国家实行最低工资保障制度。最低工资的具体标准由省、自治区、直辖市人民政府定，报国务院备案。用人单位支付劳动者的工资不得低于当地最低工资标准，确定和调整最低工资标准应参考的因素有：①劳动者本人及平均赡养人口的最低生活费用；②社会平均工资水平；③劳动生产率；④就业状况；⑤地区间经济差异。

工资应以货币形式按月支付给劳动者本人，不得克扣或无故拖欠。劳动者在法定休假日、婚丧假期间以及依法参加社会活动期间，用人单位应依法支付工资。

四、劳动保护

(一) 劳动保护制度的内容

劳动安全卫生工作方针是：安全第一，预防为主。劳动安全卫生制度包括：①安全生产责任制度；②安全技术措施计划制度；③劳动安全卫生教育制度；④劳动安全卫生检查制度；⑤劳动安全卫生监督制度；⑥伤亡事故和职业病统计报告处理制度。

(二) 女职工的特殊劳动保护

我国《劳动法》除保障妇女平等就业权，实行男女同工同酬外，还就女职工生理和抚育子女的需要，作出特别规定。

(1) 女职工禁忌的劳动。禁止安排女职工从事矿山井下、国家规定的第四级体力劳动强度的劳动和其他禁忌从事的劳动。

(2) 女职工"四期"保护。①经期保护。法律禁止安排女工在经期从事高处、低温、冷水作业和国家规定的第三级体力劳动强度的劳动。②孕期保护。不得安排女工在孕期从事第三级体力劳动强度的劳动和孕期禁忌从事的劳动。对怀孕7个月以上的女工，不得安排其延长工作时间和夜班劳动。③产期保护。女工生育享受不少于90天的产假。

④哺乳期保护。不得安排女工在哺乳未满 1 周岁婴儿期间从事第三级体力劳动强度的劳动和哺乳期禁忌从事的其他劳动，不得安排其延长工作时间和夜班劳动。

（三）未成年工的特殊劳动保护

未成年工是指年满 16 周岁未满 18 周岁的劳动者。对未成年工特殊劳动保护的措施主要有：

（1）岗前培训。未成年工上岗，用人单位应对其进行有关的职业安全卫生教育和培训。

（2）禁止安排未成年工从事有害健康的工作。用人单位不得安排未成年工从事矿山、井下、有毒有害、国家规定的第四级体力劳动强度和其他禁忌从事的劳动。

（3）提供适合未成年工身体发育的生产工具等。

（4）对未成年工定期进行健康检查。用人单位应按规定在下列时间对未成年工定期进行健康检查：安排工作岗位之前；工作满 1 年；年满 18 周岁，距前一次的体检时间已超过半年。

（5）不得安排未成年工从事接触职业病危害的作业。

第四节　劳动争议

一、劳动争议的概念和分类

劳动争议又称劳动纠纷，是指劳动关系双方当事人因执行劳动法律、法规或履行劳动合同、集体合同发生的纠纷。

劳动争议发生在劳动者与用人单位之间，即：在中国境内的企业、个体经济组织和与之形成劳动关系的劳动者之间；在我国境内签订的、履行劳动合同的当事人之间，如中国境外的企业或劳动者与我国境内企业的公民之间；国家机关、事业组织、社会团体、与本单位工人以及与之建立劳动合同关系的劳动者之间；个体工商户与帮工、学徒之间，以及军队、武警部队的事业组织及其无军籍的职工之间。

劳动争议按照不同的标准，可划分为以下几种：

（1）按照劳动争议当事人人数多少的不同，可分为个人劳动争议和集体劳动争议。

（2）按照劳动争议的内容，可分为：因履行劳动合同发生的争议；因履行集体合同发生的争议；因企业开除、除名、辞退违纪职工和职工辞职、自动离职发生的争议；因执行国家有关工作时间和休息休假、工资、保险、福利、培训、劳动保护的规定发生的争议等。

（3）按照当事人国籍的不同，可分为国内劳动争议与涉外劳动争议。国内劳动争议是指我国的用人单位与具有我国国籍的劳动者之间发生的劳动争议；涉外劳动争议是指具有涉外因素的劳动争议，包括我国在国（境）外设立的机构与我国派往该机构工作的人员之间发生的劳动争议、外商的投资企业的用人单位与劳动者之间发生的劳动争议等。

二、劳动争议的处理机构

(一) 劳动争议的调解机构

劳动争议委员会(以下简称调解委员会)是依法成立调解本单位发生的劳动争议的群众性组织。

《劳动法》第80条规定:“在用人单位内,可以设立劳动争议调解委员会。劳动争议调解委员会由职工代表、用人单位代表和工会代表组织组成。”职工代表由职工代表大会(或职工大会)推举产生;用人单位代表由法定代表人指定;工会代表由工会委员会指定。调解委员会的组成人员的具体人数由职工代表大会提出,并由单位法定代表人协商确定,用人单位代表人数不得超过调解委员会的1/3。调解委员会主任由用人单位工会代表担任。调解委员会的办事机构设在工会委员会,没有建立工会组织的用人单位,调解委员会的设立及其组成由职工代表和用人单位代表协商决定。

调解委员会在当地工会和劳动争议仲裁委员会的指导下工作。其责任主要有:

(1) 负责调解本单位内发生的争议。其调解范围为:劳动者辞职、自动离职发生的争议;因履行合同发生的争议;因工作时间和休息休假、工资、劳动安全卫生、女职工和未成年工特殊保护、职业培训、社会保险和福利发生的争议;法律、法规规定应予调解的其他劳动争议。本单位发生的劳动争议一般均可由调解委员会进行调解,但调解委员会一般不调解开除、除名、辞退违纪职工而发生的劳动争议。

(2) 检查、督促争议双方当事人履行调解协议。

(3) 开展劳动法制宣传,预防和减少劳动争议发生。

(二) 劳动争议仲裁机构

劳动争议仲裁委员会是国家授权、依法设立的对劳动争议案件进行仲裁的专门机构。我国在县、市、市辖区设立劳动仲裁委员会,负责仲裁本行政区域内发生的劳动争议。

劳动争议仲裁委员会由下列人员组成:劳动保障行政部门人员代表、工会代表和企业代表。上列三方代表人数相等;仲裁委员会的总数应为单数,仲裁委员会主任由同级劳动行政机关负责人担任;其办事机构设在劳动保障行政机关的劳动争议处理机构内。

劳动争议仲裁委员会仲裁劳动争议,实行仲裁庭仲裁制度。仲裁庭仲裁实行少数服从多数原则。

仲裁委员会受理本行政区域下列劳动争议案件:当事人直接向仲裁委员会申请仲裁的因开除、除名、辞退违纪职工和职工辞职、自动离职发生的劳动争议;因履行劳动合同和集体合同,因工作时间和休息休假,因工资、劳动安全卫生、女职工和未成年工特殊保护、职业培训、社会保险和福利发生的劳动争议;因认定无效合同和特定条件下订立劳动合同发生的争议;关于是否续订劳动合同发生的争议;因职工流动、停薪留职、从事第二职业发生的争议;因用人单位裁减人员发生的争议;因经济补偿和赔偿发生的争议;因用人单位录用职工非法收费而发生的争议;法律、法规规定受理的其他劳动争议案件。此外,还受理经调解委员会调解不成的劳动争议案件。

劳动争议仲裁委员会依法进行仲裁，依法决定劳动争议案件的受理、仲裁庭的组成、仲裁员的回避；依法对案件进行调查和研究、进行调解和作出裁决。

（三）人民法院

审理劳动争议案件的是各级人民法院的民事审判庭。其受案范围为对劳动争议仲裁委员会的裁决不服，在法定期限内起诉到人民法院的劳动争议案件，人民法院不直接受理劳动争议案件。

三、劳动争议的处理程序

《劳动法》第 77 条规定："用人单位与劳动者发生劳动争议，当事人可以依法申请调解、仲裁、提起诉讼，也可以协商解决。"根据这一规定，我国处理劳动争议的程序为：协商、调解、仲裁、诉讼 4 个阶段。

（一）协商

劳动争议发生后，当事人应当协商解决，协商一致后，双方可达成和解协议，但和解协议无必须履行的法律效力，而是由双方当事人自觉履行。协商不是处理劳动争议的必经程序，当事人不愿意协商或协商不成，可以向本单位劳动争议调解委员会申请调解或向劳动争议仲裁机构申请仲裁。

（二）调解

劳动争议发生后，当事人双方愿意调解的，可以书面或口头形式向调解委员会申请调解。调解委员会接到调解申请后，可依据自愿、合法原则进行调解。调解委员会调解劳动争议，应当自申请人申请调解之日起 30 日内结束；到期未结束的，视为调解不成，当事人可以向当地劳动争议仲裁委员会申请仲裁。经调解达成协议的，制作调解书，双方当事人自觉履行。

调解不是劳动争议解决的必经程序。调解协议也无必须履行的法律效力。当事人不愿调解或者调解不成，可直接向劳动争议仲裁委员会申请仲裁。

（三）仲裁

劳动争议发生后，当事人任何一方都可以直接向劳动争议仲裁委员会申请仲裁。提出仲裁要求的一方应当自劳动争议发生之日起 60 日内向劳动争议仲裁委员会提出书面申请。劳动争议仲裁委员会接到仲裁申请后，应当在 7 日内作出是否处理的决定。受理后，应当在收到仲裁申请的 60 日内作出仲裁裁决。当事人对劳动争议仲裁委员会作出的仲裁裁决不服的，可在收到仲裁裁决书的 15 日内向人民法院提起诉讼。逾期不起诉的，仲裁裁决发生法律效力。

（四）诉讼

当事人对仲裁裁决不服的，可自收到仲裁裁决书之日起 15 日内向人民法院提起诉讼。

本章小结

劳动法是调整劳动关系以及与劳动关系密切联系的其他社会关系的法律规范的总和。劳动法是以劳动者权益保护为宗旨,融实体法与程序法为一体的独立法律部门。劳动法的基本制度包括劳动合同制度,集体合同制度,劳动基准法制度,工资法律制度,劳动安全卫生与女职工、未成年工特殊劳动保护制度,劳动争议和劳动监督检查制度。这些法律制度构成了劳动法的基本内容。

劳动合同是劳动者与用人单位之间确立劳动关系,明确双方权利和义务的书面协议。它除具有一般合同的特征外,还有其独有的特征。劳动法对劳动合同的订立、履行、变更、解除、终止以及违反劳动合同的赔偿责任作了具体的规定。

集体合同是集体协商双方代表根据法律、法规的规定就劳动报酬、工作时间、休息休假、劳动安全卫生、保险福利等事项在平等一致的基础上签订的书面协议。

工资是指用人单位为依据国家有关规定和集体合同、劳动合同的约定的标准,根据劳动者提供劳动的数量与质量,以货币形式支付给劳动者的劳动报酬。

安全卫生是指国家为了改善劳动条件,保护劳动者在劳动过程中的安全与健康而制定的各种法律规范的总称。它包括劳动安全、劳动卫生两类法律规范。

劳动争议又称劳动纠纷,是指劳动关系双方当事人因执行劳动法律、法规或履行劳动合同、集体合同发生的纠纷。劳动法规定用人单位与劳动者发生劳动争议,当事人可以依法申请调解、仲裁、提起诉讼,也可以协商解决。

基本概念

劳动法　劳动合同　集体合同　劳动时间　加班制度　休假制度　工资　劳动争议

思考与训练

1. 劳动合同的种类和形式有哪些?
2. 集体合同的概念和特征是什么?
3. 简述有关加班的法律规定。
4. 简述劳动争议的处理程序。

案例分析

(1) 刘某是某服装有限公司的会计,双方订立了无固定期限的合同,在该劳动合同中,双方除就合同解除的条件作了比较详细的约定外,还就合同终止的条件作了约定。其中约定的一项终止条件就是,如果因国家政策规定或者因刘某个人原因导致刘某的会计从业资格丧失,双方合同即行终止,劳动合同关系终结。

刘某作为一名资历较深的会计,拥有比较多的社会关系,其亦利用业余时间从事兼职会计工作,以增加收入,对此该公司并不反对。但是,在从事兼职业务时,刘某因违反国家关于会计从业人员的管理规定而被吊销会计从业资格,该服装有限公司随即依双方劳动合同的约定，通知刘某终止了双方的劳动合同。刘某不同意终止合同，向当地的劳动争议仲裁委员会申请仲裁，请求裁令该公司继续履行双方的劳动合同。

问题：劳动争议仲裁委员会能否支持刘某的请求？为什么？

(2) 谢河与宏达医药公司于2000年8月签订了为期3年的劳动合同，从事药品销售工作。2001年1月，该公司对所有销售人员实行销售承包提成工资办法，销售人员每月向公司上缴销售利润4000元作为承包基数，完成这个基数可以领取基本工资和按比例提取个人所得。如果没有完成承包基数，公司将不发包括基本工资在内的所有工资待遇。谢河从2001年2月至6月均未完成承包基数，结果未领到一分工资。谢河要求公司支付其工资，遭到公司拒绝。于是，谢河向当地劳动争议仲裁委员会提出申诉。

试分析：医药公司不计发谢河的工资是否合法？为什么？

(3) 何某与刘某系某企业的职工，何某于2009年1月与企业签订了为期5年的劳动合同，刘某于2010年9月与企业签订了为期3年的劳动合同，合同的试用期为6个月。何某因身体不适向企业提出调换工作岗位的申请，并提供了医院证明。刘某于2011年1月因喝酒在岗期间与同事打架，并将同事打伤。2011年2月企业以何某不能胜任工作，刘某不符合录用条件解除了与何某和刘某的劳动合同。何某与刘某不服，向当地劳动争议仲裁委员会提出申诉。

试分析：该企业解除何某与刘某的劳动合同是否合理？你认为本案应如何处理？

(4) 职工刘浩与开封黄河轴承厂签订了为期5年的劳动合同。在合同履行期间，某合资企业与刘浩接洽，许诺刘以高薪。为此，刘浩以收入过低为由，口头提出解除合同，轴承厂未予答复。过了一周，刘浩就不来上班，轴承厂曾打电话通知他上班，但一直没有答复。在此期间，刘浩与合资企业签订了为期3年的劳动合同。刘浩原单位在得知具体情况后曾与合资企业联系，希望刘浩回原单位上班，未果。为此，轴承厂向当地劳动争议仲裁委员会提出申诉。

试分析：

① 刘浩与轴承厂劳动合同是否已解除？为什么？

② 合资企业在本案中是否应承担责任？为什么？

第十章

物权法律制度

《中华人民共和国物权法》是一部重要的民事基本法律。几经修改于 2007 年 3 月 16 日第十届全国人民代表大会第五次会议通过了《物权法》，并于 2007 年 10 月 1 日起施行。本法经历了太多的曲折，是对改革开放以来所取得的胜利成果，特别是经济体制改革胜利成果的法律确认。《物权法》是关于财产归属和利用的法律规范，它的功能在于明确财产所有、充分发挥财产的效用。《物权法》中规定的所有权制度、用益物权制度和担保物权制度，是实行社会主义市场经济体制的基本制度。因此，《物权法》的制定和实施，对于激发全社会的创造活力，全面建设小康社会，构建社会主义和谐社会，实现和维护最广大人民的根本利益，具有重大的现实意义和深远的历史意义。

第一节　物权和物权法

一、物权

“物权”一词最早起源于罗马法。我国一直沿用“财产所有权”和“与财产所有权有关的其他财产权利”，直到 2007 年 3 月 16 日第十届全国人民代表大会第五次会议通过了《中华人民共和国物权法》(以下简称《物权法》)，“物权”一词才正式得到法律认可。

根据《物权法》第 2 条第 3 款规定，物权是指权利人依法对特定的物享有直接支配和排他的权利，包括所有权、用益物权和担保物权。其中用益物权和担保物权是在所有权的基础上衍生出来的，是在他人所有的物之上设定的权利，因此，相对于最完全的物权——所有权来说(自物权)，也称限制物权(他物权)。

物权具有以下特征：

(1) 物权的客体是有体物，知识产权的客体是无形财产。物权以特定的物为权利客体，这里的物主要是有体物，但在一定条件下也包括无形物，例如土地使用权、抵押权、知识产权、质押权。

(2) 物权是支配权。物权是权利人直接支配特定物的权利，物权人可以依自己的意思对标的物行使权利，而无须借助于他人的意思表示。

(3) 物权是对世权。在物权法律关系中，除权利人之外，其他一切不特定的人均是义务主体，不得妨害权利人行使权利。

(4) 物权是排他性权利。同一物上不能有内容不相容的物权并存,权利人有权排除他人对权利的干涉、妨害、侵害。

(5) 物权是绝对权。即物权的实现不需要义务人的积极行为予以协助,权利人在合法范围内能够按照其意愿无条件地、绝对地实现其权利。

二、物权的分类

民法理论上,物权可以按不同的标准进行分类。

(一) 所有权和他物权

如果以物权的权利主体是否为财产的所有人为标准对物权进行分类,可分为所有权和他物权。所有权又称自物权,是财产所有人对自己所有的财产依法进行全面支配的物权。他物权是非财产所有人根据法律的规定或所有人的意志对他人所有的财产享有的进行有限支配的物权。

(二) 用益物权和担保物权

根据设立目的不同,对他物权再分类,可以分为用益物权和担保物权。用益物权是以物的使用权益为目的设立的他物权,例如土地承包权等。担保物权是以保证债务的履行和债权的实现为目的而设立的他物权,如抵押权、质权、留置权。

(三) 动产物权和不动产物权

根据物权的客体是动产或不动产对物权进行分类,可分为动产物权和不动产物权。动产物权是以能够移动的财产为客体的物权。不动产物权是以土地、房屋等不动产为客体的物权。

三、物权的效力

物权的效力是物权基于对物的支配性质而产生的特定保障力或者特殊的功能和作用。

(一) 排他效力

物权的排他效力是指在同一物之上不得设定两个所有权或者两个在内容上相冲突的物权,也就是“一物不容二主”。物权的排他效力具体表现为:

(1) 在同一物之上已经存在有效的所有权时,其他所有权不能也不会同时成立。

(2) 在同一物之上由于善意取得或者时效取得等特殊法律规定而使得他人取得了所有权,即使原所有权人的所有权也是依法取得的,也因此而消灭。

(3) 在同一物之上以占有为内容的用益物权不得并存。

(二) 优先效力

物权的优先效力是指权利效力的强弱,即在同一物之上有数个利益冲突的权利并存时,具有较强效力的权利排斥或者限制效力较弱的权利的实现。物权的优先效力具体表现为:

(1) 物权对债权的效力。在同一物之上的物权与债权并存时,一般情况下,物权优先于债权实现。具体来说：①当同一标的物之上已经设定了债权，又就该物设定物权时，即使债权设定在先，当实现权利时，物权的效力优先，即“物权破除债权”；②当同一标的物之上担保物权和债权并存时，担保物权具有优先效力。

(2) 物权之间的效力。一般而言，在同一物之上数个物权并存时，设定在先的物权优于设定在后的物权实现，这种优先效力既包含了权利先享的内容也包含了先设定的物权排斥后设立的物权。

(三) 追及效力

物权的追及效力是指除法律另有规定之外，物权成立后，无论标的物辗转于何人之手中，物权人均可追及至物之所在行使物权的法律效力。

(四) 物上请求权效力

物上请求权效力是指物权人对物的支配因受到他人的妨碍而出现缺陷时，为恢复其对物的圆满支配状态而产生的请求权。它是以物权为基础或者依附的一种独立请求权。

四、物权法的基本原则

物权法的基本原则是贯穿物权法的始终、体现物权法的基本精神和理念，对物权立法、司法、执法和守法具有统领作用。物权的基本原则一般包括物权法定原则、一物一权原则和公示公信原则。

(一) 物权法定原则

物权法定原则即物权的种类和内容只能由法律规定。物权法定原则又称物权法定主义，是指物权只能依据法律设定，禁止当事人自由创设物权，也不得变更物权的种类、内容、效力和公示的方法。物权法定的内容包括：①物权类型强制，即物权的种类非经法律规定，当事人不得创设；②物权内容强制，即物权的内容非经法律规定，当事人不得创设。

(二) 一物一权原则

一物一权原则也称物权客体特定主义，是指在一个物上仅能成立一个所有权，一个所有权的客体仅为一个物。一物一权原则的内容包括：①一物上只能成立一个所有权；②一物的部分不能成立独立的所有权；③集合物原则上不能成立所有权。

(三) 公示公信原则

《物权法》第10条规定了公示公信原则，即不动产物权的设立、变更、转让和消灭，应当依照法律规定登记。动产物权的设立和转让，应当依照法律规定交付。公示公信原则包括物权公示原则和物权公信原则。

物权公示是指在物权变动时，必须将物权变动的事实通过一定的公示方法向社会公开，使第三人知道物权变动的情况，以避免第三人遭受损害并保护交易的安全。

物权公信是指物权变动按照法定方法公示之后，不仅正常的物权变动产生公信后果，而且即使物的出让人事实上无权处分，善意受让人基于对公示的依赖，仍能取得物权。

第二节 物权的变动

一、物权变动的概念

(一) 物权变动的概念

物权变动是指物权的取得、变更和消灭的动态形态,其实质就是人与人之间关于物的归属和利用的法律关系的变化。

(二) 物权变动的区分原则

物权变动的模式在世界各国存在多种立法主义,我国《物权法》采用的是物权变动原因与结果的区分原则。物权变动的区分原则是指在发生物权变动时,物权变动的原因与物权变动的结果作为两个法律事实,依据不同的法律根据而成立和生效的原则。

根据《物权法》第 15 条的规定,当事人之间订立有关设立、变更、转让和消灭不动产物权的合同,除法律另有规定或者合同另有约定外,自合同成立时生效;未办理物权登记的,不影响合同效力。

物权变动以公示为基本特征,要发生物权变动的结果,必须进行物权变动的公示,我国法律规定的公示的方式是:不动产需以登记公示;动产需以交付公示;特殊情况下的占有也是公示的方式。

二、不动产登记

(一) 不动产登记的概念

不动产登记又称不动产物权登记,是指权利人申请国家职能部门将有关申请人的不动产物权的事项记载于不动产登记簿的事实。

根据《物权法》第 9 条的规定,不动产物权的设立、变更、转让和消灭,经依法登记,发生效力;未经登记,不发生效力,但法律另有规定的除外。

(二) 不动产登记的效力

根据《物权法》第 14 条的规定,不动产物权的设立、变更、转让和消灭,依照法律规定应当登记的,自记载于不动产登记簿时发生效力。《物权法》第 16 条规定,不动产登记簿是物权归属和内容的根据。不动产登记簿由登记机构管理。因此,不动产登记的效力包括物权公示、善意保护、权利推定等。

1. 作为生效要件的不动产登记

根据《物权法》第 9 条的规定,不动产物权的设立、变更、转让和消灭,经依法登记,发生效力;未经登记,不发生效力,但法律另有规定的除外。此类不动产只有登记才能实现物权变动的结果,即登记是物权变动的必要条件,也叫做登记成立要件主义。

2. 作为对抗要件的不动产登记

根据《物权法》第 24 条的规定,船舶、航空器和机动车等物权的设立、变更、转让和消灭,未经登记,不得对抗善意第三人。此类不动产不须登记就可发生物权变动的结果,但是未经登记，权利人不能够对抗善意第三人，也叫做登记对抗要件主义。

3. 无须登记的不动产变动

（1）依法属于国家所有的自然资源，所有权可以不登记。

（2）因人民法院、仲裁委员会的法律文书或者人民政府的征收决定等，导致物权设立、变更、转让和消灭的，自法律文书或者人民政府的征收决定等生效时发生效力。

（3）因继承或者受遗赠取得物权的，自继承或者受遗赠开始时发生效力。

（4）因合法建造、拆除房屋等事实行为设立或者消灭物权的，自事实行为成就时发生效力。

（5）宅基地使用权的取得、行使和转让，适用土地管理法等法律和国家有关规定。

（6）质权自出质人交付质押财产时设立。

（7）以汇票、支票、本票、债券、存款单、仓单、提单出质的，当事人应当订立书面合同。质权自权利凭证交付质权人时设立；没有权利凭证的，质权自有关部门办理出质登记时设立。

三、动产交付

（一）动产交付的概念

动产交付是指权利人通过交付的方式实现物权变动的法律后果。

（二）动产交付的方式

1. 现实交付

这是动产交付中最传统、最常见和最主要的方式。根据《物权法》第23条的规定，动产物权的设立和转让，自交付时发生效力，但法律另有规定的除外。根据《物权法》第24条的规定，船舶、航空器和机动车等物权的设立、变更、转让和消灭，未经登记，不得对抗善意第三人。

2. 简易交付

根据《物权法》第25条的规定，动产物权设立和转让前，权利人已经依法占有该动产的，物权自法律行为生效时发生效力。

3. 指示交付

根据《物权法》第26条的规定，动产物权设立和转让前，第三人依法占有该动产的，负有交付义务的人可以通过转让请求第三人返还原物的权利代替交付。

4. 占有改定

根据《物权法》第27条的规定，动产物权转让时，双方又约定由出让人继续占有该动产的，物权自该约定生效时发生效力。

第三节　所　有　权

一、所有权的概念

所有权是指所有权人依法按照自己的意志对其所有的物进行占有、使用、收益和处分，实现独占性地支配，并排除他人非法干涉的永久性物权。

二、所有权的法律特征

（一）所有权是一种绝对权

所有权的绝对权体现在其不要任何的行为就可以实现。从取得的那一刻，就意味着权利的绝对性。只要他人不加以干涉，所有权人自己就可以实现权利。但是从立法政策上说所有权还是受限制的，不是绝对的。当国家、公共利益需要的时候，对不动产和动产征用或者征收时，所有权就有了限制。

（二）所有权是最完全的物权

所有权是所有人对于所有物进行一般的、全面的支配，内容最全面、最充分的物权，它不仅包含对于物的占有、使用、收益，还包括了对于物的最终处分权。作为最完全物权的所有权，是他物权的源泉。

（三）所有权具有整体性

所有权不是占有、使用、收益、处分等各项权能的总和，而是对标的物有统一支配力，是整体的权利，不能在内容或者时间上加以分割。所有权人可以在其所有物上设定他物权，即占有、使用、收益甚至处分权都能与所有人发生全部或者部分的分离，但是只要没有发生所有权消灭的法律事实（如转让、所有物灭失），所有权人的所有权性质不受影响。

（四）所有权具有永久性

所有权的存在没有存续期间，不因时效而消灭。

三、所有权的内容

所有权的内容是所有权人在法律规定的范围内，对于其所有物可以行使的权能。权能是权利人在实现权利时所实施的行为。《物权法》第 39 条规定："所有权人对自己的不动产或者动产，依法享有占有、使用、收益、处分的权利。"由此可见，所有权的权能包括占有、使用、收益和处分。

（一）占有

占有是所有权人对于财产实际上占领、控制。例如，所有权人对自己房屋、车辆、生活用品的占有等。

（二）使用

使用是依照物的性能和用途，并不毁损其物或变更其性质而加以利用。使用是为了实现物的使用价值，满足人们的需要。例如，使用机器进行生产、居住房屋，乘坐汽车等。

（三）收益

收益就是收取所有物的利益，包括孳息和利润。孳息包括天然孳息和法定孳息。利润是把物投入社会生产过程，流通过程中所得的权益。

（四）处分

处分包括事实处分和法律处分。这是所有权内容的核心，是所有权的最基本的权能。事实上的处分就是生产和生活中使物质形态发生变更和消灭。例如,粮食被吃掉了,房屋拆除了。法律上的处分是依照所有人的意志,通过某种民事行为对物进行处分,例如将火车上旅客的鞭炮没收。

四、所有权的分类

(一) 国家所有权

《物权法》第45条规定:“法律规定属于国家所有的财产,属于国家所有,即全民所有。”由此可见,国家所有权是全民所有制在法律上的表现,它是中华人民共和国享有的对国家财产的占有、使用、收益、处分的权利。

国家所有权的客体具有广泛性,我国《物权法》明文规定属于国家所有的财产有两类:

(1) 法律规定属于国家专有的财产。这些财产包括矿藏、水流、海域、城市的土地、无线电频谱资源、国防资产、野生动物资源。

(2) 法律规定属于国家所有的财产。这些财产包括:①法律规定属于国家所有的农村和城市郊区的土地;②森林、山岭、草原、荒地、滩涂等自然资源属于国家所有,但法律规定属于集体所有的除外;③法律规定属于国家所有的野生动植物资源;④法律规定属于国家所有的文物;⑤法律规定属于国家所有的铁路、公路、电力设施、电信设施和油气管道等基础设施。

(二) 集体所有权

《物权法》第59条规定:“农民集体所有的不动产和动产,依照法律、行政法规的规定由本集体享有占有、使用、收益、处分的权利。”集体所有权是劳动群众集体组织所有权,是集体组织对其不动产和动产享有占有、使用、收益、处分的权利。

集体所有的不动产和动产包括:①法律规定属于集体所有的土地和森林、山岭、草原、荒地、滩涂;②集体所有的建筑物、生产设施、农田水利设施;③集体所有的教育、科学、文化、卫生、体育等设施;④集体所有的其他不动产和动产。除了国家专有的,法律禁止归集体所有的以外的物,都可以成为集体所有权的客体。

(三) 私人所有权

私人所有权是私人对其不动产和动产享有占有、使用、收益、处分的权利。私人财产包括公民合法的收入、房屋、生活用品、生产工具、原材料等不动产和动产。《物权法》第65条规定,私人的合法储蓄、投资及其收益受法律保护,禁止任何单位和个人侵占、哄抢、破坏。

(四) 法人所有权

《物权法》第68条规定:“企业法人对其不动产和动产依照法律、行政法规以及章程享有占有、使用、收益和处分的权利。”企业法人以外的法人,对其不动产和动产的权利,适用有关法律、行政法规以及章程的规定。

五、所有权的取得

(一) 所有权取得的概念

所有权的取得是指民事主体对财产获得所有权的合法方式和根据。所有权可以依据一定的法律事实取得,分为原始取得和继受取得两种方式。

(二) 原始取得

原始取得是指直接根据法律规定,最初取得财产所有权或不依赖于原所有人的意志而取得财产所有权。原始取得的方法主要包括以下几种。

1. 生产

劳动生产和扩大再生产是人们创造生产资料和生活资料的过程,因此,生产是所有权取得中最基本、最重要的方式。

2. 孳息

孳息是相对于原物而言,是由原物繁衍、增值而生的财产。孳息分为天然孳息和法定孳息。按照生物的自然规律生成的新的独立物是天然孳息。天然孳息必须与原物分离,且无损于原物,能够独立存在,这是天然孳息与原物的一部分的主要区别。依据法律规定,通过对原物实施法律行为而派生出来的是法定孳息。

根据《物权法》第116条的规定,天然孳息,由所有权人取得;既有所有权人又有用益物权人的,由用益物权人取得。当事人另有约定的,按照约定。法定孳息,当事人有约定的,按照约定取得;没有约定或者约定不明确的,按照交易的习惯取得。

3. 国家强制

国家强制是指在法律规定的特定场合下,国家从社会公共利益出发,不顾及所有权人的意志和利益,直接采用没收、征收、国有化、税收等强制手段取得所有权。

4. 遗失物、漂流物、埋藏物、隐藏物

遗失物是所有人遗忘在某处,不为任何人占有的物。遗失物只能是动产,不动产不存在遗失的问题。《物权法》第109条规定:拾得遗失物,应当返还权利人。拾得人应当及时通知权利人领取,或者送交公安等有关部门。《物权法》第110条规定:有关部门收到遗失物,知道权利人的,应当及时通知其领取;不知道的,应当及时发布招领公告。《物权法》第113条规定:遗失物自发布招领公告之日起6个月内无人认领的,归国家所有。具体来说,所有权人或者其他权利人有权追回遗失物。该遗失物通过转让被他人占有的,权利人有权向无处分权人请求损害赔偿,或者自知道或者应当知道受让人之日起两年内向受让人请求返还原物,但受让人通过拍卖或者向具有经营资格的经营者购得该遗失物的,权利人请求返还应当支付给受让人其所付的费用。权利人向受让人支付所付费用后,有权向无处分权人追偿。

漂流物是指所有人不明,漂流于江、河、湖、海、溪、沟上的物品。埋藏物是指包藏于他物之中,不容易从外部发现的物。隐藏物是指放置于隐蔽的场所,不易被发现的物。根据《物权法》第114条的规定,拾得漂流物、发现埋藏物或者隐藏物的,参照拾得遗失物的有关规定。文物保护法等法律另有规定的,依照其规定。

5. 无人继承又无人受遗赠的财产

无人继承又无人受遗赠的财产属于无主财产，此类财产应当归国家所有，但是死者生前为集体所有制组织成员的，归所在集体组织所有。

6. 添附

添附是指不同所有人的物结合在一起而形成不可分离的物或具有新物性质的物，如果要恢复原状在事实上不可能或者在经济上不合理，在此情况下，确认该新财产的归属问题。添附实质上是一种事实，有下列三种形态：附合、混合、加工。

附合是两个以上不同所有人的物紧密结合在一起而形成新的物。尽管原所有人各自的物可以识别，但非经拆毁不能恢复原来的状态。附合包括动产和不动产的附合、动产和动产的附合。当动产附合于不动产之上时，不动产所有权人取得附合物之所有权，同时应当对原动产所有权人给予与原动产价值相当的补偿。动产和动产附合时，应当考虑各动产所有权人的财产价值。

混合是不同所有权人的动产相互结合在一起难以分开，并形成新的财产。混合状态下，原所有权人的财产无法识别。我国司法实践中，对混合物的所有权归属确定，以不同所有人财产价值的大小为标准。

加工是指在他人之物上附加自己的有价值的劳动，使之成为具有更高价值的新物。如将他人所有的树根加工成根雕作品。加工人在加工物的形成上提供了自己的劳动，因此，加工物的所有权归属应考虑原财产所有权人的利益和加工人的利益。

7. 善意取得

(1) 善意取得的概念。善意取得也称即时取得，是指财产由无处分权的占有人转让给不知情(善意)第三人占有时，第三人依法取得该财产的所有权，原财产所有权人不得请求第三人返还财产，只能要求让与人赔偿损失的法律制度。该制度是现代民法中的一项重要制度，其目的在于保护交易安全，维护市场经济正常秩序。

(2) 善意取得的构成要件。我国《物权法》第106条对善意取得的构成要件作出了规定：①受让人受让该财产时是善意的，这是构成善意取得的主观要件，即受让人在受让财产时对于让与人对财产没有处分权的事实不知道或者不应当知道；②转让财产的让与人对财产无处分权，即占有财产并实施让与行为的让与人对该财产无处分权；③以合理的价格转让，即构成善意取得的让与行为必须是通过交换，以合理价格有偿地实现；④物权变动已经通过法定方式进行的公示，即转让的不动产或者动产依照法律规定应当登记的已经登记，不需要登记的已经交付给受让人；⑤善意取得的标的物须为法律允许流通的财产，包括动产和不动产。

(3) 善意取得的效力。符合善意取得的构成要件，将发生善意取得的法律效力。包括如下效力：①受让人即时取得财产之所有权，成为该财产的合法所有权人，这种取得属于原始取得。根据《物权法》第108条的规定，善意受让人取得动产后，该动产上的原有权利消灭，但善意受让人在受让时知道或者应当知道该权利的除外。②原所有权人可以向无处分权的让与人请求赔偿损失。根据《物权法》第106条第2款的规定，受让人依照规定取得不动产或者动产的所有权的，原所有权人有权向无处分权人请求赔偿损失。

（三）继受取得

继受取得又叫做传来取得，是通过某种法律行为从原所有权人处取得某项财产的所有权。继受取得以原来所有权人对该财产享有的所有权为前提，其主要方式有买卖、互易、赠与、继承和遗赠等。

六、所有权的消灭

所有权的消灭是指由于某种法律事实使得所有权人丧失对财产的所有权，包括相对消灭和绝对消灭。相对消灭就是财产尚存，所有权在不同的权利主体之间转移。绝对消灭就是财产本身不复存在，所有权永久消灭。

引起所有权消灭的原因有所有权的转让、所有权的抛弃、所有权被强制消灭、所有权主体的消灭和所有权客体的消灭等。

七、相邻关系

（一）相邻关系的概念

相邻关系也称相邻权，是指两个或者两个以上相互毗邻的不动产的所有权人或者他物权人，在行使不动产的所有权或者他物权时，各方因相邻而应当给予便利和必要限制而发生的权利义务关系。

相邻关系在本质上是对权利人行使权利的合理延伸和必要的限制，本身并不是一种独立的物权。

（二）相邻关系的种类

1. 相邻用水、排水关系

不动产权利人应当为相邻权利人用水、排水提供必要的便利。

对自然流水的利用，应当在不动产的相邻权利人之间合理分配。对自然流水的排放，应当尊重自然流向。

2. 相邻土地通行、使用关系

不动产权利人对相邻权利人因通行等必须利用其土地的，应提供必要便利。

不动产权利人因建造、修缮建筑物以及铺设电线、电缆、水管、暖气和燃气管线等必须利用相邻土地、建筑物的，该土地、建筑物的权利人应当提供必要的便利。

3. 相邻通风、采光关系

相邻人建造建筑物，应当与邻人的建筑物有一定的距离，不得违反国家有关工程建设标准，妨碍相邻建筑物的通风、采光和日照。

4. 相邻环保关系

不动产权利人不得违反国家规定弃置固体废物，排放大气污染物、水污染物、噪声、光、电磁波辐射等有害物质。

5. 相邻防险关系

相邻一方在挖掘土地、建造建筑物、铺设管线以及安装设备等，不得危及相邻不动产的安全。

6. 相邻疆界关系

相邻疆界关系包括邻地(含土地的分界墙、分界篱、分界沟和分界石)和地界上的竹木归属关系以及越界建筑物、越界果实和越界竹木归属关系。

(三) 相邻关系的基本原则

根据《物权法》第 84 条规定:“ 不动产的相邻权利人应该按照有利生产、方便生活、团结互助、公平合理的原则,正确处理相邻关系。”《物权法》第 85 条规定:“法律、法规对处理相邻关系有规定的,依照其规定;法律、法规没有规定的,可以依照当地习惯。”由于不同地区相邻各方面具体情况不同,差别较大,法律法规不可能统一详细地规定,因此,法律、法规没有规定的,可以依照当地习惯。

八、建筑物区分所有权

(一) 建筑物区分所有权的概念

所谓建筑物区分所有权,指的是权利人即业主对建筑物内的住宅、经营性用房等专有部分享有的所有权,以及对专有部分以外的共有部分的共有和共同管理的权利。

(二) 建筑物区分所有权的内容

一般认为,建筑物的区分所有权的内容,包括建筑物专有部分的所有权、共有部分的共有权,以及因区分所有权人的共同关系所产生的管理权。

1. 专有权

专有权是指业主对建筑物内房屋的专有部分享有的所有权。专有部分是一栋建筑物内区分出的独立的住宅或者经营性用房等单元。该单元必须具备构造上的独立性与使用上的独立性。业主对其专有部分享有单独所有权,即对该部分享有占有、使用、收益和处分的排他性的支配权,性质上与一般的所有权并无不同。但此项专有部分与建筑物上其他专有部分有密切的关系,彼此休戚相关,具有共有利益。因此,业主对其建筑物的安全,不得损害其他业主的合法权益。

业主不得违反法律、法规以及管理规定,将住宅改变为经营性用房。业主将住宅改变为经营性用房的,除遵守法律、法规以及管理规定外,应当经有利害关系的业主同意。

2. 共有权

共有权是指业主对建筑物内房屋的专有部分以外的部分享有的共有权。共有部分是区分所有的建筑物及其附属物的共同部分,即专有部分以外的建筑物其他部分。属于共有部分范围是:①建筑物内的走廊、楼梯、过道、电梯、外墙面、水箱、水电气管线等部分;②建筑区划内的道路,属于业主共有,但属于城镇公共的道路除外;③建筑区划内的绿地,属于业主共有,但属于城镇公共绿地或者明示属于个人的除外;④建筑物区划内的其他公共场所、公用设施和物业服务用房,属于业主共有;⑤占有业主共有的道路或者其他场地用于停放汽车的车位,属于业主共有。建筑区划内,规划用于停放汽车的车位、车库的归属,由当事人通过出售、附赠或者出租等方式约定。另外,《物权法》规定,业主对建筑物专有部分以外的共有部分,享有权利并承担义务,但不得放弃权利不履行义务。共有部分为相关业主所共有,均不得分割,也不得单独转让。业主转让建筑物内的住宅、经营性用房，其对建筑物共有部分享有共有和共同的管理的权利一并转让。

3. 成员权

成员权是指业主对建筑物专有部分和共有部分享有所有权，为了共同管理建筑物，业主需要以业主共同体的形式共同作出决定，因此业主享有成员权。基于区分所有建筑物的构造，业主在建筑物的权利归属以及使用上形成了不可分离的共同关系，并基于此共同关系而享有管理权。该管理权的内容包括：①重要管理事项的表决权；②参与订立规约权；③变更、解任管理人权；④重要事项开会请求权；⑤停止违反共同利益行为的请求权；⑥遵守法律、法规以及管理规约的义务；⑦接受管理者管理的义务。

本章小结

《物权法》是确认财产和保护财产的基本法律，它作为一部调整公私财产关系的重要法律，几经修改，终于得以基本完善。作为一部调整公私财产关系的重要法律，《物权法》上涉国本、下系民生，将成为清理我国财产权归属的一个里程碑。本章着重介绍了物权的基本知识和物权法的核心理论，重点在所有权的取得。

基本概念

物权　物权的效力　国家所有权　集体所有权　私人所有权　法人所的权　添附

思考与训练

1. 物权的种类有哪些？
2. 所有权的内容有哪些？
3. 所有权的特别取得方式是什么？

案例分析

(1) 甲、乙、丙、丁分别购买了某住宅楼(共四层)的一层至四层住宅，并各自办理了房产证。下列说法正确吗？为什么？①甲、乙、丙、丁有权分享该住宅楼的外墙广告收入；②一层住户对三、四层间楼板不享有民事权利。③若甲出卖其住宅，乙 、丙、丁享有优先购买权。④如四层住户欲在楼顶建一花圃，须得到甲、乙、丙同意。

(2) 甲将收藏的一件明代古董出售给乙，乙当场付清价金，约定甲 5 天后交货。丙听说后，表示愿意出双倍的价钱购买。甲当即决定卖给丙，约定第三天交货，并收取定金 2000 元。乙听说后，让甲 10 岁的儿子将古董从家中取出给他。关于古董的所有权当如何归属？

(3) 2007 年 1 月，甲不慎丢失其手袋，内有名贵玉镯一只。乙拾得后按手袋内所示名片积极寻找失主，与甲取得联系，将玉镯还给了甲。5 月，甲与丙结婚，合计开一茶馆，茶馆注明工商登记人的名字为甲。因急需资金，甲持玉镯到信达典当行典当，玉镯出典获资金 8 万元，约定 3 个月后赎回。因缺乏经验，茶馆经营惨淡难以为继，2008 年 8 月，甲、丙决定关闭茶馆。此时，茶馆对外负债 2 万元。同年 9 月，甲、丙协议离婚。问：

① 设乙向甲交回玉镯前，不慎将玉镯摔碎，其应否承担赔偿责任？为什么？

② 设乙寻找到甲，将玉镯奉还，但要求其支付为寻找失主支付的打车费、电话费、工时费 350 元，乙的请求应否得到支持？为什么？

③ 设乙拾得后将其以 5 万元卖给不知情的第三人丁，甲三年后得知此事，可否请求丁返还？为什么？

④ 甲将玉镯典给典当行，属于什么性质的法律关系？若 3 个月后未去赎回玉镯，将会产生什么样的法律后果？

⑤ 甲、丙离婚时茶馆所欠的 2 万元债务尚未偿还，在此情况下，债权人如何主张自己的权益？

第十一章

经济仲裁与经济诉讼

第一节 仲 裁 法

一、仲裁法概述

(一) 仲裁的概念和特征

仲裁又称“公断”,是双方权利纠纷的当事人依照事先约定或事后达成的书面仲裁协议,共同选定仲裁机构并由其对争议依法作出具有约束力裁决的一种活动。仲裁被广泛地用于解决国内民事、经济纠纷和国际经济纠纷。

仲裁与司法审判相比较,具有以下 3 个特征。

(1) 仲裁以双方当事人的自愿约定为基础,即双方当事人在争议发生前或争议发生后达成书面的仲裁协议,一致同意将争议提交仲裁机构解决。没有仲裁协议,仲裁程序不可能发生。

(2) 仲裁机构是民间性的组织,不是国家的行政机关或司法机关,它对经济纠纷案件没有强制管辖权。

(3) 仲裁裁决具有终局性,仲裁裁决一经作出,对双方当事人都有拘束力,任何一方当事人不得就同一标的或事由再向法院起诉或者向仲裁机构再申请仲裁,如果一方当事人不主动履行裁决,另一方当事人有权要求法院予以强制执行。

仲裁法是国家制定或认可的,规范仲裁法律关系主体的行为和调整仲裁法律关系的法律规范的总称。1994 年 8 月 31 日,第八届全国人民代表大会常务委员会第九次会议通过了《中华人民共和国仲裁法》(以下简称《仲裁法》)。

(二) 仲裁的原则

1. 自愿原则

自愿原则是仲裁制度的基本原则,是仲裁制度存在和发展的基础。仲裁的自愿原则主要体现在以下几方面:①当事人是否将他们之间发生的纠纷提交仲裁,由双方当事人自愿协商决定;②当事人将哪些争议事项提交仲裁,由双方当事人自行约定;③当事人将他们之间的纠纷提交哪个仲裁委员会仲裁,由双方当事人自愿协商决定;④仲裁庭如何组成,由谁组成,由当事人自主选定;⑤双方当事人还可以自主约定仲裁的审理方式、开庭方式等有关的程序事项。

2. 依据事实、符合法律规定、公平合理解决纠纷原则

这一原则是对“以事实为根据，以法律为准绳”原则的肯定和发展。仲裁要坚持以事实为根据、以法律为准绳的原则。同时，法律没有规定或者规定不完备的情况下，仲裁庭可以按照公平合理的一般原则来解决纠纷。

3. 独立仲裁原则

仲裁机关是不依附于任何机关而独立存在的，其仲裁权来自当事人双方的自愿选择。仲裁机构对经济纠纷案件独立仲裁，不受行政机关、社会团体和个人的干涉。当然，仲裁机构在仲裁时，还必须遵守国家有关法律的规定，不能独立于国家的法律之外。

4. 一裁终局原则

仲裁机构对当事人提交的案件所作的裁决具有终局的法律效力。仲裁机构的裁决对双方当事人均有拘束力，双方必须自动履行，而不得要求该仲裁机构或者其他仲裁机构再次裁决或向人民法院起诉，也不得向其他机关提出变更仲裁裁决的请求。

（三）仲裁法的适用范围

根据《仲裁法》的规定，平等主体的公民、法人和其他组织之间发生的合同纠纷和其他财产纠纷，可以仲裁。与人身有关的婚姻、收养、监护、抚养、继承纠纷是不能进行仲裁的。仲裁事项必须是平等主体之间发生的且当事人有权处分的财产权益纠纷，由强制性法律规范调整的法律关系的争议不能进行仲裁。因此，行政争议不能仲裁。另外，由于劳动争议和农业集体经济组织内部的农业承包合同不同于一般的经济纠纷，它们在仲裁原则、程序等方面有自己的特点，因此《仲裁法》不适用于解决这两类纠纷。

二、仲裁委员会

仲裁委员会是有权对当事人提交的经济纠纷进行审理和裁决的机构。仲裁委员会与行政机关没有隶属关系，仲裁委员会之间也没有隶属关系，仲裁委员会不同于审判机关。从性质上分析，仲裁委员会是具有民间组织性质的准司法组织。仲裁委员会的裁决权取决于当事人在仲裁协议中的授权。

按照我国仲裁法规定，仲裁委员会可以在省、自治区、直辖市人民政府所在地的市设立，也可以根据需要在其他设区的市设立，不按行政区划层层设立。

仲裁委员会由主任1人、副主任2～4人和委员7～11人组成。仲裁机构的主任、副主任和委员由法律、经济贸易专家和有实际工作经验的人员担任，其中法律、经济贸易专家不得少于2/3。

仲裁委员会是中国仲裁协会的成员，仲裁协会是仲裁委员会的自律性组织，可以根据章程规定对仲裁委员会及其组成人员进行监督。

三、仲裁协议

仲裁协议是当事人双方自愿将他们之间可能发生或已经发生的争议提请仲裁机构予以裁决的意思表示。仲裁协议包括合同中订立的仲裁条款和以其他书面方式达成的协议。仲裁协议是仲裁委员会受理案件的前提条件。

根据我国《仲裁法》的规定，仲裁协议应当包括下列内容：

(1) 请求仲裁的意思表示。这种意思表示既可以体现在合同的仲裁条款中，也可以体现在争议发生后订立的仲裁协议书中。请求仲裁的意思表示必须是真实的，是双方当事人自愿的，如果一方当事人采取胁迫手段迫使对方当事人订立仲裁协议，则仲裁协议无效。

(2) 仲裁事项。仲裁事项是双方当事人在仲裁协议中规定提交仲裁解决的经济纠纷的具体范围。仲裁事项可以是有关经济法律关系的一切争议，也可以是部分事项的争议。如果仲裁协议中对仲裁事项没有约定或约定不明确，当事人可以补充协议；达不成协议的，仲裁协议无效。

(3) 选定的仲裁机构。被选定的仲裁机构只能有一个，并要在仲裁协议中写明该仲裁机构的名称。如果仲裁协议对仲裁机构没有约定或者约定不明确，当事人可以补充协议。达不成补充协议的，仲裁协议无效。

以上三项内容必须完备，缺少其中的任何一项，都会导致仲裁协议的不完整，影响到仲裁协议的效力。

仲裁协议独立存在，合同的变更、解除、终止或无效，不影响仲裁协议的效力。当事人对仲裁协议的效力有疑义的，可以请求仲裁机构或人民法院作出裁定。一方请求仲裁委员会作出决定，另一方请求人民法院作出裁定的，由人民法院裁定。当事人对仲裁协议的效力有异议的，应当在仲裁庭首次开庭前提出。

四、仲裁程序

(一) 申请和受理

1. 申请

申请仲裁是指平等主体的公民、法人和其他组织之间因合同或其他财产权益发生纠纷，根据双方自愿达成的仲裁协议，以自己的名义将纠纷提交仲裁委员会请求其进行裁决的活动。

当事人申请仲裁，必须具备以下条件：①有仲裁协议；②有具体的仲裁请求和事实、理由；③属于仲裁委员会的受理范围。

当事人申请仲裁，必须采用书面方式，应当向仲裁委员会递交仲裁协议、仲裁申请书及副本。仲裁申请书是指仲裁申请人根据仲裁协议将已经发生的争议提请仲裁机构进行审理和裁决，以保护其合法权益的法律文书。仲裁申请书应当载明下列内容：当事人的姓名、性别、年龄、职业、工作单位、住所、电话和法定代表人或者主要负责人的姓名、职务；仲裁请求和事实根据、理由；证据、证人姓名和住所；证据和证据来源、证人姓名和住所；所申请的仲裁委员会的名称；申请仲裁的年月日；申请人的签名、盖章。当事人提交仲裁申请书应当按照对方当事人的人数和组成仲裁庭的仲裁员人数，备具副本。

2. 受理

仲裁机构收到当事人的仲裁申请书及仲裁协议后，应当进行审查。经审查，认为符合受理条件的，应当在5日内决定受理，并通知当事人；认为不符合条件的，应当在5日内书面通知当事人不予受理，并说明理由。

仲裁机构受理申请后，应当在仲裁规则规定的期限内将仲裁规则和仲裁员名册送达申请人，并将仲裁申请书副本和仲裁规则、仲裁员名册送达被申请人。被申请人收到仲裁申请书副本后，应当在仲裁规则规定的期限内向仲裁机构提交答辩书及副本。仲裁机构收到答辩书后，应当在仲裁规则规定的期限内将答辩书副本送达申请人。被申请人未提交答辩书的，不影响仲裁程序的进行。

申请人可以放弃或者变更仲裁请求，被申请人可以承认或者反驳仲裁请求。

(二) 仲裁庭的组成

仲裁庭可以由1名仲裁员或3名仲裁员组成。由3名仲裁员组成的，设首席仲裁员。当事人约定由3名仲裁员组成仲裁庭的，应当各自选定或各自委托仲裁委员会主任指定1名仲裁员。第三名仲裁员由当事人共同选定或共同委托仲裁委员会主任指定，并应由其担任首席仲裁员。当事人约定由1名仲裁员成立仲裁庭的，应由当事人共同选定或共同委托仲裁委员会主任指定。

仲裁庭组成后，仲裁委员会应当将仲裁庭的组成情况书面通知当事人。仲裁员有法定应回避情形时必须回避，当事人也有权提出回避申请。

依据我国仲裁法的规定，仲裁员有以下情形的，必须回避，当事人也有权申请仲裁员回避：①是本案的当事人或者当事人、代理人的近亲属；②与本案有利害关系；③与本案当事人、代理人有其他关系，可能影响公正仲裁的；④私自会见当事人、代理人，或者接受当事人、代理人请客送礼的。

(三) 开庭和裁决

1. 开庭

仲裁审理的方式可以分为开庭审理和书面审理两种。其中开庭审理是仲裁审理的主要方式。

开庭审理是指在仲裁庭的主持下，在双方当事人和其他仲裁参与人的参加下，按照法定程序，对案件进行审理并作出裁决的方式。当事人协议不开庭的，仲裁庭可以根据仲裁申请书、答辩书以及其他材料进行书面审理并作出裁决。书面审理是开庭的必要补充。

2. 仲裁审理程序

仲裁审理不公开进行，当事人协议公开的，可以公开进行，但涉及国家秘密的除外。仲裁庭通常按照下列顺序进行开庭审理：

宣布开庭：由首席仲裁员或者独任仲裁员宣布开庭。随后，首席仲裁员或者独任仲裁员核对当事人，宣布案由，宣布仲裁庭组成人员和记录人员名单，告知当事人有关的仲裁权利义务，询问当事人是否提出回避申请。

当事人陈述与质证：首先是申请人陈述主张的事实、证据，然后由被申请人陈述和举证。如果被申请人有反请求，应当一并陈述和举证。

当事人举证：证据包括证人作证，宣读未到庭的证人证言；出示书证、物证和视听资料；宣读勘验笔录、现场笔录；宣读鉴定结论。所有与案件有关的证据应当在开庭时出示，并经双方当事人质证。

辩论:当事人在仲裁过程中有权进行辩论。辩论终结时,首席仲裁员或者独任仲裁员应当征询当事人的最后意见。

在仲裁程序中,仲裁申请人和被申请人都应当按时出庭,未经仲裁庭许可不得中途退庭。对申请人经书面通知,无正当理由不到庭或者未经仲裁庭许可中途退庭的,视为撤回仲裁申请;对被申请人经书面通知,无正当理由不到庭或者未经仲裁庭许可中途退庭的,则视为缺席裁决。

(四) 仲裁裁决

仲裁裁决即仲裁庭对当事人提交争议的事项进行审理后作出的结论性意见。仲裁庭对案件的裁决按多数仲裁员的意见作出,少数仲裁员的不同意见可以记入笔录。仲裁庭不能形成多数意见时,裁决应当按照首席仲裁员的意见作出。

裁决书应当写明仲裁请求、争议事实、裁决理由、裁决结果、仲裁费用和裁决日期。当事人协议不愿写明争议事实和裁决理由的可以不写。裁决书由仲裁员签名。对裁决持不同意见的仲裁员可以签名,也可以不签名。裁决书经仲裁员签名后,应加盖仲裁委员会印章。

裁决书自作出之日起发生法律效力,对双方当事人均有拘束力。任何一方当事人均不得就同一纠纷再申请仲裁或者向人民法院起诉。根据仲裁裁决负有义务的当事人应当在裁决书确定的期限内履行裁决。裁决书未确定履行期限的,当事人应当立即履行。

(五) 仲裁监督

根据《仲裁法》规定,仲裁实行一裁终局的制度。仲裁委员会不能实行仲裁的自我监督,而由人民法院作为仲裁的监督机构实行司法监督。人民法院对仲裁的监督主要有以下三个方面。

1. 裁定撤销仲裁裁决

当事人提出证据证明裁决有下列情形之一的,可以向仲裁委员会所在地的中级人民法院申请撤销裁决:①没有仲裁协议的;②裁决的事项不属于仲裁协议的范围或者仲裁委员会无权仲裁的;③仲裁庭的组成或者仲裁的程序违反法定程序的;④裁决所根据的证据是伪造的;⑤对方当事人隐瞒了足以影响公正裁决的证据的;⑥仲裁员在仲裁该案时有索贿受贿、徇私舞弊、枉法裁决行为的。人民法院经组成合议庭审查核实裁决有上述规定情形之一的,应当裁定撤销。人民法院认定裁决违背社会公共利益的,应当裁定撤销。当事人申请撤销裁决的,应当自收到裁决书之日起 6 个月内提出。人民法院受理撤销裁决的申请后,应当自收到撤销裁决申请之日起 2 个月内作出撤销裁决或者驳回申请的裁定。

2. 通知仲裁庭重新仲裁

人民法院受理撤销裁决的申请后,认为案件可以由仲裁庭重新仲裁的,应书面通知仲裁庭在一定期限重新仲裁,并裁定中止撤销程序。该通知书具有否定裁决的效力,并成为仲裁庭重新仲裁的依据。

3. 裁决不予执行

人民法院接到当事人的执行申请后,应当及时按照仲裁裁决予以执行。但是,如果被申请执行人提出证据证明仲裁裁决有法定不应执行的情形，可以请求人民法院不予执行该仲裁裁决；人民法院组成合议庭审查核实后，裁决不予执行。

五、仲裁裁决的执行

由于仲裁机构是民间性质的机构，对裁决没有强制执行权，因此，在一方当事人不履行裁决所确定的义务的情况下，另一方当事人可以依照民事诉讼法的有关规定向被申请人住所地或者财产所在地的基层人民法院申请执行，接受申请的人民法院应当执行。

第二节　经济诉讼

一、经济诉讼概述

诉讼也称为审判，是指人民法院在案件当事人和其他诉讼参与人的参加下为解决案件，依法定诉讼程序所进行的全部审判活动。不同的法律关系应采取不同的诉讼形式，目前我国诉讼的形式有刑事诉讼、行政诉讼和民事诉讼。按照一般学者的解释，经济诉讼是指与经济内容有关的诉讼案件。

诉讼是解决经济纠纷的重要手段，大多数情况下是解决经济纠纷的最终办法。经济纠纷所涉及的诉讼主要包括行政诉讼和民事诉讼，但绝大部分属于民事诉讼，因此，本节主要就民事诉讼予以介绍。

二、经济诉讼的原则

经济诉讼的原则是指在经济诉讼的整个过程中，起指导作用的准则。它是人民法院进行审判活动和经济诉讼参与人进行诉讼活动所必须遵守的行为准则。

1. 诉讼权利平等原则

在经济诉讼中，双方当事人的诉讼权利、诉讼地位是完全平等的。人民法院有责任保障双方当事人充分、平等地行使诉讼权利，不偏袒任何一方当事人。

2. 调解原则

调解是人民法院解决经济诉讼的一种方式，经法院调解达成协议的调解书经双方当事人签收后具有生效判决同等的法律效力。

人民法院在审理经济纠纷案件时，应当根据自愿和合法的原则进行调解，调解不成的，应当及时判决。

3. 辩论原则

在经济诉讼中，双方当事人有权就案件的事实和争议的问题，各自陈述自己的主张和根据，互相进行辩驳和论证，以维护自己的合法权益。

4. 处分原则

当事人有权在法律规定的范围内处分自己的经济权利和诉讼权利。

5. 检察监督原则

人民检察院是国家的法律监督机关，对经济审判活动进行监督，是法律赋予它的一项重要职权，也是它行使法律监督权的一项重要内容。

三、经济诉讼的主体

1. 审判机构

我国的经济纠纷案件，由各级人民法院的经济或民事审判庭负责审理。我国人民法院的组织机构分为四级，即国家的最高人民法院，省、自治区、直辖市设立的高级人民法院，地市一级的中级人民法院，县区一级的基层人民法院。

2. 经济诉讼参与人

经济诉讼的参与人包括当事人、第三人和诉讼代理人。

当事人是指以自己的名义进行诉讼，并受人民法院判决约束的利害关系人。当事人包括原告、被告、共同诉讼人和第三人。

原告是指为了保护自己的民事或经济权益，以自己的名义向人民法院提起诉讼，从而引起诉讼程序发生的当事人。被告是指经原告起诉而由人民法院通知应诉的当事人。共同诉讼的当事人主体为两人以上的，称为共同诉讼人。

第三人是指在经济诉讼案件中，对他人之间的诉讼标的主张独立的权利，或虽不主张独立的权利，但案件的审理结果与自己有法律上的利害关系，从而参加到诉讼过程当中的人。

诉讼代理人是指以一方当事人的名义，在法律规定、法院指定或当事人授权范围内代理当事人进行诉讼活动的人。具体可以分为法定代理人、指定代理人和委托代理人等。

四、案件的管辖

管辖是指上下级人民法院之间、同级法院之间受理第一审民事案件的分工和权限。分为地域管辖、级别管辖和裁定管辖等。

1. 地域管辖

地域管辖是指确定同级人民法院之间在各自管辖的地域内审理第一审经济案件的分工和权限。它又分为一般地域管辖和特殊地域管辖。

一般地域管辖是以被告住所地为依据确定案件的管辖法院，即实行“原告就被告”原则。对公民提起的民事诉讼，由被告住所地人民法院管辖，被告住所地与经常居住地不一致的，由经常居住地人民法院管辖。对法人或其他组织提起的民事诉讼，由被告住所地人民法院管辖。同一诉讼的几个被告住所地、经常居住地在两个以上人民法院辖区的，各该人民法院都有管辖权。但对被劳改教养的人提起的诉讼及对被监禁的人提起的诉讼，由原告住所地人民法院管辖，原告住所地与经常居住地不一致的，由原告经常居住地人民法院管辖。

特殊地域管辖是以诉讼标的所在地，或引起法律关系发生、变更、消灭的法律事实所在地为依据确定的管辖。适用特殊管辖的情况主要有以下几种：①因合同纠纷引起的诉讼，由被告住所地或合同履行地人民法院管辖；②因保险合同纠纷提起的诉讼，由被告住所地或保险标的物所在地人民法院管辖；③因票据纠纷提起的诉讼，由票据支付地或被告住所地人民法院管辖;④因铁路、公路、水上和航空事故请求损害赔偿提起的诉讼,由事故发生地或车辆、船舶最先到达地、航空器最先降落地或被告住所地人民法院管辖等。

2. 级别管辖

级别管辖是根据案件的性质、影响范围来划分上下级人民法院受理第一审经济案件的分工和权限。

我国人民法院分为四级,即基层人民法院、中级人民法院、高级人民法院和最高人民法院,此外还有专门法院,即军事法院、海事法院和铁路运输法院,以上法院的分级设置,构成了我国法院的管理体系。

基层人民法院原则上管辖第一审案件;中级人民法院管辖在本辖区有最大影响的案件;高级人民法院管辖在本辖区有重大影响的第一审案件;最高人民法院管辖在全国有重大影响的案件以及认为应当由它审理的案件。

3. 裁定管辖

裁定管辖是指法院以裁定的方式确定诉讼的管辖。裁定管辖包括移送管辖、指定管辖和管辖权转移。

移送管辖是指法院在受理民事案件后,发现自己对案件并无管辖权,依法将案件移送到有管辖权的法院管理。移送管辖必须同时具备以下 3 个条件:①法院已受理了案件;②移送的法院对案件没有管辖权;③受移送的法院对案件有管辖权。

指定管辖是指上级法院以裁定方式指定其下级法院对某一案件行使管辖权。依据《民事诉讼法》规定,指定管辖适用于以下 3 种情形:①受移送的法院认为自己对移送来的案件无管辖权。②有管辖权的法院由于特殊原因不能行使管辖权。特殊原因从理论上说可能包括两种情况:一是法院的全体法官均需回避;二是有管辖权的法院所在地发生了严重的自然灾害。③通过协商未能解决管辖争议。发生管辖权争议后,应尽可能通过协商解决,协商不成的,应报他们的共同上级法院指定管辖。

管辖权转移是指依据上级法院的决定或同意,将案件的管辖权从原来有管辖权的法院转移至无管辖权的法院,使无管辖权的法院因此而取得管辖权。管辖权转移在上下级法院之间进行,通常在直接的上下级法院间进行,是对级别管辖的变通和个别调整。

五、经济诉讼程序

经济诉讼程序也称为审判程序,是人民法院在审理经济纠纷案件过程中必须遵守的规则和制度。诉讼程序包括普通程序和简易程序。普通程序是人民法院审理案件时普遍适用的程序,包括第一审程序、第二审程序和审判监督程序等。

(一) 第一审程序

1. 起诉与受理

起诉是指原告就经济纠纷向人民法院提起诉讼,请求人民法院依照法定程序进行审判的行为。

原告向人民法院提起诉讼,必须符合以下条件:①原告必须是与案件有直接利害关系的公民、法人或其他组织;②有明确的被告;③有具体的诉讼请求和事实理由;④属于人民法院受理经济诉讼的范围和受诉人民法院管辖。

原告起诉应当向人民法院递交起诉状,并按被告人数提出与其相同的副本。起诉状应当记明下列事项:当事人的姓名、性别、年龄、民族、职业、工作单位和住所;法人和其他组织的名称、住所和法定代表人或者主要负责人的姓名、职务;诉讼请求和所根据的事实和理由;证据和证据来源;证人的姓名和住所。

人民法院收到起诉状后,应当进行审查。认为符合起诉条件的,应当在7日内立案,并通知当事人;认为不符合条件的,应当在7日内裁定不予受理,并说明理由。原告对不予受理、驳回起诉的裁定不服的,可以上诉。

2. 审理前的准备

人民法院受理案件后,应在5日内将起诉状副本发送给被告。限其在收到起诉状副本之日起15日内提出答辩状,法院收到答辩状之日起5日内将答辩状副本发送给原告。被告不提出答辩状的,不影响人民法院审理。

3. 开庭审理

开庭审理是人民法院在当事人和其他诉讼参与人的参加下,依照法定的形式和程序,查清案件事实,分清责任是非,对案件作出处理决定的诉讼活动。审理案件应当公开进行,但涉及国家秘密、个人隐私或法律另有规定的除外。涉及商业秘密的案件,当事人申请不公开审理的,可以不公开审理。人民法院对公开审理或者不公开审理的案件,一律公开宣告判决。

开庭审理的程序包括开庭预备、法庭调查、法庭辩论和法官评议宣判等活动。

基层人民法院和它派出法庭审理事实清楚、权利义务关系明确、争议不大的经济纠纷案件,可以按照简易程序审理。对适用简易程序的案件,原告可以口头起诉,当事人双方可以同时到基层人民法院或者其派出的法庭请求解决争议,受诉人民法院或法庭可以当即审理,并可用简便方式随时传唤当事人、证人。

4. 判决和裁定

人民法院审理民事案件。应在弄清事实、分清是非的基础上,根据当事人自愿的原则进行调解,调解达成协议的应当制作调解书,经当事人签字后生效。调解不成或当事人反悔的,人民法院应当及时判决。

裁定是指人民法院在审理案件的过程中,对所发生的程序上需要解决的事项或其他问题所作出的判定。裁定主要用于解决诉讼程序上的问题。

判决书、裁定书由审判人员、书记员署名,加盖人民法院印章。口头裁定的,记入审判笔录。

(二)第二审程序

我国的审判制度实行两审终审制,当事人不服地方人民法院第一审判决或裁定的,有权向上一级人民法院提起上诉。第二审程序即是第二审人民法院对当事人不服第一审人民法院判决、裁定的上诉案件所适用的程序。

1. 第二审程序的提起与受理

当事人依法提起上诉是第二审程序发生的前提。上诉的提起,必须具备下列条件:①必须是依法允许上诉的判决或裁定;②必须有符合条件的上诉人和被上诉人,即第一审程序中的原告、被告、共同诉讼人、诉讼代表人、有独立请求权的第三人和人民法院判决承担实体义务的无独立请求权的第三人；③必须在法定的期限内提出上诉；④必须递交上诉状。

上诉状的内容包括：当事人的姓名、法人的名称及其法定代表人的姓名或者其他组织的名称及其主要负责人的姓名；原审人民法院的名称、案由和案件的编号；上诉的请求和理由。上诉的请求是上诉人提出上诉所要达到的目的，应当明确表明要求法院全部或部分变更原审裁判的态度。上诉的理由是上诉人提出的认为一审裁判认定事实或适用法律不当或者错误所根据的事实和理由。

当事人提起上诉，原则上应通过原审人民法院提交上诉状，并按照对方当事人的人数提出副本。当事人不愿意通过原审人民法院提出上诉的，也可以将上诉状直接送交上一级人民法院。

2. 上诉案件的审理

就基本程序而言，第二审程序与第一审程序大致相同，也要经过审理前的准备（包括由审判员组成合议庭、审查案卷、调查和询问当事人）和开庭审理（包括开庭准备、法庭调查、法庭辩论、法庭调解、案件评议和宣告判决）等诉讼阶段。

人民法院依据第二审程序对上诉案件的审理，一般多采用开庭审理形式，少数情况下采用书面审理。书面审理主要适用于事实清楚、适用法律正确和事实清楚，只是定性错误或者适用法律错误的案件。

3. 上诉案件的裁判

第二审人民法院对上诉案件，经过审理，应根据不同情况，分别作出以下裁判：

（1）维持原判。第二审人民法院经过对上诉案件的审理，认为原判事实清楚，证据确实充分，适用法律正确的，应按照《民事诉讼法》的规定，判决驳回上诉，维持原判。

（2）依法改判。第二审人民法院经过对上诉案件的审理，遇到下列三种情形的，应当依法直接改判：第一，原判决适用法律错误，即原判认定事实清楚，只是适用法律有错误；第二，原判决认定事实有错误，即对案件事实作了错误的认定；第三，原判认定事实不清，证据不足。

（三）审判监督程序

审判监督程序也称再审程序，是指人民法院对已经发生效力的判决、裁定，发现确有错误，依法对案件进行再审的程序。

根据民事诉讼法的规定，审判监督程序的提起，只能是特定的机关和人员，即有权提起再审的主体。包括各级人民法院院长、上级人民法院、最高人民法院依法定的方式提起再审；或者是有审判监督权的人民检察院提起抗诉；或者是当事人依照法定的条件申请再审。

人民法院审理再审案件适用的程序取决于生效裁判的情况。如果生效裁判是由第一审法院作出的，按照第一审程序审理；如果生效裁判是由第二审法院作出的，按照第二审程序审理。同时，依照再审程序审理案件的法院，不仅包括原审法院，而且包括原审法院的上级法院和最高人民法院。

六、执行程序

执行程序是人民法院的执行机构和执行人员，依照法定程序，运用国家强制力，实现具有给付内容的生效的法律文书所确定的内容的诉讼行为。执行的目的在于确保人民法院的判决、裁定、调解协议和其他法律文书的实现，有效保护国家利益和当事人合法权益的实现，维护国家法律的尊严和威信。

对已经发生法律效力的判决、裁定和调解书，当事人应当在法律规定的期限内自动履行。如果一方当事人拒不履行法律文书确定的义务，经另一方当事人申请，人民法院应依法强制其履行义务。

执行程序的发生是由一方当事人提出申请开始的。当事人申请执行应当具备的条件是：①必须是法律文书中享有权利的一方当事人，即在民事判决中胜诉的一方当事人；②必须提交申请执行书和据以执行的法律文书，包括人民法院的民事判决书、裁定书、调解书及仲裁机关的裁决书等；③必须在法定期限内提出申请（双方或一方当事人是个人的，申请执行期限为1年；双方是法人或其他组织的，申请执行的期限为6个月）；④向有执行管辖权的人民法院提出申请。

此外，执行程序也可因移交执行而开始，即由法院的审判人员将生效的判决书、裁定书或调解书直接移交执行人员执行。

在民事诉讼中，人民法院执行措施主要有以下几项：查询、冻结、划拨被执行人的存款；扣留、提取被执行人的收入；查封、扣押、冻结、拍卖、变卖被执行人的财产；搜查被执行人隐匿的财产；强制被执行人交付法律文书指定的财物和票证；强制被执行人迁出房屋或退出土地；强制被执行人完成法律文书指定的行为；强制被执行人支付迟延履行金或迟延履行期间的债务利息。

对于人民法院发出的协助执行的通知书，有关单位必须办理。

本章小结

仲裁又称“公断”，是双方权利纠纷的当事人依照事先约定或事后达成的书面仲裁协议，共同选定仲裁机构并由其对争议依法作出具有约束力裁决的一种活动。仲裁被广泛地用于解决国内民事、经济纠纷和国际经济纠纷。根据《仲裁法》的规定，平等主体的公民、法人和其他组织之间发生的合同纠纷和其他财产纠纷，可以仲裁。与人身有关的婚姻、收养、监护、抚养、继承纠纷是不能进行仲裁的。仲裁事项必须是平等主体之间发生的且当事人有权处分的财产权益纠纷，由强制性法律规范调整的法律关系的争议不能进行仲裁。因此，行政争议不能仲裁。另外，由于劳动争议和农业集体经济组织内部的农业承包合同不同于一般的经济纠纷，它们在仲裁原则、程序等方面有自己的特点，因此《仲裁法》不适用于解决这两类纠纷。

仲裁协议是当事人双方自愿将他们之间可能发生或已经发生的争议提请仲裁机构予以裁决的意思表示。仲裁协议包括合同中订立的仲裁条款和以其他书面方式达成的协议。仲裁协议是仲裁委员会受理案件的前提条件。

诉讼也称为审判，是指人民法院在案件当事人和其他诉讼参与人的参加下为解决案件，依法定诉讼程序所进行的全部审判活动。不同的法律关系应采取不同的诉讼形式，目前我国诉讼的形式有刑事诉讼、行政诉讼和民事诉讼。按照一般学者的解释，经济诉讼是指与经济内容有关的诉讼案件。

经济诉讼程序也称为审判程序，是人民法院在审理经济纠纷案件过程中必须遵守的规则和制度。诉讼程序包括普通程序和简易程序。普通程序是人民法院审理案件时普遍适用的程序，包括第一审程序、第二审程序和审判监督程序等。

基本概念

仲裁　仲裁法　仲裁委员会　仲裁协议　诉讼　管辖　经济诉讼

思考与训练

1. 简述仲裁的概念和程序。
2. 了解我国人民法院地域管辖权的基本规定。
3. 了解对法院判决执行程序的基本要求。

案例分析

(1) 2006 年 5 月，三门峡市思瑞公司与银川市水果批发公司在三门峡市订立了一份购销合同。合同规定：思瑞公司于 2006 年 7 月底前供给水果批发公司苹果 2000 件，每件 30 斤，每斤 1 元，共计货款 6 万元。同年 7 月，思瑞公司将苹果运至水果批发公司所在的银川市火车站，并将苹果卸在该火车站货场里。后被告以苹果不符合合同规定的质量为由，拒绝提货和支付货款。因天气炎热，在货场里的苹果开始腐烂。思瑞公司在来不及起诉的情况下，申请法院对苹果采取措施。法院在接到申请 5 日后，裁定变卖这批苹果。

根据以上资料，回答下列问题：

① 思瑞公司是否有权申请法院处理苹果？

② 法院在接受申请时，应要求思瑞公司履行什么义务？

③ 法院在 5 日后作出裁定，是否正确？为什么？

④ 如果思瑞公司要起诉，可以向哪个法院提起诉讼？

⑤ 思瑞公司必须在什么期间内提起诉讼，否则法院将解除财产保全？

(2) A 公司与 B 公司于 2005 年 5 月 19 日签订了一份买卖合同，合同约定，因履行合同发生的争议，由双方协商解决；无法协商的，由 B 公司所在地的仲裁机构进行仲裁。同年 9 月，双方发生争议，A 公司担心 B 公司所在地的仲裁机构实行地方保护主义，在仲裁的过程中偏袒 B 公司，于是没有申请仲裁，而是直接向合同履行地人民法院起诉。法院受理后，向 B 公司送达了起诉状副本，B 公司则向人民法院递交了答辩状。法院审理后，判定 B 公司败诉。B 公司不服，立即上诉，理由是双方事先有仲裁协议，法院判决无效。

根据以上资料，回答下列问题：

① 双方达成的仲裁协议是否合法，为什么？

② A 公司向人民法院起诉是否正确，为什么？

③ 人民法院审理本案是否正确，为什么？

④ 被告 B 公司的上诉理由是否正确，为什么？

参考文献

[1] 雷裕春. 经济法[M]. 北京:北京理工大学出版社,2010.

[2] 武鸣,刘源. 经济法[M]. 北京:北京理工大学出版社,2010.

[3] 潘力,申松涛. 新编经济法[M]. 北京:清华大学出版社,2008.

[4] 刘永宝,骆福林. 实用经济法教程[M]. 北京:首都经济贸易大学出版社,2006.

[5] 财政部注册会计师考试委员会办公室. 经济法[M]. 北京:中国财政经济出版社,2006.

[6] 注册会计师全国统一考试学习指南编写组. 经济法[M]. 2006.

[7] 杨映忠,孙顺强,刘新智. 经济法[M]. 北京:清华大学出版社,2010.

[8] 李新. 经济法实务[M]. 北京:中国人民大学出版社,2010.

[9] 郭海霞. 经济法[M]. 北京:电子工业出版社,2010.

[10] 潘力,曲丽娟. 经济法概论[M]. 北京:清华大学出版社,2011.

教学支持说明

扫描二维码在线填写
更快捷获取教学支持

尊敬的老师：

您好！为方便教学，我们为采用本书作为教材的老师提供教学辅助资源。鉴于部分资源仅提供给授课教师使用，请您填写如下信息，发电子邮件给我们，或直接手机扫描上方二维码在线填写提交给我们，我们将会及时提供给您教学资源或使用说明。

（本表电子版下载地址：http://www.tup.com.cn/subpress/3/jsfk.doc）

课程信息

书　　名			
作　　者		书号（ISBN）	
开设课程1		开设课程2	
学生类型	□本科　□研究生　□MBA/EMBA　□在职培训		
本书作为	□主要教材　□参考教材	学生人数	
对本教材建议			
有何出版计划			

您的信息

学　　校			
学　　院		系/专业	
姓　　名		职称/职务	
电　　话		电子邮件	
通信地址			

清华大学出版社客户服务：

E-mail: tupfuwu@163.com　　网址：http://www.tup.com.cn/
电话：010-62770175-4506/4903　　传真：010-62775511
地址：北京市海淀区双清路学研大厦 B 座 506 室　　邮编：100084